AIRLINE
MANAGEMENT

전약표 저

디지털 혁신 시대의

항공사경영론

SEROMI

Preface
_머리말

"

디지털 혁신의 시대,

항공사 경영의 새로운 학문적 틀을 제시하다.

"

항공산업은 세계 경제와 사회 변화에 민감하게 반응하는 대표적인 글로벌 산업이다. 기술집약적이고 고도의 안전성과 공공성을 요구하는 항공산업은 이제 디지털 혁신이라는 새로운 도전에 직면해 있다. 인공지능(AI), 빅데이터, 사물인터넷(IoT), 블록체인, 자율운항 등 다양한 신기술의 발전은 항공사의 경영 구조를 근본적으로 변화시키고 있다.

디지털 혁신 시대의 항공사 경영론은 항공산업의 기초적 이해부터 최신 디지털 혁신 동향까지 이론과 실제를 체계적으로 연결하는 것을 목표로 집필되었다. 항공경영을 전공하는 학생들에게는 학문적 토대를 제공하고, 현장 실무자와 연구자들에게는 실질적인 분석과 적용 방향을 제시한다.

이 책의 구성은 총 13개 Chapter로 이루어져 있으며, 항공산업 전반에 대한 기본 이론을 다진 후 디지털 혁신과 미래 전략으로 확장되는 구조를 갖추고 있다.

제1장 **항공산업의 특성** : 항공산업의 국제성, 공공성, 기술집약성 등 산업 구조의 기본 특성을 이해한다.

제2장 **항공기** : 항공기의 종류, 운항 특성, 최신 기술 발전과 디지털 관리 시스템을 살펴본다.

제3장 **공항** : 공항의 기능과 운영, 스마트 공항과 같은 디지털 전환 사례를 분석한다.

제4장 **항공사 조직과 운용** : 항공사 조직 구조와 운영 관리, 디지털화된 관리 프로세스를 다룬다.

제5장 **항공사 운임과 수익관리** : 빅데이터 기반 운임 책정, 수익 최적화 전략 및 최신 RM 기법을 설명한다.

제6장 **항공사의 인적자원 관리** : 인재 채용, 교육, 평가, 디지털 도구 활용을 통한 HR 혁신을 소개한다.

제7장 **항공사 마케팅** : 고객 분석, 서비스 혁신, 디지털 플랫폼 기반 마케팅 전략을 제시한다.

제8장 **항공사 전략경영** : 경쟁 환경 분석, 전략적 의사결정, 혁신 경영의 틀을 탐구한다.

제9장 **저비용항공사의 경영방식** : 효율적 운영모델과 디지털 기반의 경쟁력 강화 방식을 다룬다.

제10장 **항공안전과 보안** : 디지털 시대의 안전관리시스템(SMS)과 사이버 보안 전략을 강조한다.

제11장 **항공산업의 환경변화** : ESG, 탄소중립, 친환경 항공기 도입과 지속가능 경영을 논의한다.

제12장 **디지털 혁신과 기술혁신** : AI, IoT, 메타버스, 블록체인 등 신기술의 적용과 과제를 설명한다.

제13장 **성공한 항공사 경영방식 사례** : 글로벌 항공사의 혁신 성공사례를 심층 분석하며 학문적 교훈을 도출한다.

각 장은 기초 이론을 바탕으로 현황을 분석하고, 디지털 혁신을 적용하여 시사점을 정리하도록 구성되어 학습자가 단계적으로 내용을 습득하고 비판적·전략적 사고를 기를 수 있도록 설계되었다. 따라서 항공산업의 전통적인 경영론을 체계적으로 학습하면서, 동시에 디지털 혁신이라는 21세기 항공산업의 핵심 과제를 깊이 이해할 수 있도록 구성하였다.

항공경영 전공자와 학생에게는 학문적 기초와 최신 연구 동향을, 항공사 실무자에게는 경영혁신의 구체적 방향을, 정책입안자와 연구자에게는 항공산업 전환기에 필요한 분석 자료를 제공한다.

따라서 이 책이 단순한 이론서에 그치지 않고, 디지털 혁신의 흐름을 이해하고 미래 항공사 경영의 전략을 설계하는 데 실질적인 길잡이가 되기를 기대한다.

2025년 8월

저자 전약표

Contents
_차례

Ch. 12 디지털 혁신과 기술혁신

Ch. 13 성공한 항공사 경영방식 사례

01

CHAPTER

항공산업의 특성

CHAPTER 01

항공산업의 특성

01 항공산업의 현황

항공산업은 국가 경제와 국제 교류를 기반으로 하는 국가기간산업으로, 막대한 투자와 고도의 첨단기술, 인적자원이 유기적으로 작동하는 종합적인 시스템 의존 산업이다. 단순한 상업적 운송을 넘어 국가 안보, 재난 구호, 국제 외교의 수단으로도 활용되며 이 때문에 각국 정부는 항공산업을 전략적으로 관리하고 지원한다.

항공사는 수천억원대의 항공기 구입과 리스비용, 인건비, 정비비, 공항사용료 등 고정비의 비중이 크기 때문에 대규모의 투자가 이루어져야 한다. 또한 국제유가나 환율, 국제정세, 팬데믹 등 외부 변수에 민감하고, 항공수요도 유동적이라 수익구조의 변동폭이 큰 산업이다. 이렇게 대규모 투자를 유치하여 운영하던 항공사들이 코로나19 팬데믹이라는 외부변수로 인해 대규모의 손실을 보게 된 것은 항공산업의 취약성이 그대로 드러난 경우이다. 따라서 항공사는 끊임없는 혁신으로 수익관리를 철저히 하는 효율적인 경영전략이 필요하다.

항공산업은 국제민간항공기구(ICAO), 국제항공운송협회(IATA)의 규제나 각국의 항공정책에 크게 의존하고 있다. 자유로운 경쟁체제를 유지하다가도 정치·외교적 관계로 노선이 개설되거나 중단되는 경우가 발생하기도 한다. 또한 항공운송은 대규모 인명을 동시에 수송하는 특성상 사고에 대한 사회적 파급력이 크기 때문에 항공산업은 안전성과 신뢰성이 절대적인 가치이다.

항공산업은 공항, 항행시설, 관제, 지상조업, 정비 등 다양한 인프라와 긴밀히 연결된 복합 산업이라 항공사의 노선망 구축에 따라 시장 점유율이 달라지기도 한다. 최근에는 탄소배출로 인한 환경규제가 강화되어 EU 탄소배출권 거래제, SAF(지속가능 항공연료), 친환경 항공기 도입 등이 핵심과제로 떠오르고 있다.

1) 항공산업의 특성

항공산업은 초기에 막대한 규모의 자본과 투자비용이 소요되고, 항공기를 운항하기 위해서는 최첨단의 기술과 집약적인 관리운영이 요구되는 종합적인 시스템 체계에 기반한다. 또한 단순한 교통기관으로서 운송산업이 아닌 고객의 만족도를 핵심으로 하는 서비스 중심 산업이기도 하다. 항공사의 경쟁력은 항공기 성능이나 기술력이 중심이 되기는 하지만 실제로는 승객이 느끼는 서비스 품질에 의해 좌우된다. 이러한 치열한 경쟁구도에서 살아남기 위해서는 항공사 스스로 혁신하여 비용절감과 서비스 품질 향상에 중점을 두어야 한다.

(1) 대규모 자본과 투자비

항공산업은 고도로 복잡하고 정밀한 기술이 융합된 산업으로, 초기에 천문학적인 자본과 지속적인 투자가 필요하다. 따라서 항공산업은 국가의 경제력, 금융 시스템, 산업기반 전반적으로 성숙되어야 지속적인 성장이 가능하고, 국가의 경쟁력을 가늠하는 잣대가 되기도 한다.

첫째, 항공기를 개발하거나 제작하는데 수십조 원의 비용과 시간이 필요하고, 항공기를 구입하거나 리스하려 해도 막대한 자금이 소요된다.

둘째, 항공사를 설립하거나 운영하기 위해서는 항공기 유지비용과 연료비, 항공기 정비, 인건비, 공항 이용료, 항공보험 등 지속적인 지출과 관련 시스템 도입, 운항 인프라 구축, 브랜드 구축 등 대규모의 자본이 필요하다.

셋째, 공항, 관제센터, 격납고, 화물터미널, 교육훈련센터 등 기반시설이 구축되어야 한다. 항공교통관제, 보안 시스템, 지상지원 서비스(GSE) 등도 지속적으로 기술 투자가 이루어져야 한다.

넷째, 자본회수 기간이 길고, 외부의 환경에 민감하다. 국제유가나 전쟁, 경제불황 등 외부의 변수에 취약하다. 또한 워낙에 막대한 규모의 투자가 이루어지다 보니 수익구조가 발생하기까지 오랜 시간이 소요된다.

(2) 시스템 의존 산업

항공산업은 정밀하고 복잡한 기술이 복합적으로 작용하는 산업이다. 다양한 첨단 기술과 운영, 관련 정보시스템이 유기적으로 작동하는 종합적인 시스템 의존 산업(System-dependent Industry)이라 할 수 있다. 정확한 데이터, 실시간 정보처리, 시스템 간 연동이 되어 있으며 작은 오류도 전체 운영에 중대한 영향을 미칠 수 있는 시스템 의존 산업이다. 따라서 고도의 IT 인프라, 최첨단의 보안 장치, 시스템 백업 체계 구축 등이 핵심 경쟁력이다.

항공기의 이착륙은 항공운항관리시스템(Air Traffic Management, ATM), 항법시스템, 항공기 내비게이션 등 운항 시스템으로 통제한다. 항공기는 수시로 항공관제센터(ATC)와 통신을 주고받으며, 항로, 고도, 기상 등 관련 정보를 실시간으로 체크한다.

또한 항공기는 정비 관리 시스템(Maintenance Management System)의 정비데이터를 활용하여 부품 교체 주기나 항공기 점검, 고장 예측 등을 통해 효율적으로 유지하고 있다.

공항에서는 다양한 정보 시스템들을 효율적으로 관리하여 시스템간 연동(Integrated Airport Operations)하면서 항공기와 승객의 흐름을 최적화 하고 있다. 수하물 처리 시스템(BHS), 출입국 시스템, 탑승 자동화 시스템, 지상조업 시스템, 항공사 운영지원 시스템(ACDM) 등 다양한 프로그램들이 운영되고 있다.

항공사들은 공항수속시스템(DCS: Departure Control System), 국내기반 항공예약·발권시스템(CRS: Computer Reservation System), 해외기반 항공예약·발권시스템(GDS: Global Distribution System) 등 운송정보시스템을 운영하고 있다. 고객 서비스(CS), 마일리지 프로그램, 수하물 추적까지도 가능하며, 이러한 시스템이 문제가 발생하면 고객의 불편과 운영에 커다란 차질이 발생할 수도 있어 철저한 관리가 필요하다.

인터넷과 스마트폰의 발달로 항공사가 자체적으로 구축한 컴퓨터예약시스템이나 제휴항공사와 연합하여 구축한 컴퓨터예약시스템을 운영하며, 소비자들이 직접 항공권을 예약하는 절차를 편리하게 이용하고 있다. 이 예약시스템으로 기내식이나 기내면세점 판매, 호텔예약, 렌터카 사업 등의 관련된 부대사업으로 수입을 확대하고 있다.

(3) 고객 서비스 중심

항공사는 고객의 만족도를 핵심으로 하는 서비스 산업이다. 항공사의 경쟁력이 항공기 성능이나 기술력에 의한 만족도도 있지만, 무엇보다 승객에게 제공되는 전반적인 서비스 품질에 의한 서비스의 만족도에 따라서 성공여부가 가려질 수 있다. 따라서 항공산업은 인적서비스가 가장 중요한 경쟁력의 핵심이다. 인적서비스는 사람과 사람을 연결하는 서비스로 서비스 품질에 따라 회사의 충성도, 재구매, 브랜드 이미지가 결정된다. 특히 프리미엄 클래스(비즈니스·퍼스트) 승객은 고급 서비스와 맞춤형 응대를 아주 중요하게 인식한다.

매년 세계적인 항공사 순위를 평가하는 스카이트렉스는 세계적인 항공사 평가항목으로 서비스를 가장 중심으로 평가한다. 고객의 기준에서 예약의 편리성, 마일리지 프로그램, 웹·모바일 체크인, 수하물, 탑승하는데 편리함, 라운지 운영, 정시운항 등의 탑승과정과 기내의 청결도, 승무원의 친절도 등 기내서비스가 직접적인 영향을 미친다.

따라서 항공기를 이용하는 고객은 단순한 운송수단으로만 인식하는 것이 아니라 항공기를 타고 내릴 때 고객을 응대한 전 과정에서 종합적으로 판단한다. 최근에는 항공사도 고객의 만족도를 높이기 위해 고객 맞춤형 서비스의 중요성을 인식하고 개인화된 서비스로 변화하고 있다. 고객의 데이터를 활용해 고객마다 선호 좌석, 기내식 옵션, 탑승 알림, 마일리지 제안 등을 선택하여 만족할 수 있는 방향으로 전환하고 있다.

(4) 노동 집약적 산업

항공산업은 첨단 기술 기반의 고부가가치 산업이지만 광범위한 분야에 수천 명에서 수만 명의 인적 자원이 필요한 대표적인 노동 집약적 산업이며, 고용 창출효과가 큰 전략적 기간산업이기도 하다.

항공사를 운영하는 데는 고도의 전문성과 숙련도를 갖춘 인력이 필요하다. 전문성과 숙련도가 필요한 운항승무원, 정비사, 항공관제사, 객실승무원, 정비사 등과 공항에 투입되는 지상조업원, 공항서비스인력, 안전보안인력 등 공항과 관련된 다양한 분야의 인력이 필요하다.

이렇게 항공산업에는 인적자원의 역할이 매우 중요하고 전반적으로 사람과의 대면으로 하는 서비스에 기반하고 있어 직간접적으로 일자리 창출이 매우 큰 산업이라고 할 수 있다. 또한 이러한 인력을 양성하기 위한 교육산업도 같이 성장하면서 고용촉진도 발생한다.

2) 항공산업의 분류

항공산업은 국가기반산업으로 항공기를 이용하는 운송을 중심으로 하지만, 그 범위는 매우 넓고 다양한 분야로 구성되어 있다. 단순히 항공사를 통해 여객이나 화물을 운송하는 것에 그치지 않고 여러 산업과 연계되어 하나의 거대한 산업 생태계를 이루고 있다. 항공산업은 매우 포괄적이고 다층적인 구조로 이루어져 있으며 이러한 산업들이 유기적으로 연결되어 있다.

항공산업은 크게 항공기를 이용해 여객과 화물을 운송하는 서비스 산업인 항공운송산업, 항공기를 개발하고 제작하는 항공기산업, 항공기의 안전 운항을 책임지는 항공정비산업, 고객의 편의와 만족도를 높이는 항공서비스산업, 항공기가 이착륙하고 여객이 탑승할 수 있는 장소인 공항산업, 조종사, 정비사, 객실승무원, 지상직 인력 등 전문 인력을 꾸준히 양성하거나 항공기의 원활한 운영을 지원하는 항공지원산업으로 분류할 수 있다.

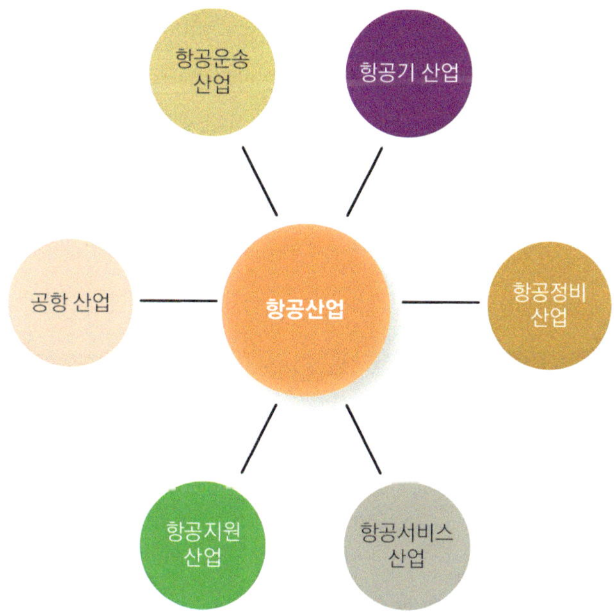

그림 1.1 ▌항공산업의 분류

(1) 항공운송사업

항공운송산업은 항공기를 이용해 여객과 화물을 운송하는 고부가가치 서비스 산업이며 국가 경제와 교류를 강화하는 전략적 서비스 산업으로 항공산업의 핵심 영역이다. 항공운송은 육로나 해상보다 시간이 빠르고 정시성이 높으며, 장거리 이동에 효과적이라는 특징이 있다. 특히 세계화가 가속화됨에 따라 산업적 가치와 파급 효과가 증가하면서, 항공운송의 역할은 더욱 중요해지고 있다. 또한 항공노선이 다양하게 개설되면서 관광 산업이 활성화되었고, 고속 운송을 통해 수출입 경쟁력이 강화되면서 무역과 물류가 확대되었다. 관련분야의 일자리가 증가하여 고용을 창출하는 효과도 발생하였다.

항공운송사업은 앞으로도 친환경 기술, 디지털 서비스, 고객 맞춤형 전략을 통해 지속적으로 발전할 것이며 국가의 중요한 기반산업으로서 경쟁력이 강화될 것이다.

항공운송사업의 종류는 크게 여객운송과 화물운송으로 분류된다.

여객운송은 다양한 서비스를 제공하는 전통적인 일반항공사(FSC)와 운임을 낮추고 부가서비스로 수익을 창출하는 저비용 항공사(LCC)로 운영되고, 국제교류, 관광, 비지니스, 유학, 이민 등 다양한 사람들이 이동하는 운송수단과 국가간의 교류를 책임지고 있다. 운임과 서비스는 일등석, 비즈니스석, 일반석 등 등급별로 차이가 있다.

화물운송은 전용 화물기 또는 여객기의 화물칸을 이용하며 글로벌 물류의 핵심 수단으로 국제 교류와 경제발전에 중요한 역할을 한다. 고부가가치 제품과 서류, 의약품, 전자제품 등 속도와 안전성이 필요한 분야가 많이 이용하고 있다.

최근에는 지속가능한 항공연료나 친환경 항공기 도입을 추진하고 있으며 항공운송분야의 자동화를 확대하고 있다.

(2) 항공기 산업

항공기 산업은 항공기의 설계, 개발, 제조, 조립, 시험, 판매 등 고도의 기술력과 막대한 초기 투자가 필요한 산업으로 첨단기술기반의 제조업 분야이다. 이 산업은 기계공학, 전자공학, 항공역학, 소재공학 등 다양한 과학기술이 집약된 분야로 국가의 기술력과 방위산업의 수준을 가늠하는 전략산업으로 평가받는다. 민간항공기 분야는 미국의 보잉(Boeing)사나 유럽의 에어버스(Airbus) 등과 같은 글로벌 항공기 제조사가 전 세계 항공사에 항공기를 공급하며, 이와 관련된 수많은 부품의 협력사와 산업이 연계되어 있다. 최근에는 친환경 항공기나 무인항공기(UAV), UAM(도심항공교통), 자율비행기술 등 4차 산업혁명과 함께 기술 경쟁이 치열해지고 있다.

군용항공기 분야는 미국의 록히드마틴이나 우리나라의 카이가 잘 알려져 있다. 그 밖의 헬리콥터, 무인기 분야의 산업도 다양하게 발전하고 있다.

우리나라도 T-50 훈련기, 수리온 헬기, KF-21 보라매 전투기 등을 개발 중이며, 미래형 무인기, UAM, 저궤도 위성 분야로 확대되고 있다.

(3) 항공정비 산업

항공정비(MRO, Maintenance, Repair and Overhaul) 산업은 항공기의 안전 운항을 위한

정비·점검·수리 업무 전반을 책임지는 분야이다. 항공기의 정기적인 점검, 부품 교체, 고장 수리 및 업그레이드 등 기술적으로 유지보수를 하는 작업이며, 항공기 운용의 효율성 및 안정성과 직결되는 핵심적 산업이다.

항공정비는 단순한 고장 수리뿐 아니라, 사전에 발생할 수 있는 문제를 예방하고 성능을 유지하는 예방정비(Preventive Maintenance) 중심으로 운영된다. 항공기가 이륙하기 전에 주요부품의 체크리스트와 검수 절차가 진행된다.

항공정비는 공항에서 운항 전후로 이루어지는 간단한 점검에서부터 격납고에서는 대규모 점검 및 부품 교체나 항공기의 주요 구조와 시스템을 정밀하게 점검하고 복원하는 고난이도의 정비를 실행한다. 항공정비는 정확성, 숙련도, 기술적 판단력이 필요하기 때문에 인증된 자격이 필요하고, 최근에는 디지털 혁신으로 스마트 정비 시스템, 예측 정비(PdM), 드론을 이용하거나 AI 기반 정비 기술이 도입되고 있다.

(4) 항공서비스 산업

항공서비스 산업은 항공기를 이용하는 승객이나 화물을 대상으로 제공되는 각종 서비스를 제공하는 고부가가치 서비스 산업이다. 항공사는 차별화된 서비스로 단순한 이동 수단을 넘어 고객 맞춤형 서비스와 디지털 기술을 접목해 고객만족과 브랜드 이미지를 높여 경쟁에서 우위를 점유하려고 노력을 하고 있다.

항공서비스의 범주는 탑승 전부터 도착 후 서비스까지 제공하고 있다. 탑승하기 위한 서비스에는 항공권 예약, 발권, 좌석 배정, 모바일 체크인, 수하물, 공항 라운지 서비스, 출입국 안내, 환승 지원, 보안검색 등이 제공된다. 기내에서 제공되는 서비스는 기내식, 음료, 엔터테인먼트 서비스, 청결도, 면세품 구입, 안전을 위한 서비스 등을 제공한다. 비행기에 내려서는 수하물, 환승 및 연결 편 안내, 고객센터 응대 등 비행기에 탑승하면서 하기하여 공항을 빠져나갈 때까지 고객의 편의를 위해 최선의 서비스를 다하고 있다.

항공사는 경쟁력을 강화하기 위해 친환경 서비스, 프리미엄 클래스 전용 라운지, 개인 맞춤 기내식, 셀프 체크인, 전자 수하물 태그, 모바일 탑승권, 엔터테인먼트 콘텐츠, 언어 지원 등 서비스 품질을 개선하기 위한 노력을 하고 있다.

(5) 공항 시설 운영 산업

공항산업은 항공기가 이·착륙하고 승객과 화물이 이동하는 단순한 교통 시설을 넘어 항공운송의 핵심 기반을 제공하는 산업이다. 국가 물류 시스템과 전세계를 연결하는 종합적인 복합시설로 항공운송의 효율성과 국가 경제의 흐름을 뒷받침하는 기반 산업이다. 공항 내 각종 기반시설 및 상업시설을 구축하고 관리하며, 최근에는 민간 참여를 확대하고, 스마트 기술과 접목하여 고부가가치 서비스 산업으로 빠르게 전환되고 있다.

주요운용시설로는 운항 지원 시설인 활주로, 유도로, 계류장, 항행안전시설(ILS, 레이더 등), 관제탑, 기상 관측소 등이 있고, 여객 및 화물 시설에는 여객터미널의 탑승구, 출입국장, 수하물 처리장 등과 화물터미널 및 물류창고, 항공사 라운지, 공항철도 연결 시설 등이 있다. 이 밖에 상업 부대시설에는 면세점, 식음료 매장, 브랜드숍, 호텔, 주차장, 렌터카, 라운지, 광고판, 상업공간 임대 사업을 하고 있다.

공항시설은 국가 공기업이 운용하는 인천국제공항이나 한국공항공사가 있고 민간에 위탁하여 운용하기도 한다.

(6) 항공지원 산업

항공기 운항과 공항 운영을 원활히 운영하기 위해 다양한 형태로 지원하는 역할을 하는 산업이다. 국가차원에서 공공성을 기반으로 시행되며 항공산업 전반에 영향을 준다.

항공을 지원하는 산업으로는 항공기가 안전하게 운항할 수 있도록 정기점검과 부품 및 성능을 개선하는 정비산업과 지상조업, 항공연료 급유산업이 있고, 항공기에 필요한 부품이나 항행시설을 지원하는 산업과 항공관련 전문직에 종사하는 인력을 양성하는 교육훈련 산업이 있다. 기내에 공급되는 물품들을 지원하는 서비스업체나 물류를 운송하는 화물업체도 운용된다.

02 항공자유화의 이해

1) 항공자유화(Open Sky)

국가 간 양자 협정에 따라 엄격히 규제되었던 항공 규제를 완화하거나 철폐하여 항공사간 자유롭게 경쟁할 수 있는 환경을 조성하기 위해 추진하게 되었다. 항공사는 운항횟수, 항공편, 노선, 운임, 제휴 등 항공사의 자율성을 최대한 보장하는 정책이다. 따라서 운항횟수 제한은 철폐하고, 특정 도시만 운항할 수 있는 제한도 해제하여 노선을 항공사가 자율적으로 개발할 수 있도록 하였다. 국가 간의 1개의 항공사만 지정하도록 했던 것도 복수로 허용되었고, 항공운임도 사전 승인해야만 한 것을 자율적으로 책정할 수 있게 되었다. 또한 항공사 간 코드셰어, 공동운항 등 전략적 제휴가 가능해져 항공사의 글로벌 경쟁력이 높아지는 결과를 낳았다. 이러한 조치는 고용안전, 최선의 서비스, 국내산업보호 등 이용자의 편리성도 증가하여 항공산업이 대중화되는 중요한 터닝 포인트가 되었다.

항공자유화의 장단점을 살펴보면 항공사의 자유로운 경쟁을 촉진하면서 서비스 품질이 향상되고, 여행자의 선택권이 넓어지면서 노선도 다양해졌다. 노선이 확대되면서 지역 간의 교류가 증가하고, 각국 간의 무역이 활발해지면서 물류 산업이 확대되고, 관광업이 활성화되면서 공항을 이용하는 관광객도 증가하게 되었다. 이는 곧 국가의 경쟁력으로 이어지는 계기가 되었다.

또한 소비자의 입장에서는 운임체계나 노선이 다양화되면서 경제적 이유나 시간적 제약으로 선택하기 어려웠던 지역을 자유롭게 방문할 수 있게 되었다.

반면에 외국의 대형항공사의 매출이 증가하면서 기존의 시장을 잠식할 수 있는 우려가 높아졌고, 상대적으로 국내 항공산업을 보호해야 하는 문제를 유발했다. 또한 저가항공이 폭발적으로 증가하면서 고객의 서비스나 안전상의 문제를 야기하는 경우가 종종 발생하기도 하였다.

전 세계적으로 항공기를 이용하는 여행객들이 증가하면서 운항증대로 인한 탄소 배출이 증가하여 기후위기를 초래할 수 있는 환경문제가 심각해졌고, 항공사의 합병이 본격화되면서 고용시장을 악화시키거나 고용불안을 심어주기도 하였다.

2) 하늘의 자유(Freedom of the air)

하늘의 자유는 제1자유에서 제9자유까지로써 항공기가 각 국가와 국가를 착륙(Landing), 통과(Transit), 적재(Loading), 하기(Unloading) 등 운송행위를 할 수 있는 자유이다.

(1) 제1의 자유

영공통과(OverFilght)의 자유로서 상대국 영공을 착륙하지 않고 횡단 비행할 수 있는 자유이다.

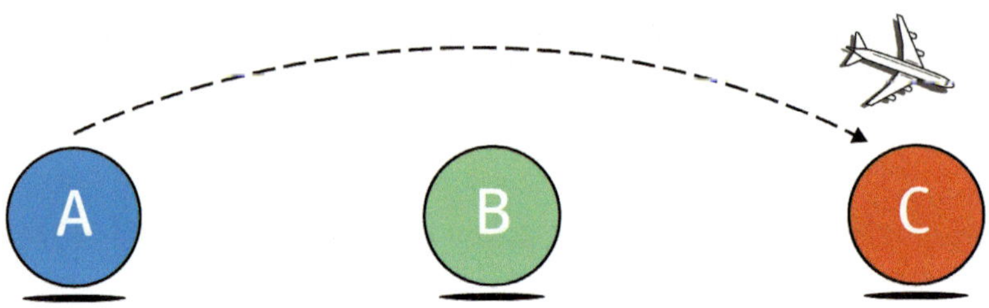

(2) 제2의 자유

기술적 착륙(Technical Landing)의 자유로 수송이외 급유 또는 정비와 같은 기술적 목적을 위해 상대국에 착륙할 수 있는 자유이다.

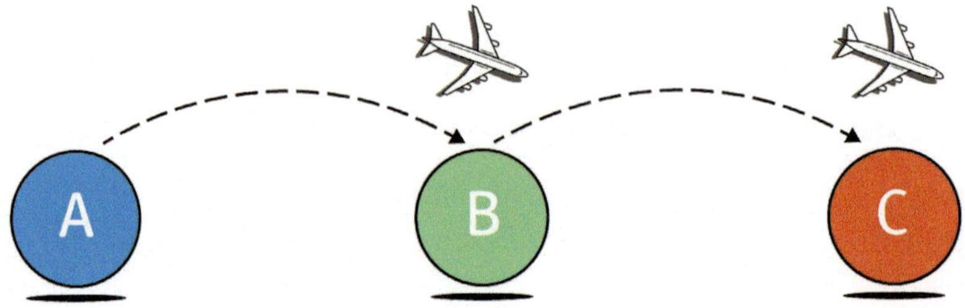

(3) 제3의 자유

적하(Put Down)의 자유로서 자국에서 여객이나 화물을 싣고 상대국의 영역에서 내릴 수 있는 자유이다.

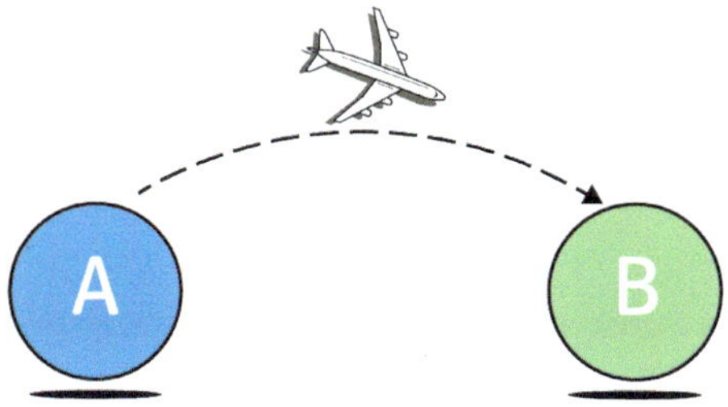

(4) 제4의 자유

적재(Bring Back)의 자유로서 자국으로 오는 여객이나 화물을 상대국의 영역에서 싣고 수송하는 자유이다.

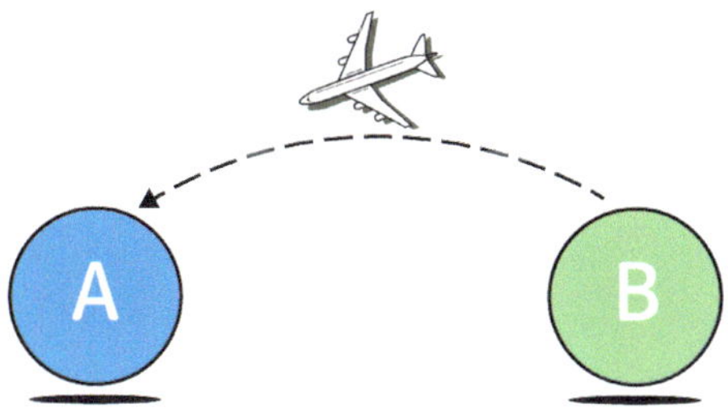

(5) 제5의 자유

이원(Beyond)의 자유로서 제3국으로 가는 여객이나 화물을 상대국 영역에 싣거나 내릴 수 있는 자유이다.

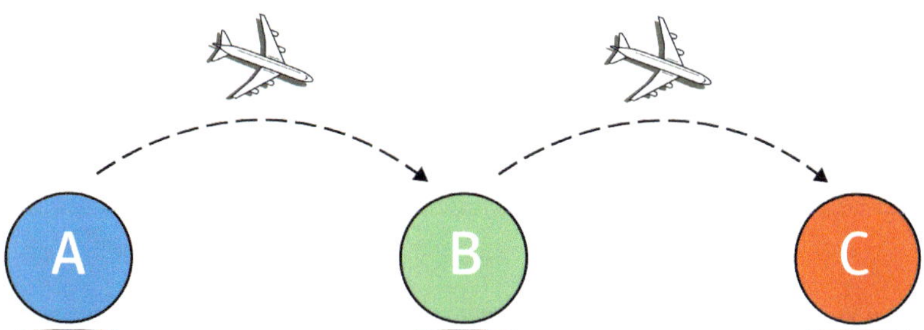

(6) 제6의 자유

배후운송(Behind)의 자유로서 제3국에서 상대국으로 가는 여객이나 화물을 자국을 경유하여 상대국 영역으로 수송할 수 있는 자유이다.

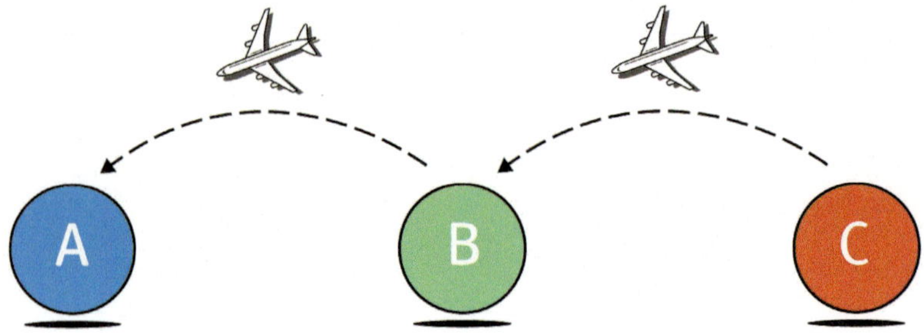

(7) 제7의 자유

상대국과 제3국간의 운송의 자유로서 자국의 영토가 아닌 제3국에서 상대국으로 들어가고 나오는 여객이나 화물을 상대국에서 내리거나 싣을 수 있는 자유이다.

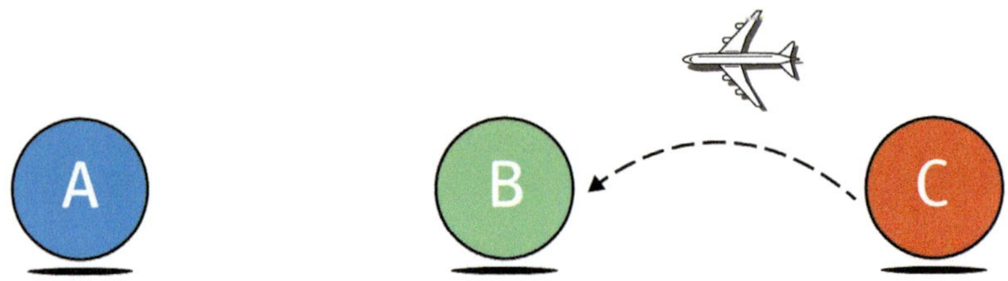

(8) 제8의 자유

상대국의 국내 공항의 자유로서 동일국가의 한 지점에서 다른 지점으로 가는 여객이나 화물을 수송할 수 있는 자유이다.

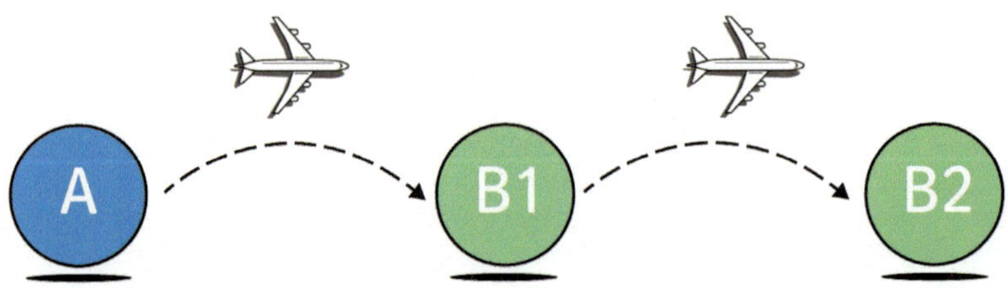

(9) 제9의 자유

상대국 내에서만 운항하며, 상대국 국내지점간의 여객이나 화물을 수송할 수 있는 자유이다.

03 세계항공사 현황

세계항공사는 전 세계를 연결하는 핵심 인프라로 국제적인 항공 운송 산업의 핵심 주체로 여객과 화물을 운송하면서 지구전체를 하나로 연결하는 중요한 역할을 한다. 각 항공사들은 서비스 품질이나 안전성, 기술력 등으로 고객을 확보하고 있고, 각국을 대표하는 국적 항공사(National Carrier), 일반항공사(FSC, Full Service Carrier), 저비용항공사(LCC, Low Cost Carrier) 등 다양한 형태의 항공사와 각 항공사마다 효율성과 차별화 전략으로 최선을 다하고 있다.

또한 항공사 경영은 국제 경쟁이 심화되고, 디지털과 AI의 발전으로 가빠른 기술혁신이 이루어지고 있으며, 갈수록 심각해지는 기후위기에 대비한 환경규제도 심화되고 있어 친환경 항공기 도입, 지속 가능한 연료(SAF) 사용을 확대하는 경영전략을 구축하고 있다.

세계 항공사들은 각 항공사의 서비스를 통합적으로 이용할 수 있도록 코드셰어(Code Share)나 항공동맹(Airline Alliance) 등 전략적 제휴를 통해 고객의 편의를 도모하며 국제경쟁력을 높이고 있다. 대표적인 동맹체로는 스타얼라이언스(Star Alliance), 스카이팀(SkyTeam), 원월드(Oneworld) 등이 있다.

항공기를 이용하는 고객의 요구도 다양해지면서 항공사마다 경쟁에서 살아남기 위한 보다 유연한 운영전략을 찾고 있다.

최근의 항공사의 변화를 살펴보면 항공사는 시대와 기술의 진보, 경제와 환경의 변화에 따라 지속적인 진화를 거듭해왔다. 초기의 항공사는 정부 주도로 운영되며 국가의 위상이나 군사 목적을 포함한 전략적 역할을 수행했다. 그러나 이후 상업적 항공의 수요가 폭발적으로 증가하면서 민간 주도의 항공사들이 성장하게 되었다.

1970년대부터는 보잉747과 같은 대형 항공기의 등장으로 장거리 대량 수송이 가능해졌고, 항공 여행은 점차 대중화되었다. 1980~90년대에는 항공 산업의 규제 완화(Deregulation)와 항공 자유화(Open Skies) 협정으로 경쟁이 치열해졌으며, 이 과정에서 저비용항공사의 등장이 항공사의 운영 방식과 가격 정책에 큰 변화를 일으켰다.

21세기 들어 디지털 기술과 모바일 환경의 발전은 항공사의 예약·발권 시스템, 고객 서비스, 마케팅 방식에 이르기까지 전면적인 디지털 전환을 촉진했다. 또한 COVID-19 팬데믹 이후 항공사는 위기 대응 능력과 유연한 경영 전략의 중요성을 실감하며, 운영 효율성과 안전 위생을 동시에 고려한 경영체제로 전환하고 있다.

최근에는 탄소중립, 지속가능한 항공을 위한 친환경 항공기 개발, SAF(지속가능항공연료) 도입 등 ESG 경영이 강조되고 있으며, 스마트공항 및 자동화 서비스 도입으로 고객의 편의성도 강화되고 있다. 앞으로는 우주항공, UAM(도심항공모빌리티) 등 새로운 모빌리티 영역까지 확대될 것으로 전망된다.

아래의 표는 세계적인 항공사 순위를 평가하는 스카이트렉스가 발표한 순위이다. 스카이트렉스는 매년 항공사와 공항 서비스를 평가하는 기준으로 전반적인 서비스, 기내 서비스, 공항 서비스의 품질을 반영하여 발표하고 있다.

표 1-1 ▍항공사 순위(2025년)

순위	국적	항공사명
1위	카타르	카타르항공
2위	싱가포르	싱가포르항공
3위	홍콩	캐세이퍼시픽항공
4위	아랍에미리트	에미레이트항공
5위	일본	전일본공수
6위	튀르키예	터키항공
7위	대한민국	대한항공
8위	프랑스	에어프랑스
9위	일본	일본항공
10위	중국	하이난항공

출처 : 스카이트렉스

표 1-2 ▍저비용 항공사 순위(2024년)

순위	국적	항공사명
1위	말레이시아	에어아시아
2위	싱가포르	스쿠트 항공
3위	스페인	볼로테아
4위	사우디아라비아	플라이나스
5위	프랑스	트랜스아비아 프랑스
6위	인도	인디고 항공
7위	스페인	부엘링
8위	라트비아	에어발틱
9위	스페인	이베리아 익스프레스
10위	아일랜드	라이언에어

출처 : 스카이트렉스

1) 아시아 지역 항공사

아시아 지역은 지정학적으로 유럽과 미주를 잇는 중간 지점에 위치하고 있어, 허브 공항 중심의 환승 네트워크 전략이 주요한 곳이다. 싱가포르항공은 창이공항, 대한항공은 인천공항, ANA는 나리타·하네다 공항이 대표적인 허브 공항으로 환승 수요를 극대화시켜 국제노선 경쟁력을 강화시켰다.

또한 항공사들은 기내 서비스를 차별화하거나 고급화하여 고객의 신뢰를 얻어 점유율을 확보하는데 주력해왔다. 항공여행이 대중화 되면서 단거리 중심의 저비용항공사(LCC)를 이용하는 여행객들이 증가하여 가격경쟁력을 중심으로 성공의 발판을 다지고, 첨단 기술을 도입하여 고객 편의성과 효율성을 추구하고 있다.

표 1-3 ▌ 아시아 지역 항공사

세계 순위	국가	항공사	항공동맹	특징
2	싱가포르	싱가포르항공 (Singapore Airlines)	스타얼라이언스	객실 승무원 1위
3	홍콩	캐세이퍼시픽항공 (Cathay Pacific)	원월드	이코노미 클래스 1위
5	일본	전일본공수(ANA)	스타얼라이언스	기내 청결 2위
7	한국	대한항공(Korean Air)	스카이팀	장거리 노선 우수
9	일본	일본항공 (JAL)	원월드	서비스 안정성
10	중국	하이난 항공 (Hainan Airlines)		중국 내 최고 평가
12	대만	에바항공(EVA Air)	스타얼라이언스	청결 1위
18	인도네시아	가루다인도네시아항공 (Garuda Indonesia)	스카이팀	전통적 서비스 강점
20	태국	타이항공(Thai Airways)	스타얼라이언스	동남아 대표 항공사

2) 유럽 지역

유럽 항공사들은 경쟁이 심한 유럽의 항공시장을 항공사간 전략적 제휴나 합병으로 국가 간의 협력을 바탕으로 통합과 네트워크 중심 전략으로 성장해왔다. 또한 EU 오픈스카이 정책으로 규제를 완화하여 노선을 자유롭게 개발하고 새로운 시장을 개척할 수 있게 되었다.

합병한 예로는 에어프랑스-KLM 그룹, IAG(브리티시항공, 이베리아 등), 루프트한자 그룹(스위스항공, 오스트리아 항공)으로 효율적인 노선과 비용 절감을 이끌어내고 있다. 유럽의 지리적 특성인 국가와 국가의 거리가 멀지 않다는 점을 활용하여 유럽의 중단거리 노선을 지향한 저비용항공사인 라이언에어, 이지젯, 위즈에어는 저가비용으로 최대 수익을 실현하는 모델로 시장점유율을 높이며 폭발적으로 성장하였다.

표 1-4 ▌유럽 지역 항공사

세계 순위	국가	항공사	항공동맹	특징
6	튀르키예	터키항공(Turkish Airlines)	스타얼라이언스	유럽 최우수 항공사 10년 연속 수상
8	프랑스	에어프랑스 (Air France)	스카이팀	유럽~아프리카 노선 강점
10	스위스	스위스항공(Swiss International Air Lines)	스타얼라이언스	프리미엄 서비스 평판 우수
13	영국	버진애틀랜틱항공 (Virgin Atlantic)		프리미엄 이코노미 1위
14	독일	루프트한자 (Lufthansa)	스타얼라이언스	유럽 최대 항공 그룹의 중심
16	핀란드	핀에어(Finnair)	원월드	북유럽~아시아 특화 노선
19	네덜란드	네덜란드항공(KLM)	스카이팀	에어프랑스와 공동 운영
21	영국	브리티시항공 (British Airways)	원월드	전통 있는 유럽 항공사
22	오스트리아	오스트리아항공 (Austrian Airlines)	스타얼라이언스	루프트한자 계열
25	스페인	이베리아항공(Iberia)	원월드	유럽~남미 노선 강세

3) 북미 지역

북미 항공사는 대규모 시장인 미국과 캐나다를 중심으로 발전해왔다. 아틀란타 공항이나 달라스 공항 같은 대형 허브공항을 운영하여 시장점유율을 높이고, 항공사 간 전략적 제휴와 합병을 주도하여 수익을 극대화 시켰다. 대표적인 합병 항공사는 델타-노스웨스트, 아메리칸-US에어웨이즈, 유나이티드-컨티넨탈 등으로 규모의 경제를 실현하고, 노선망 확대, 비용 절감, 시장 지배력을 강화시켰다.

메이저 항공사들은 수익관리 시스템(RM, Revenue Management)을 이용하여 최적의 가격과 판매할 수 있는 좌석을 효율적으로 관리한다. 유가급등으로 인한 리스크를 관리하고, 모바일 앱 기반 체크인, AI 챗봇, 자동화 키오스크, 생체 인식 탑승 서비스와 같은 디지털 혁신을 통해 원가를 절감하였다. 또한 수익다변화전략 중의 하나로 부가서비스를 유료화하여 수익을 창출하는 시스템을 구축하였다.

사우스웨스트항공은 세계 최초의 저비용항공사로서 단일 기종으로 운항하고, 빠른 회전율, 낮은 운임 정책으로 국내선 시장을 장악하면서 LCC 모델의 전형을 제시하였다.

표 1-5 ❙ 북미 지역 항공사

세계 순위	국가	항공사	항공동맹	특징
38	캐나다	에어캐나다항공 (Air Canada)	스타얼라이언스	북미 최고 항공사 선정
42	미국	델타항공 (Delta Air Lines)	스카이팀	세계 최대급 항공사 중 하나
47	미국	유나이티드항공 (United Airlines)	스타얼라이언스	글로벌 노선망 강점
50	미국	알래스카항공 (Alaska Airlines)	원월드	고객 만족도 높은 국내선 위주
57	미국	아메리칸항공 (American Airlines)	원월드	세계 최대 규모 항공사 중 하나
40	미국	제트블루항공 (JetBlue Airways)		프리미엄 이코노미 평판 우수

4) 중동 지역

중동 지역 항공사들은 시리적 이점과 정부의 전폭적인 지원과 투자를 기반으로 4개 대륙인 유럽-아시아-아프리카-미주를 연결하는 대형 환승 허브 전략(Hub-and-Spoke Model)을 구사하였다.

대표적으로 에미레이트항공(Emirates, 두바이), 카타르항공(Qatar Airways, 도하), 에티하드항공(Etihad, 아부다비)은 각각 자국의 거점공항을 중심으로 장거리 환승 노선을 집중시켰다.

이들 항공사는 막대한 자본을 투입해 항공 인프라를 구축하였으며, 최신 대형기 유영(A380), 고급 기내 서비스, 럭셔리 이미지 구축 등으로 프리미엄 고객을 고급 서비스로 차별화하여 공략하였다.

또 다른 특징은 국가와 항공사의 협력체계를 바탕으로 국가 브랜드와 항공 브랜드가 함께 성장하는 전략을 사용하여 브랜드 가치를 끌어 올렸다.

표 1-6 ▌중동 지역 항공사

세계 순위	국가	항공사	항공동맹	특징
1	카타르	카다르항공 (Qatar Airways)	원월드	중동 최고 항공사로 선정
4	아랍에미레이트	에미레이트항공 (Emirates)		세계 상위권 항공사로 선정
17	사우디아라비아	사우디항공 (Saudia)	스카이팀	최근 서비스 품질 급상승
20	아랍에미레이트	에티하르항공 (Etihad Airways)	아라베스트에러라인얼라이언스	UAE 아부다비 대표 항공사
	바레인	걸프에어 (Gulf Air)	아라베스트에러라인얼라이언스	중동에서 역사가 깊은 항공사
	오만	오만항공 (Oman Air)	원월드	소규모 국적 항공사

5) 남미 지역

남미 항공사들은 광대한 대륙, 산악 지형, 열악한 육상 교통 인프라로 인해 항공교통의 역할이 매우 중요하지만 정치적 불안정성과 환율, 유가 변동, 인플레이션 등 경제적 리스크가 커서 안정적으로 운영하는 것이 쉽지 않다. 따라서 남미 항공사는 리스크를 분산하고 효율성 있는 다국적 항공그룹 형태로 운영된다. 대표적으로 LATAM Airlines는 브라질, 칠레 등 여러 국가의 항공사를 통합한 형태이다.

표 1-7 ▌남미 지역 항공사

세계 순위	국가	항공사	항공동맹	특징
39	칠레&브라질	칠레항공 (LATAM Airlines)	원월드	남미 최대 항공사, 광범위한 네트워크
51	콜롬비아	아비앙카항공 (Avianca)	스타얼라이언스	중남미 전역 연결
65	파나마	코파항공 (Copa Airlines)	스타얼라이언스	중남미 허브(Panama City) 운영
80	아르헨티나	아르헨티나항공 (Aerolineas Argentinas)	스카이팀	아르헨티나 대표 국영 항공사
85~90	브라질	골항공 (Gol Linhas Aéreas)		저비용 항공 기반, LATAM과 경쟁
90 외	브라질	아줄브라질항공(Azul Brazilian Airlines)		서비스 만족도 높은 저비용 항공사

6) 아프리카 지역

아프리카는 지상 교통 인프라가 부족하고 지역 간 연결성이 약한 특수한 환경을 가지고 있어 구조적 한계 속에서 국가 주도형 항공사 육성 전략으로 성장해왔다. 대표적인 항공사인 에티오피아항공은 가장 성공적인 국영 항공사 모델이며 대륙 전역을 연결하고 있다.

표 1-8 | 아프리카 지역 항공사

세계 순위	국가	항공사	항공동맹	특징
38	에티오피아	에티오피아항공 (Ethiopian Airlines)		8년 연속 Best Airline in Africa, Economy· Business Class 1위
63	에스토니아	에어모리셔스 (Air Mauritius)		현대적 기단, 우수한 지역 서비스
67	남아프리카 공화국	남아프리카항공(South African Airways)	스타얼라이언스	전통 있는 항공사

02 CHAPTER
항공기

CHAPTER 02 항공기

01 항공기의 개념

1919년 파리국제민간항공조약은 부속서에 "항공기는 공기의 반동에 의해 공중을 부양하는 모든 기기"라고 정의되고, 1944년 시카고 국제민간항공기구(ICAO : International Civil Aviation Organization) 조약의 부속서에서도 공기의 반동에 의해 공중을 부양하는 기계의 총칭이라 정의[1] 했으며 그 광범위한 개념 중에는 비행기, 비행선, 기구, 활공기 등이 포함된다. 우리나라 항공법 제2조 제1항에서는 '항공기라 함은 민간 항공수송에 사용하는 비행기, 비행선, 활공기, 회전날개 항공기, 기타 대통령이 정하는 것으로서 항공수송에 사용할 수 있는 기기이다.'라고 규정하고 있다. 항공기 기술기준(Aircraft Airworthiness Standards)에서는 "항공기(Aircraft)라 함은 지표면의 공기반발력이 아닌 공기력에 의해 대기 중에 떠오르는 모든 장치를 말한다."라고 정의하고 있다.

1) 국제민간항공기구(ICAO:International Civil Aviation Organization) Annex 7에서는 "Aircraft. Any machine that can derive support in the atmosphere from the reactions of the air other than the reactions of the air against the earth"s surface."라고 정의

자료 : airlinereporter.com

그림 2.1 ❙ 각종 항공기들

02 항공기의 발달과정

민간수송기의 근대 수송 기원은 1932년 보잉사의 B-727과 1936년 더글러스사의 DC-1에 기원을 둔다.

자료 : wikipedia.org

그림 2.2 ▍Boeing 727-2S7

1) 프로펠라수송기

1885년 독일의 Diamler 사가 피스톤을 이용하여 피스톤방식의 가솔린엔진을 개발하였으며 자동차의 엔진과 동일하고 레시프로 엔진(Recipro Engine)이라고도 한다. 대표적 피스톤기로서는 1935년의 DC-3이 있고 DC-7은 피스톤기로서는 가장 우수한 항공기로 평가되고 있다. 또한 터보제트엔진을 프로펠러용으로 개조하여 사용한 터보 프롭기를 들 수 있다.

자료 : wikipedia.org

그림 2.3 ▍Douglas DC-7

2) 제트수송기

인류 역사상 최초의 제트기로서 Comet 4, B-707, DC-8, CV-880/990, Caravell 등이 개발되었다. 최초의 민간제트기로서는 Comet-1, B-707기가 1958년 뉴욕~런던 구간에 국제선 노선을 운항했다.

1964~69년은 제트기 전성기로 설명되는 시기로 B727, VC10, HS121, BAC-111, DC9, B-737, F-28 기종이 이 시기에 개발되었고, 1970~1974년간은 B-747, DC-10, A300 등의 큰 동체 비행기가 개발되어 지금의 대량수송의 초석이 되었다. 이후 1980년대에는 최첨단장치 등이 부착된 신기종인 B747-400, MD-11, A340, B-777등의 기종이 개발되어 안전운항에 기여하게 되었다. 최근에는 최신기종으로는 A380이 대표하고 있다.

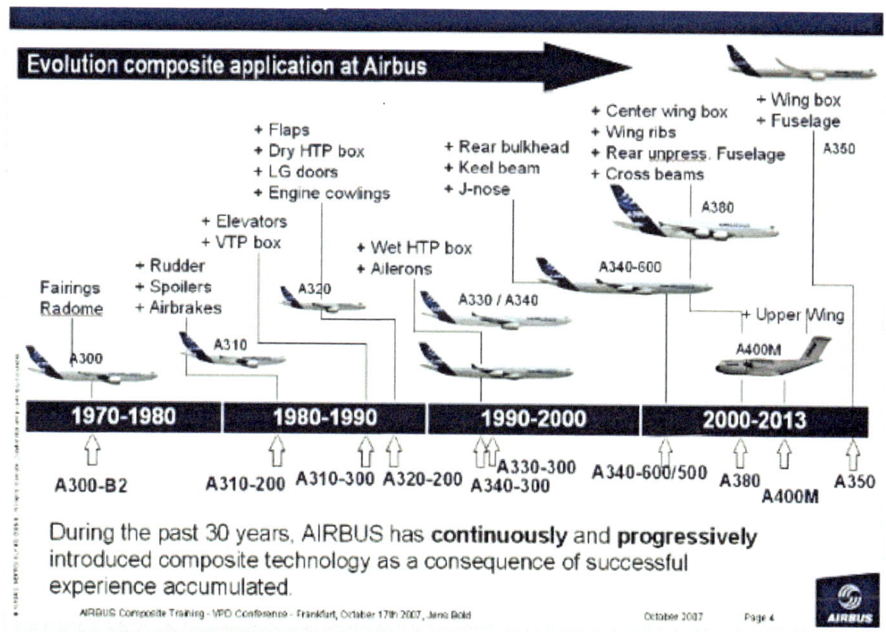

자료 : amazingdata.com

그림 2.4 ❙ Airbus aircraft history

3) 초음속수송기

1969년 3월 첫 비행을 시작하여 1976년 최초로 정기노선을 취항하여 운항하였으며 제트기보다 2배 이상의 빠른 속도가 특징이다. 영국항공과 에어프랑스가 개발한 콩코드기는 1969년 3월 첫 비행을 시작하여 1976년 1월 21일에 최초의 민간수송용으로서 정기노선에 취항하였다. 현재는 채산성, 소음 등의 공해로 인하여 운항이 중지된 상태이며, 총 생산 대수는 12대이다.

자료 : wikipedia.org

그림 2.5 ▌콩코드(Concorde)

03 항공기의 분류

국제민간항공기구에 의한 항공기는 ICAO Annex 7(Aircraft Nationality and Registration Marks)에 수록에는 경항공기(Lighter-than-air Aircraft), 중항공기(Heavier-than-air Aircraft)로 분류된다.

1) 동력장치에 의한 분류

(1) 경항공기(Lighter-than-air Aircraft)

공기보다 가벼운 항공 동력장치가 없는 기구(Balloon)와 동력 장치가 있는 비행선으로 구분된다.

(2) 중항공기(Heavier-than-air Aircraft)

공기보다 무거운 항공기로서 동력장치가 있는 비행기(Airplane)와 동력장치가 없는 활공기(Glider)로 구분된다.

경힝공기 ▸

중항공기 ▸

자료 : wikipedia.org

그림 2.6 ▎동력장치에 의한 분류

2) 속도에 의한 분류

(1) 아음속여객기(Subsonic Transport)

비행기 주변 공기 속도가 음속에 도달하지 않는 속도로 운항하는 비행기로서 마하 0.75 이하의 속력으로 운항할 수 있는 비행기로 볼 수 있다.

(2) 초음속여객기(Supersonic Transport)

소리의 속도보다 빠른 속도로 비행하는 제트여객기이다. 마하 1-5로 운항하는 콩코드기가 있다.

3) 이·착륙에 의한 분류

(1) CTOL기(Conventional Take-Off and Landing Plane)

일반적으로 이·착륙 비행기로서 STOL 운항을 목적으로 하지 않았기 때문에 특별히 강력한 고양력 장치와 엔진을 장비하지 않은 비행기를 말한다.

(2) STOL기(Short Take-Off and Landing Plane)

단거리 이·착륙 비행기로서 극히 짧은 활주거리로서 이·착륙이 가능하며 이·착륙 속도와 순항속도와의 차이가 비교적 큰 비행기로 볼 수 있다.

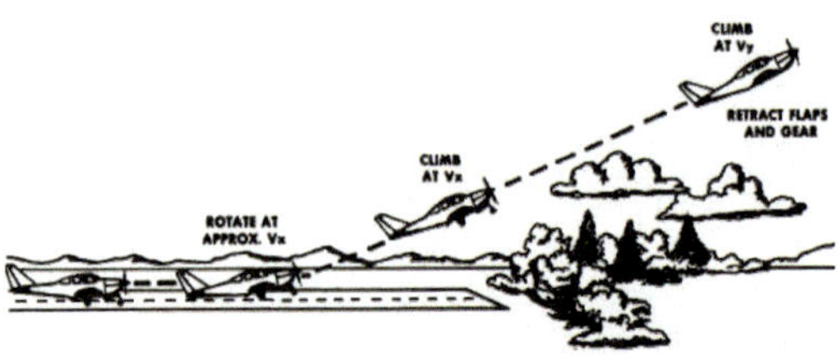

▲ Short Field Takeoff and Climb

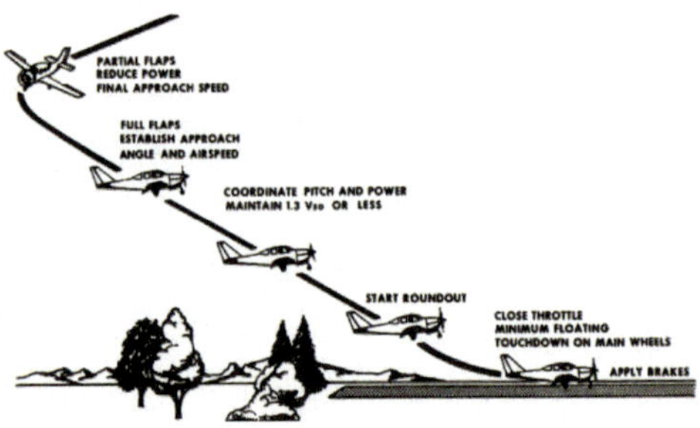

▲ Short Field Power Approach and Landing

자료 : avstop.com

그림 2.7 ▌ 단거리 이·착륙 비행기 활주거리

(3) VTOL기(Vertical Take-Off and Landing Plane)

수직 이착륙 비행기로서 이착륙할 때까지 활주하지 않고 수직으로 상승 및 강하가 가능한 능력을 가진 비행기를 말한다. VTOL기와 STOL기 두 기종을 총칭하여 V/STOL기라 한다.

자료 : wikipedia.org

그림 2.8 ▎수직 이·착륙 비행기

4) Narrow, Wide Body에 의한 분류

Narrow Body 비행기는 단일통로 항공기 동체폭 3~4m, 하나의 라인에 6개 좌석으로 배치되어 있다. 현재 Boeing 757-300 기종은 Narrow Body 중에서 295명으로 가장 많이 탑승이 가능한 비행기이다. Wide Body 비행기는 여러 통로 항공기로 폭 5~6m 이상, 하나의 라인에 7좌석 이상으로 구성한다. 일반적으로 250~600명의 승객이 탑승한다. 한편 Boeing 747-400ER, Airbus A-380 등은 점보기로 분류한다.

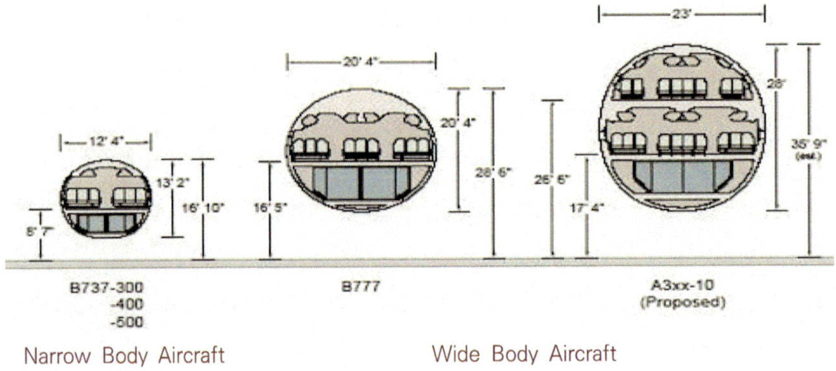

자료 : globalsecurity.org

그림 2.9 ▌항공기 동체 크기

표 2-1 ▌Wide Body와 Narrow Body의 차이점

항목	Wide Body	Narrow Body
동체크기	넓은 동체, 보통 5~6미터 이상	좁은 동체, 보통 3~4미터
좌석 배열	2-4-2, 3-4-3, 2-3-2 등	3-3 배열(통로는 하나)
승객수용능력	200명 이상 수용 가능	100~200명 정도 수용 가능
비행거리	주로 장거리, 국제선에 적합	주로 단거리, 중단거리 노선에 적합
운영비용	상대적으로 높은 연료소모와 운영비용	상대적으로 낮은 연료소모와 운영비용
탑승경험	상대적으로 넓은 좌석, 더 많은 기내서비스 제공	제한된 좌석공간과 서비스, 빠르고 효율적인 탑승
주요사용	장거리 국제선, 일반항공사	단거리, 국내선, 저비용항공사

아시아나 A-380 좌석 수는 일등석 12석, 비즈니스 66석, 일반석 417석이며, 대한항공인 경우 일등석 12석, 비즈니스 94석, 일반석 301석으로 구성되어 있다.

그림 2.10 ▌ 대한항공 A380-800

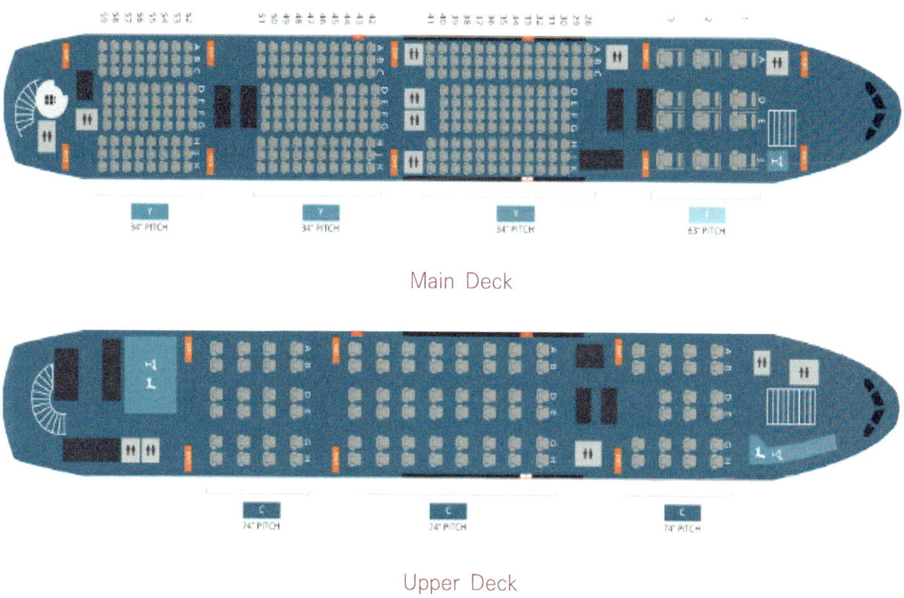

자료 : iskylover.com

그림 2.11 ▌ 내한항공 Airbus A380-800 기내 좌석배치도(407석)

자료 : iskylover.com

그림 2.12 ▌ 대한항공 Airbus A380-800 기종 407석 종류(상위클래스 순)

자료 : iskylover.com

그림 2.13 ▌ 대한항공 Airbus A380-800 기종 기내 편의시설
(일등석 바, 비즈니스석 바 라운지/일반석 면세점 전시공간)

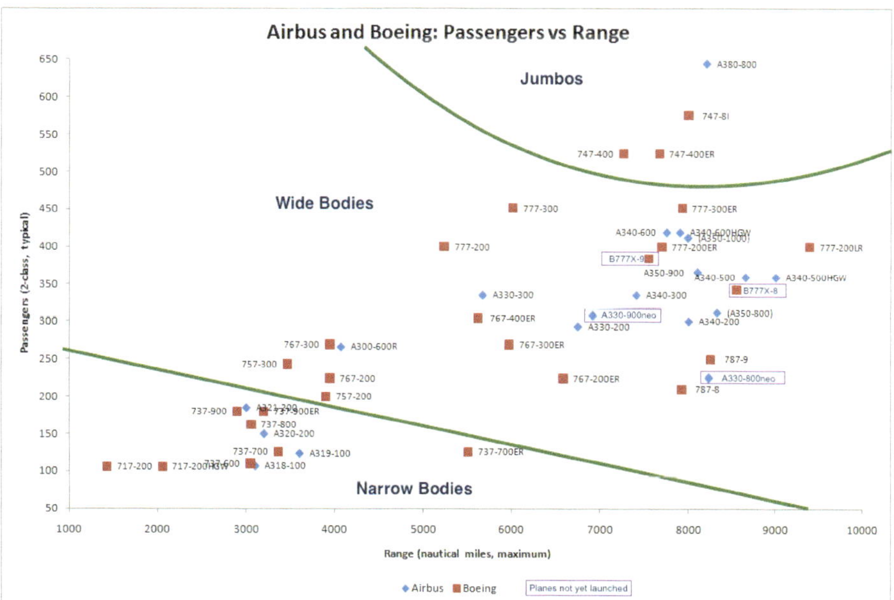

자료 : profithunting.blogspot.kr

그림 2.14 ▌ Airbus와 Boeing의 승객 수와 폭

04 항공기의 외부구조

1) 항공기의 외부형태

운송용 항공기의 외부구조는 기체의 중심선에 의한 동체길이, 날개 폭, 날개 길이, 꼬리 폭, 후퇴각, 바퀴 폭 및 바퀴 수, 방향타 등에 의하여 그 형체와 크기가 결정된다.

운송용 항공기의 날개 기능을 살펴보면 Main Wing은 항공기가 비행 중에 공기의 양력을 받아 상승하게 하는 역할을 하고, Flap은 항공기가 이륙이나 착륙을 할 때에 위로 젖히거나 아래로 구부릴 수 있도록 하여 공기의 저항력을 높이어 양력을 증가시키는 역할을 할 수 있도록 설계된 보조날개이며, 날개의 양쪽 끝에 위로 구부러진 상태로 설계된 Ail-Er-On은 꼬리부분의 수직날개와 함께 항공기가 방향전환을 할 때에 사용되는 날개이다.

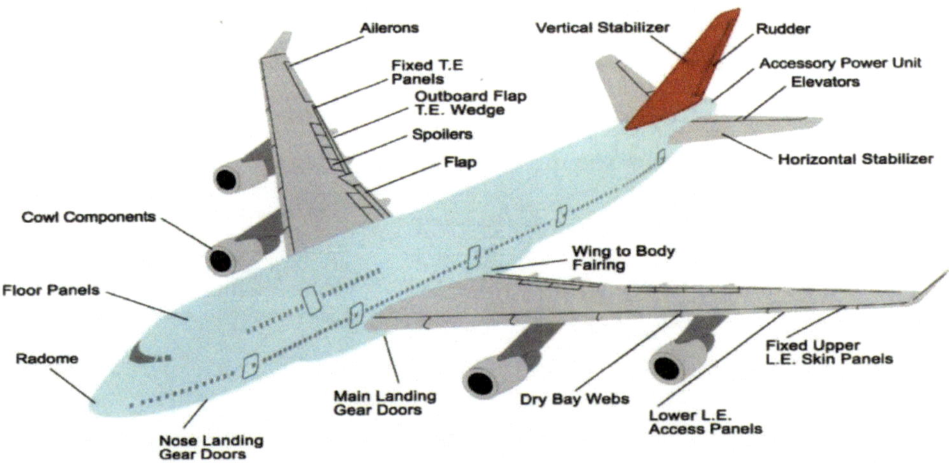

그림 2.15 ▌항공기의 외부구조

2) 항공기의 동체

여객운송용 항공기의 동체는 중간부분을 Main Deck라고 하며 승객용 좌석이 설치된 객실공간이고, 그 아래가 Lower Deck 로서 수하물과 화물을 탑재하는 공간이다. B747-400과 같은 대형항공기는 Upper Deck인 2층 부분이 승객용 객실로 구성되어 있다.

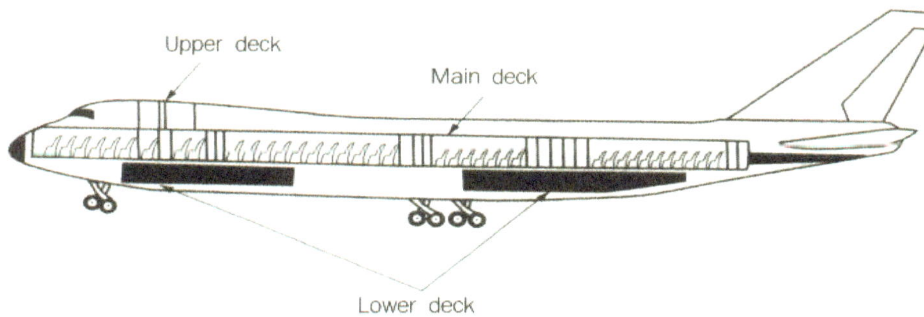

그림 2.16 ❙ 운송용 항공기의 동체

3) 항공기 외부의 주요 부분

(1) 동체

항공기의 주요 부분으로서 Main Deck와 Upper Deck에 승객이 탑승하게 되며 Low Deck 부분은 수하물 및 화물을 탑재한다.

(2) 날개

주 날개(Main Wing)는 비행중 공기로부터 양력을 받아 항공기가 뜨게 하는 역할을 하며 비행방향 전환 시는 방향타(Aileron)를 이용하고 이, 착륙 시 양력을 증가시키기 위해 플랩(Flap)을 이용한다.

(3) 엔진

항공기의 이착륙, 순항속도 및 기내의 압력, 냉온방의 공기를 제공하는 추력장치를 말한다.

(4) 로고(Logo) 및 마크(Mark)

- 로고: 동체부분에 기록되며 Main Deck는 회사명이 표시된다.
- 마크: 수직꼬리날개 중앙에 항공사의 로고가 표시된다.
- 항공기 등록번호: 수직꼬리날개 하단부와 날개 상단부에 기록된다.

(예) HL 7 4 33

ⓐ ⓑ ⓒ

ⓐ 7: 제트엔진 ⓑ 4: 엔진 수(4개) ⓒ 33: Serial Number

(5) 랜딩기어(Landing Gear)

자료 : wikipedia.org

그림 2.17 ▌Landing Gear Leg Boeing 777-300

05 항공기의 내부구조

1) 좌석(Seat)

자료 : aviationexplorer.com

주 : 333석인 경우 일등석 10석, 프레스티지석 61석, 일반석 262석

그림 2.18 ❙ 대한항공 333석 타입

▲ Window Seat

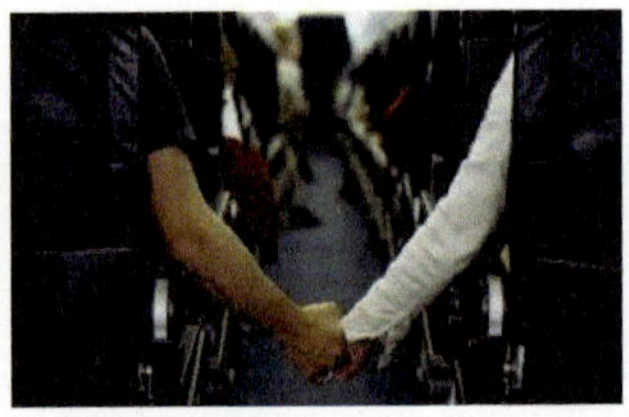

▲ Aisle Seats

▲ Center Seat On The Left

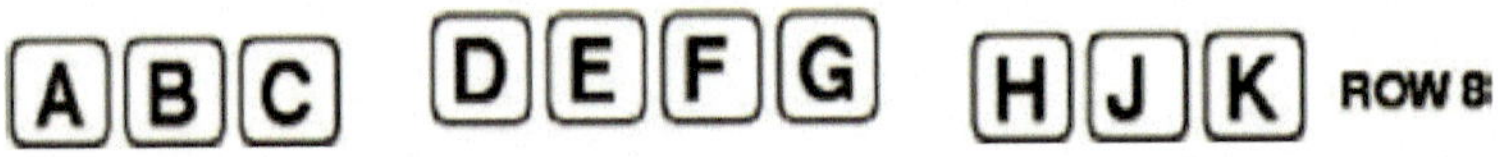

그림 2.19 ▌ 항공기의 좌석 번호

표 2-2 ▌ 좌석 번호와 설명

Seat Number	Seat Description	Seat Number	Seat Description
8A	Window Seat	8F	Center Seat
8B	Center Seat	8G	Aisle Seat
8C	Aisle Seat	8H	Aisle Seat
8D	Aisle Seat	8J	Center Seat
8E	Center Seat	8K	Window Seat

2) 주방(Galley)

비행 중에 승객에게 서비스할 음식, 음료 등을 저장하고 준비하는 장소이다. Oven, Coffee Maker, Water Boiler 등이 있다.

3) 선반(Stowage Bin)

승객의 짐이나 옷, 기타 소지품을 넣을 수 있는 공간을 말한다.

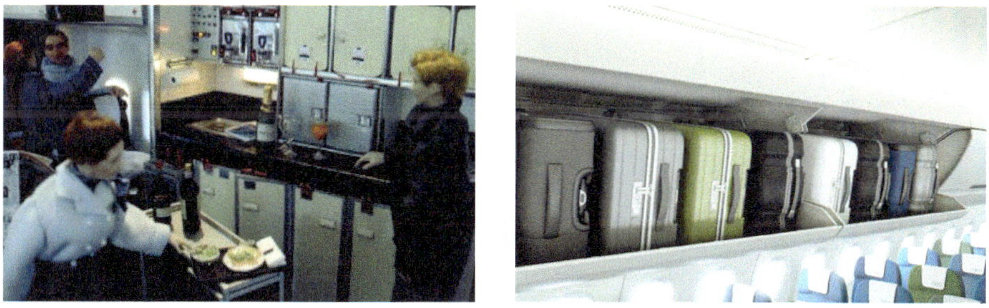

자료 : flightattendantjoe.com

그림 2.20 ▎ 기내 주방과 선반

4) 산소마스크

기내 감압현상이 발생할 시 자동적으로 나오도록 장치되어 있으며 객실고도가 14,000피트 이상일 때 작동한다. 산소마스크는 승객들에게 산소를 약 15분 동안 공급한다. 마스크(Mask)를 당겨 코와 입에 대면 산소가 공급된다. 산소마스크 사용방법은 객실승무원이 안내한다.

5) 탑재하는 곳

자료 : wikipedia.org

그림 2.21 ▎ 항공기 탑재장소

탑승수속 시 승객의 위탁한 수하물 및 일반화물을 Lower Deck에 단위 탑재 용기(ULD : Unit Load Device)를 이용하여 탑재한다. 탑승수속 시 승객이 위탁한 수하물을

ULD를 이용하여 탑재하며, 기내공간을 최대 활용할 목적으로 기내구조에 맞게 설계되어져 있다.

06 우리나라 항공기 보유현황

대한항공은 보잉사의 777-200ER, 777-300ER, 747-400ERF, 747-8i, 737-800, 737- 900, 에어버스사의 A380-800, A330-300, A321neo 등 161대의 항공기를 보유하고 있고, 아시아나 항공은 81대, 진에어가 31대, 제주항공이 41대를 보유하고 있다.

표 2-3 ▎국내 항공기 보유현황

항공사	2019	2020	2021	2022	2023	2024
대한항공	170	160	153	157	161	161
아시아나항공	86	85	82	77	81	81
제주항공	45	44	39	37	42	41
진에어	26	28	25	26	27	31
에어부산	26	24	24	22	22	21
티웨이항공	28	27	27	30	30	38
이스타항공	23	10	2	3	10	15
에어서울	7	6	6	6	6	6
에어인천	1	1	3	3	4	4
에어프레미아	0	0	1	3	5	6
에어로케이	0	1	1	1	5	6
플라이강원	2	3	2	4	0	0

▲ A380-800 여객기

▲ B747-400

▲ B777-200ER 여객기

▲ B767-300 여객기

▲ A330-300 여객기

▲ A321-100 / A321-200 여객기

▲ A321neo 여객기

▲ B747-400SF / B747-400F / B767-300 여객기

자료 : flyasiana.com

그림 2.22 ▌항공기의 종류

표 2-4 ▌주요 외국항공사의 항공기 보유현황(2025년 기준)

번호	항공사	보유 항공기 수
1	United Airlines	1,037대
2	American Airlines	992대
3	Delta Air Lines	986대
4	China Southern Airlines	850대
5	Southwest Airlines	801대
6	China Eastern Airlines	800대
7	Ryanair	624대
8	SkyWest Airlines	579대
9	Air China	500대
10	Turkish Airlines	484대
11	Emirates	252대

03 CHAPTER

공항

CHAPTER 03

공항

01 공항의 개념

공항을 통하여 세계 각지로 인적·물적 자원의 수송이 활발히 움직이고 있다. 항공 수송의 3대 기본요소는 공항, 항공기, 항공노선을 말한다. 공항에 대한 정의는 다음과 같다.

자료 : Businesskorea.co.kr

그림 3.1 ▍인천국제공항

Tip!

국제민간항공기구 (ICAO)	공항(Aerodrome)은 항공기의 도착·출발이나 지상이동을 위하여 일부 또는 전체가 사용되는 건물·시설물·장비 등이 포함된 육지나 수상의 일정 구역이라 정의함
미국 방항공청 (FAA)	공항(Airport)이란 여객이나 화물을 항공기에 싣거나 내리기 위해 정기적으로 이용되는 착륙지역이라 함

단순히 항공기의 이·착륙의 지원을 할 수 있는 시설을 갖춘 장소를 비행장이라고 하는데, 비행장은 공항보다는 더 넓은 범주에 들어간다. 세계를 향한 비즈니스의 도약 장소로 활용되고 있는 공항은 단순한 이동 장소가 아니라 효율적이고 편리한 비즈니스를 위한 서비스 제공을 하는 시설이다. 세계 각국의 주요 도시에 위치한 공항은 한 나라의 비즈니스 중심지로서 지역, 국가 경제에 크게 이바지 하고 있다. 공항의 주요 시설로서 항공운송을 하기 위해 필요한 여객 및 화물 취급시설, 항공기 급유 및 정비시설, C.I.Q, 관제소와 같은 항공 보안시설, 공항 이용객을 위한 각종 편의시설 등이 포함된다.

1) 공항의 기능

공항의 기능은 항공사가 항공기를 안전하게 이·착륙하도록 필요한 제반 시설과 편의를 제공하여 항공 기업이 수송을 원활하게 하는 것이다. 공항은 항공기에 의한 여행 또는 수송의 출발점, 중간지점 또는 최종 도착지점의 기능을 하는 장소로서 여객운송과 화물을 집하(集荷)·배송(配送)하는 항공운송서비스가 이루어지는 현장으로서 매우 다양한 기능을 수행하고 있다.

최근 공항의 개념은 항공운송의 이용 장소뿐만 아니라 국가 간 통상, 문화예술, 과학기술 발달의 선도 역할을 담당하는 공항도시(airport city)라는 개념으로 등장한다. 여객터미널, 쇼핑센터, 호텔, 박람회장 등의 기능을 갖추어 복합문화시설로 발돋음

했다. 공항은 타 교통수단과 연결되는 지점이기에 공항 주변의 공역관리, 주변토지에 대한 규제, 용지 규모, 도로, 공항 및 항공사 종사원을 위한 시설, 각종 산업단지 및 위락시설에 대한 선행 구축과 환경 및 소음, 공해 등에 대비할 수 있는 환경에 대한 고려가 선행되어야 한다. 공항은 여객, 화물, 우편물 등 지상 교통수단과 항공기간 편리하고 원활한 연계 교통망 구축이 필요하다.

항공운송체계를 도식화하면 항공운송체계의 상단에 표시된 공항 및 항공로에 관한 업무는 항공기가 운항하기 전 또는 항공기가 운항한 후에 지상의 공항에서 이루어지는 업무로서 공항시설의 관리와 여객 및 화물의 출입국관리 및 항공기가 공항에 도착하거나 공항을 출발하는데 필요한 항공교통업무와 공역관리 업무로서 이들 업무는 정부 또는 공공기관에서 지원하는 업무이다. 하단에 표시된 항공기와 항공종사자에 관한 업무는 여객과 화물을 싣고 다니는 항공기의 운항을 위하여 항공기의 정비와 운항관리 및 지상조업 등과 항공기 내의 객실관리 및 이들 업무를 수행할 수 있는 항공종사자를 교육·훈련·양성하는 업무로서 이들 업무는 항공사 또는 지상조업체를 지원하는 업무이다.

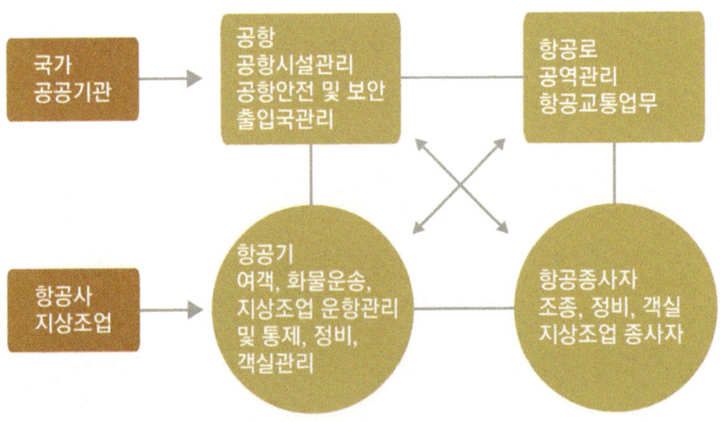

그림 3.2 ▎항공운송의 구성체계

이처럼 공항은 항공운송서비스가 이루어지는 현장으로서 여객운송과 화물을 배송하는 매우 다양한 기능을 수행하고 있을 뿐만 아니라 사회간접자본시설로서 국가기간산업의 역할을 하는 시설이기 때문에 공항의 기능은 여러 가지 방법으로 구분할 수 있다.

2) 공항의 고유기능과 파생기능

공항의 고유기능으로는 항공기운항기지, 여객운송기지, 화물운송기지 등으로 나누어진다.

(1) 항공기운항기지기능

항공기의 이륙과 착륙을 위한 장소와 시설을 제공하기 위하여 활주로, 유도로, 계류장 및 착륙대 등의 기본시설과 항공교통 관제시설, 항행보조무선시설, 항공등화시설 등의 항행안전 지원시설 및 격납고, 정비시설, 기내식시설, 동력시설, 급유시설 등 항공기정비와 지상조업을 통하여 항공기의 운항지원을 하는 기능을 말한다.

(2) 여객운송기지 기능

여객이 항공여행을 하는 출발지 또는 도착지로서 여객이 항공기를 탑승하기 위한 시설과 휴게기능 또는 음식제공시설을 갖추어 여객의 항공여행서비스를 제공하는 기능을 말한다.

(3) 화물운송기지 기능

화물의 항공수송을 위한 출발지공항에서의 화물의 집하와 중간 기착지공항에서의 화물의 분류와 환적 또는 도착지공항에서의 화물의 배송 등을 위한 화물운송기지 기능을 할 뿐만 아니라, 철도나 육상교통 등 다른 교통수단을 이용하여 공항에 도착한 항공화물을 항공기에 탑재하거나 항공기로 운송한 화물을 목적지 공항에서 하기

(下機) 하거나 화물의 보관 및 화물통관시설을 갖추어 항공화물의 수송·보관·통관서비스를 제공하는 기능을 말한다.

공항의 파생기능으로서는 다음과 같다.

① 공항시설이 국가의 사회 간접자본시설로서 항공운송산업의 발전은 물론 물류의 수송을 신속·원활하게 함으로써 항공운송산업의 발전과 함께 국가경제발전을 촉진시키는 경제적 기능을 가지고 있다.
② 공항은 국가와 국가 또는 지역과 지역 사이의 관광과 교류를 촉진시켜 우호증진과 함께 이해를 증진시켜 인간의 의식이나 행동을 세계적 또는 국가적 규모로 확대하여 통합하는 사회·문화적 기능을 가지고 있다.
③ 공항의 건설과 운영에는 토목, 건축, 기계, 전기, 통신, 전자, 환경 분야 등의 첨단과학기술이 필요하게 되므로 공항을 건설하고 운영함으로써 이들 분야의 기술을 선도할 뿐만 아니라 항공교통관제나 항행안전시스템, 기상정보, 공항운영시스템 등에 관한 기술 분야도 함께 발전시키는 등 과학·기술의 발전을 선도하는 기능을 가지고 있다.
④ 공항은 항공교통수단과 경쟁관계 또는 상호 보완관계에 있는 고속철도, 고속도로, 전철 및 해상운송 등 다른 교통수단의 기술개발을 촉진시킬 뿐만 아니라 경쟁관계에 있는 이들 교통수단들의 설비나 서비스를 향상시키게 하는 역할과 기능을 가지고 있다.

그러나 공항의 기능에는 이와 같은 순기능만 있는 것은 아니며, 공항을 건설하고 운영함으로써 지역주민에게 역기능으로 작용하는 항공기소음, 수질오염, 대기오염, 진동, 환경파괴, 생활터전상실, 지역공동체 붕괴 및 공항이 건설된 후에는 공항을 중심으로 Air Side 지역에 비하여 Land Side 지역을 편중 발전시키는 등의 악영향도 있다.

02 공항의 기본시설

1) 이·착륙 위한 공항 기본시설

공항의 기능을 유지하기 위해 필요한 여러 가지 시설 중에 항공기의 이·착륙과 관련해 직접 또는 간접적으로 필요로 하는 시설을 공항의 기본 시설이라고 하며 활주로, 유도로, 주기장으로 구분된다.

(1) 활주로

항공기가 이·착륙하기 위해 비행장에 설정된 일정한 공간의 평면을 착륙대(Landing Area)라고 하며 여기에는 활주로(Runway) 외에 과주대(Overrun Area), 숄더(Shoulder) 등의 안선여유구역이 포함된다.

공항은 착륙대의 크기에 따라 그 등급이 정해지는데 항공법에서는 착륙대의 규모를 9등급으로 구분하여 비행장의 규격을 정하고 있다. 이 중 항공기가 이·착륙할 때 가속이나 감속하기 위해 필요한 지상 활주용 노면을 흔히 '활주로'라고 한다.

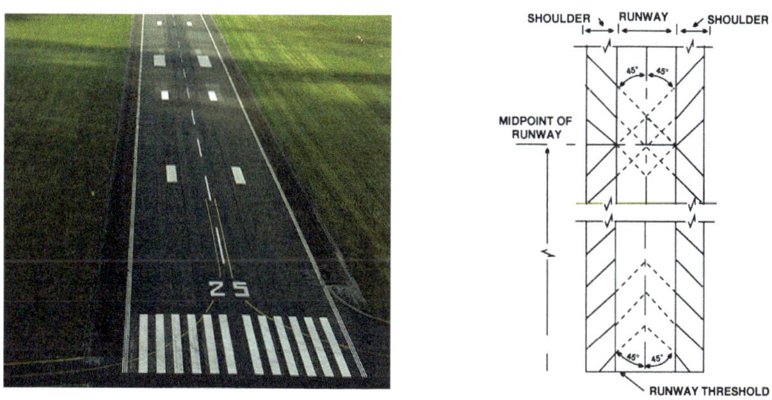

그림 3.3 ▌ 활주로

활주로의 수는 항공수요와 기상조건을 고려해 결정되며 공항지역에서 바람이 가장 많이 부는 방향으로 설정, 바람의 영향을 최소화하게 된다. 또한 활주로는 길이뿐만 아니라 강도가 중요한데 이·착륙하는 항공기의 하중 및 교통량에 견딜 수 있도록 포장되어야 하며, 각 공항의 활주로에는 강도가 표시되어 있다.

항공기가 착륙을 잘못하여 다시 착륙하거나(진입복행), 활주로를 이탈할 경우에 안전을 확보하기 위해 설치된 지역을 '과주대'라고 하며 일반적으로 항공기는 착륙 시 활주로 길이의 60% 이내의 거리에서 정지하도록 되어 있다. 그러나 접지점이 틀렸거나 브레이크에 고장이 나거나 활주로 표면이 미끄러운 상태에서는 활주로의 말단(Runway Threshold)에서도 정지를 못하고 이를 넘어가서(Overrun) 정지하는 경우도 있다. 이에 대비, 활주로 양단의 바깥쪽으로 항공기의 중량을 견딜 수 있는 강도를 가진 구역을 연장 설치하고 있는데 이것을 '과주대'라고 한다.

자료 : http://Avherald.com

그림 3.4 ▎활주로의 구조

(2) 유도로(Taxiway)

항공기가 활주로와 주기장 및 정비지역을 왕복하는데 이용하는 통로를 '유도로(Taxiway)'라고 한다. 착륙 횟수가 적은 공항에서는 활주로와 주기장을 연결하는 유도로가 하나 정도면 충분하지만 이착륙 횟수가 많은 공항에서는 선회유도로, 평행유도로, 고속탈출유도로 등이 필요하다.

(3) 주기장(Apron)

승객의 승강, 화물의 적재 및 하기, 연료보급 및 정비 등을 하기 위해 항공기가 주기하는 장소를 '주기장(Apron)'이라고 하며 터미널 빌딩과 정비지구에 접해서 위치한다. 그 목적에 따라 탑승주기장, 정비주기장, 야간 주기장 등으로 나누어지며 주기장의 수를 나타내는 단위로 '스팟(Spot)'을 사용하고 있다.

2) 항공 보안 시설

항공기의 이·착륙 순서 등을 통제하는 업무를 항공교통관제(ATC: Air Traffic Control)라 한다. 출발공항을 이륙한 항공기는 항로비행을 거쳐 목적 공항에 도착하게 되는데 이러한 일련의 절차는 다음과 같다.

그림 3.5 ▎관제탑

(1) 비행장 관제업무(Aerodrome Control Service)

비행장 및 그 주변을 운항하는 항공기와 이동자에 대해 행하는 관제업무로 항공기 이·착륙의 순서를 정하고 허가를 발부한다. 또 비행장 주변 공역에서 비행하는 항공기를 분리시켜 공중충돌을 방지하고 항공기 이동지역내의 항공기와 차량을 통제한다. 통상 공항에서 육안으로 확인하는 관제탑(Control Tower)에서 무선장비로 이·착륙 순서 통제임무수행을 한다.

(2) 접근 관제업무(Approach Control Service)

공항에서 이륙해 항로 관제소로 인계되는 항공기와 항로관제소에서 인계되어 공항으로 착륙하는 항공기 분리와 공중충돌을 방지하고 적절한 정보(기상, 목적 공항 상태 등)를 조언함으로서 안전한 운행을 보장하는 업무다. 이런 업무를 담당하는 기관을 접근 관제소(Approach Control)라고 부르며 접근 관제소에 배당된 영역을 접근 관제구역(Approach Control Area)이라 한다. 우리나라의 경우는 14개의 접근 관제소가 있으며 1개의 접근 관제소는 1개 이상의 공항에 대한 입·출항 관제를 실시한다(서울접근관제소는 김포, 인천, 서울공항을 관할).

(3) 항로 관제업무(Area Control Service)

국제민간항공기구에서 설정된 비행정보구역 내의 관제구역 중 관제권 및 접근 관제구역을 제외한 지역에서 항공기 간의 적절한 분리를 유지, 안전한 항행이 이루어지도록 관련 정보 및 관제지시를 발부한다. 항공기가 안전하고 질서 정연하게 운항할 수 있도록 지원하는 시설이다. 항공기 간의 충돌 방지, 항공교통의 질서유지 등을 확보하는 데 그 목적이 있다.

3) 공항 청사

항공 교통과 지상 교통의 연결점으로 출입국 승객의 편의를 위해 항공사, 공항 공단, 정부기관 등이 복합적으로 구성되어 운영된다.

(1) 전체 시설 구조

공항은 국가나 지역별로 약간의 차이는 있으나 통상 일정 규모가 되는 공항은 1층은 도착장(입국장), 2층은 탑승 수속장, 3층은 출발장(출국장), 기타 부대시설 등으로 되어 있다.

(2) 항공사 시설

공항을 이용하는 항공기의 원활한 운항업무 지원을 위해 각 항공사별로 공항 관리소 측과 일정기간 동안 임대 계약에 의해 사무실을 사용하고 있다.

① 탑승수속 카운터

First Class, Business Class, Economy Class, 단체(Group) Class 승객용 카운터가 위치하고 있으며 취항하고 있는 항공사 별로 공항 관리소 측과 일정기간 동안 사용계약에 의해 고정 장소를 공항관리소 측으로부터 배정받아 사용하거나 자사의 항공기가 운항할시 해당시간만 배정받아 사용하는 방법 등이 있다.

그림 3.6 ❙ 탑승수속 카운터

② Lounge

일명 VIP 라운지라고 하며 공항 당국이 운영하는 귀빈실과 각 항공사별로 공항으로부터 임대하여 사용하는 항공사 및 동일 동맹체 항공사간 공동으로 이용하는 귀빈실 등이 있다.

자료 : turkishairlines.com

그림 3.7 ❙ 공항 라운지

③ 정부 기관 시설

일명 C.I.Q라고 하며 세관(Customs), 법무부(Immigration), 동식물 검역소(Quarantine)가 공항 내 위치하고 있고 공항을 이용하는 승객을 관리, 감독하고 있다. 각각의 국가별 특성에 따라 약간의 차이가 있지만 인천국제공항의 경우 C.I.Q, 정부기관, 지방 항공국, 경비 및 검색 기관, 병무 신고소, 기상 측후소, 정보·보안·수사 기관, 한국무역진흥공사 등이 있다.

자료 : http://www.suvarnabhumiairport.com

그림 3.8 ❙ C.I.Q 시설

④ 승객 편의 시설

식당, 은행, 우체국, 서점, 약국, 면세점 등이 있다.

⑤ 부대시설

- 지상 조업사(Ground Handling Company) : 특정 항공사로부터 관련 업무를 위탁 받아 항공 화물, 수하물 탑재 및 하역 작업, 기내 청소를 실시하는 업체를 말한다. 국내에 있는 회사로는 아시아나에어포트, 샤프에비에이션케이, 한국항공, JAS, TAS 등이 있다.
- 기내식 사업소(Catering Company) : 기내식 제조 및 판매 업무, 기내용품 보관용 보세 창고 대여업을 수행한다.

자료 : wikipedia.org, skift.com

그림 3.9 ❙ 기내식 사업소와 지상조업사

- 급유 시설 : 항공연료를 탱크로부터 지하의 파이프라인을 통해 각 주기장까지 송유하여 동시에 대량으로 연료를 신속히 급유할 수 있도록 급수전 시스템(Hydrant System)을 이용하여 처리한다.

자료 : wikipedia.org, riga-airport.com

그림 3.10 ❙ 항공기 급유

• 격납고(Hanger) : 항공기의 점검 및 정비를 수행하는 장소를 말한다.

자료 : brighthub.com, rubbusa.com

그림 3.11 ▌격납고 구조

03 공항의 운영방식

공항의 운영은 항공기 운항과 여객·화물 처리를 안전하고 효율적으로 관리하는 것이 핵심 업무이며, 이를 운영하는 주체는 국가나 지방자치단체가 직접 운영하는 공공형과 민간기업과의 계약을 통해 운영되는 민간형, 정부와 민간이 공동투자하여 운영하는 방식 등이 있다.

1) 운영방식의 분류

(1) 공공주도 운영

대부분의 국가에서 국제공항이나 주요 공항은 공공 주도로 운영되고 있다. 국가 또는 지방정부나 산하기관이 공항을 소유하고 운영하는 구조이다.

이런 방식은 지속적인 인프라 투자가 가능하고, 국가 안보나 항공 정책의 연계가 잘 이루어져 안전성과 공공성이 제대로 유지될 수 있다. 하지만 운영방식이 변화하는 것이 쉽지 않고 경쟁력이 저하될 수 있다.

우리나라는 인천국제공항공사(IIAC)와 한국공항공사(KAC)가 공공주도형이며 미국은 각 지방정부 공항청이 운영하고 있다.

(2) 민간주도 운영

민간 기업이 공항의 운영권을 획득하거나 위탁받아서 운영하는 방식이다. 공공주도에 비해 전문적인 경영이 가능하고, 투자를 유치할 수 있다. 효율성 있는 공항운영을 하기 위해 수익을 최대한 끌어올릴 수 있는 경영방식을 도입하여 경쟁력을 강화시킨다. 다만 기업의 이익을 추구하다보면 공공성이 축소되고 과도한 임대료, 보안, 안전 등에 문제가 발생할 수 있다.

영국 히드로 공항은 민간기업이 컨소시엄 형식으로 운영되고, 프랑스 샤를드골공항, 독일 프랑크푸르트공항 등도 민간주도로 운영되고 있다.

(3) 공공과 민간의 합작 운영

정부와 민간이 서로 협력하여 개발하거나 운영하는 방식이며, 공공이 소유하고 민간에게 운영권을 위탁하는 방식과 지분을 투자받는 방식이 있다.

필리핀 클락국제공항이 필리핀 정부와 민간컨소시엄이 운영하는 방식이며, 우리나라는 김해공항을 확장할 때 민간자본을 투자받는 것을 계획하고 있다.

이런 방식은 먼저 국가의 재정 부담이 줄어들고 공공성 유지와 효율성을 담보할 수 있어 점차 확대해 가고 있는 추세이다. 다만 수익의 배분이나 운영방식에 이견이 있을 수 있어 조정이 필요하다.

2) 공항의 운영구조

공항의 운영구조는 복합적이고 협업적인 시스템 구조로 구성되며, 항공기 운항 지원, 여객 서비스 및 화물 서비스 운영, 공항시설 및 안전 관리, 항공사·지상조업, 보안 및 출입국관리, 상업 및 시설관리, 행정 및 전략기획 등 다양한 기능이 유기적으로 맞물려 있다. 최근에는 스마트공항, 친환경 운영, 자동화 기술 도입 등으로 공항 운영구조가 빠르게 변화하고 있기 때문에 실시간으로 데이터를 공유하여 효율적인 운영체계를 갖추어야 한다.

전반적으로 공항의 관리구조는 세분화 되어 각 부서아래 다양하게 구성되어 있다.

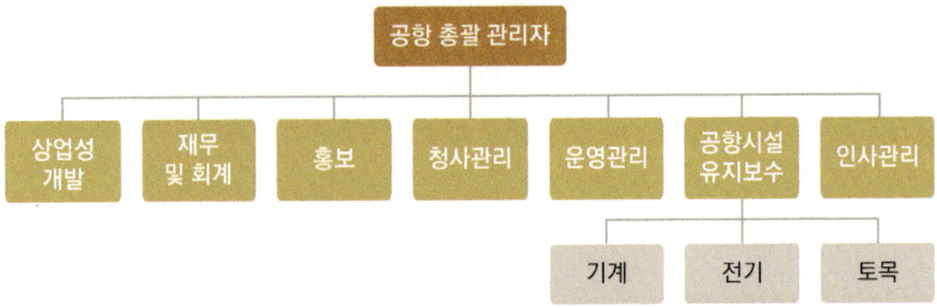

그림 3.12 ❙ 일반적인 공항 관리의 조직

공항운영 부서는 공항주변과 항공기 주기장을 출입하는 항공기의 안전하고 신속한 이동을 일상적으로 통제하며 조직하는 책임을 가진다. 이 부서에 속하는 운영담당관이 해당 공항의 효율적인 운영을 직접 책임지며, 대형 공항은 24시간 운영담당관이 근무한다. 또한, 공항운영 부서 내에 이동지역 안전관리나 계류장 관리 등과 같은 전담 조직을 설치할 수 있다.

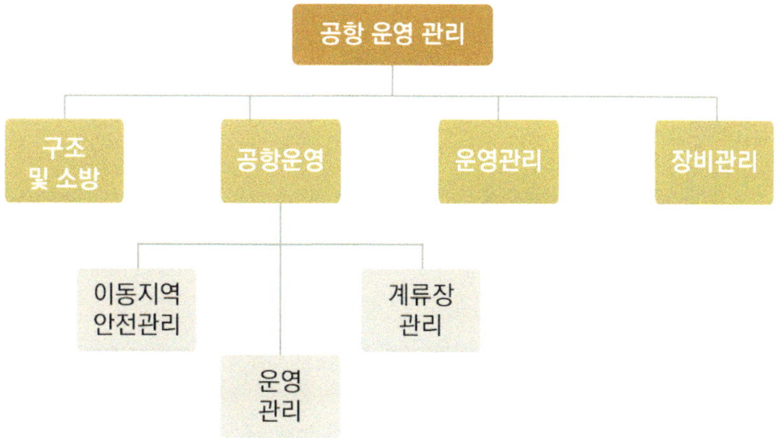

그림 3.13 ❙ 공항운영 관리부서의 조직

표 3-1 ❙ 부서명 주요 역할

부서	역할
공항운영센터 (AOC)	진반직 공항 운영 상황 통세, 정보 수십·문석·소성
운항관리	항공기 입출항 스케줄 관리, 계류장·게이트 배정
지상조업	수하물 처리, 급유, 항공기 견인 등 지상서비스 지원
여객지원	체크인, 보안검색, 탑승게이트 운영, 여객 응대
시설관리	활주로, 조명, 냉난방, 전력 등 공항 인프라 유지관리
보안·출입국관리	보안검색, 출입국 심사, 위험물 탐지 등
구조·소방	항공기 화재, 유류 화재, 구조·응급처치 등
상업시설관리	상업시설물 관리
행정·전략기획	전반적인 공항의 장단기전략기획

(1) 항공기 운항 지원

항공기의 안전한 이·착륙 및 이동을 실시간으로 통제하는 관제업무를 수행하고 활주로와 계류장, 유도로, 터미널 등을 안전하게 운영하며 항공사에 필요한 지상조업 지원을 제공한다. 항공사, 관제센터, 공항운영센터 간에 실시간으로 긴밀하게 협조체계를 유지한다.

(2) 여객 서비스 및 화물 서비스 운영

여객서비스는 공항내 여객의 흐름을 원활히 유도하기 위해 고객들이 공항에서 출입하는 단계부터 보안검색, 체크인, 수하물 처리 등 비행기에 탑승하는 모든 과정을 운영한다. 공항시설을 사용하는데 불편함을 겪는 고객들을 위한 서비스와 자동화기기 사용법도 친절히 안내한다. 화물서비스는 항공화물을 접수하고 분류하여 통관하기까지 물류 전반의 흐름을 관리한다. 고객들의 편의를 위해 식음료 매장이나 환전센터, 면세점, 교통안내 등 부가서비스도 제공하고 있다.

(3) 공항시설 및 안전 관리

공항 내 청결을 유지하고 시설물 전반을 유지보수 관리하며, 보안이나 재난대비를 위한 응급체계를 운영한다.

(4) 항공사·지상조업

각 항공사의 지상조업 업체나 협력 업체가 수행하는 승객 수속, 화물 상하차, 급유, 기내식 탑재, 항공기 청소 등 전반적인 지상 업무를 지원한다.

(5) 보안 및 출입국관리

출입국관리, 보안검색, 세관, 검역소, 경찰 등 정부기관과 보안 전문 업체가 연계하여 출입국시 탑승객과 수하물을 검색하고, 밀수나 검역 등 공항 내 질서를 유지하기 위한 역할을 수행한다.

(6) 구조 및 소방

위기 대응의 핵심 부서에서 관리하며 공항 내에서 화재·항공기 사고·인명 구조 등 비상 상황에 즉각 대응하는 역할을 수행하며, 공항의 안전 관리 체계에서 중추적인 기능을 한다. 항공기 운항에서는 대규모 화재와 긴급상황이 발생할 위험으로 생명과 직결되기 때문에 구조체계가 최고의 기동력, 장비력, 전문성을 갖추어야 한다.

(7) 상업 및 시설관리

식음료 판매점, 면세점, 편의시설, 주차장, 라운지 등을 임대하고, 관리하여 공항내에 있는 시설에서 수익을 창출한다.

(8) 행정 및 전략기획

운영하는 주체가 공항의 장기적인 전략과 공항개발계획에서부터 환경문제, 고객만족도 조사, ESG 경영, 탄소중립 등의 대응 전략을 기획한다.

3) 공항의 수익구조

공항의 수익구조는 항공사의 운항과 관련된 관련 수익과 항공기 운항과 직접 관련되지 않은 공항 내 부대사업으로 발생하는 비항공 수익으로 구성되어 있다.

항공 수익은 비행기가 이착륙할 때 부가되는 착륙료와 항공기가 계류장에 주기할 때 발생하는 계류장 사용료, 관제서비스, 보안검색, 항행시실 이용 등에도 사용료를 내야 한다. 또한 공항을 이용하는 고객들이 지불하는 공항 이용료는 항공권 발권시 포함되거나 별도로 지불하기도 한다.

비항공 수익으로는 공항 내 면세점이나 식음료관련 카페나 레스토랑, 소매점 등의 임대료와 매출수수료가 있고, 주차장, 공항내 광고시설, 공항라운지, 환전소, 렌터카 등도 수익이 발생한다. 공항부지 내에 건설되는 호텔이나 오피스, 물류단지 등을 분양하거나 임대하여 발생하는 수익도 포함된다.

대부분의 공항에서는 수익의 안정성을 확보하기 위해 여객 수요의 변동성을 최소화하고 비항공 수익의 비중을 높이기 위해 다양한 방식의 수익모델을 추진하고 있다.

그림 3.14 ▌ 공항의 수익구조

4) 공항의 운영방식

오늘날 공항은 단순히 항공기 이착륙 장소에서 첨단 복합 플랫폼 서비스 공간으로 진화하고 있다. 이제 공항은 국가 브랜드화, 지역경제 활성화, 글로벌 물류방식까지 영향을 주고 있다. 또한 전 세계가 하나로 연결되면서 국가 간의 이동이 활발해지고 항공사의 다양한 노선개발로 여행객들이 폭발적으로 항공수요가 증가하였다. 따라서 공항도 고객 중심의 서비스를 확대하고, 수익다변화를 위한 다양한 경영모델을 모색하고 있다.

이에 따라 공항의 운영방식도 관리 중심 체계에서 민간참여를 확대하고, 많은 시설들을 스마트화하며, 친환경 중심으로 급속히 변화하고 있다. 팬데믹 이후에는 위기대응능력에 대한 유연성도 강화되고 있다.

(1) 공공과 민간의 협력 체계로

대부분 공항은 국가 또는 공공기관이 소유하거나 운영하였으나 오늘날에는 공공과 민간의 협력체계로 변화하고 있다. 이런 방식은 공공성을 유지하면서 운영을 효율화하고, 자본을 유치할 수 있으며, 서비스 경쟁을 촉진할 수 있다. 다양한 부대수입을 확대하고 수익을 다각화하여 공항의 수익구조 비중을 높이고 있다.

(2) 스마트공항 기반 자동화 시스템 도입

팬데믹 이후 비대면 서비스가 확대되면서 공항운영을 최적화 할 수 있는 자동화 시스템 도입이 더 빨라졌다. AI, IoT, 빅데이터, 로봇, 생체인식 기술을 활용한 자동화 시스템 도입한 후 인건비가 절감되었고, 보안이 강화되었으며 승객을 처리하는 속도가 빨라지면서 고객의 만족도가 높아졌다.

공항에서 출입국 과정에서 무인 키오스크를 이용하며 모바일 체크인의 비율이 높아지고 있다. 안면인식 시스템으로 탑승을 할 수 있고, 수하물도 자동 위탁 시스템으로 보낼 수 있다.

(3) 고객 경험 중심으로 전환

고객의 편의를 위하여 공항 내 문화시설들을 다양화하여 유치하고, 라운지 서비스를 고급화하며, 쇼핑이나 체험을 할 수 있는 공간을 확보한다. 이러한 시설들을 고객들이 경험할 수 있는 방향으로 전환하면서 서비스 품질을 높여 수익을 확대하고 있다.

(4) 친환경·지속가능 운영 체계로

기후의 영향을 많이 받는 항공시장은 심각해지는 기후변화에 대응하기 위해 탄소배출을 감소할 수 있는 설비를 구축하고 있다. 공항 내 전기차 셔틀버스를 도입하고, 태양광 발전 시스템과 폐기물·수자원 재활용 시스템을 구축하고, 탄소 배출 감축 인증(ACA 등급 도입)을 하면서 국제 항공 기준(ICAO)의 환경 요구사항 대응하여 지속가능한 운영을 위한 녹색 공항 전략을 추진하고 있다.

04

CHAPTER

항공사 조직과 운용

01. 항공사 조직구조

02. 항공사의 부서별 역할

03. 항공사 경영자와 조직문화

CHAPTER 04

항공사 조직과 운용

01 항공사 조직구조

1) 항공사의 조직구조

항공운송은 산업의 특수성으로 인해 전문적인 많은 인력과 고도의 복잡한 시스템이 운용되기에 매우 체계적이어야 하며 기능별로 세분화가 필요하다. 대부분의 항공사는 기능별 조직구조를 기반으로 하며, 대형 항공사의 경우 사업부제나 지역별 조직을 병행하기도 한다. 항공사의 조직은 크게 기술적 부서인 운항, 정비와 관리·서비스 부서인 객실, 영업, 마케팅, 재무, 인사, 안전보안, 고객 서비스 등으로 구분한다. 항공사의 거대한 조직은 항공기의 안전을 기본으로 하고 고객 만족을 통해 수익체계를 구축해야 한다. 특히 항공사는 안전, 보안, 공정한 경쟁, 환경보호 등 국제적으로 규제가 많아 표준 절차를 준수해야 하므로 각 부서가 상호 연계되어 전문성과 책임감을 가지고 유기적으로 운영되어야 한다.

항공사의 조직구조는 항공사의 경영방침마다 약간 씩 차이가 있다. 기존 주요 조직 외에도 국내나 해외에 지점을 조직하여 관리하거나 복수 브랜드를 보유하고 있는 항공사는 사업조직부별로 이원화시키기도 한다. 인수합병을 추진하는 특수한 상황에서는 기존의 부서에서 대응하거나 일시적으로 특수조직을 구성하기도 한다. 최근에는 AI 디지털 분야의 기술이 너무 빠른 속도로 발전하면서 항공사마다 이 기술을 도입하여 적용할 수 있는 방안을 모색할 수 있는 새로운 조직을 구성하고 있다. 우주항공산업 분야도 시장이 확대되면서 신규로 항공사의 새로운 수익구조로 운영되기도 한다.

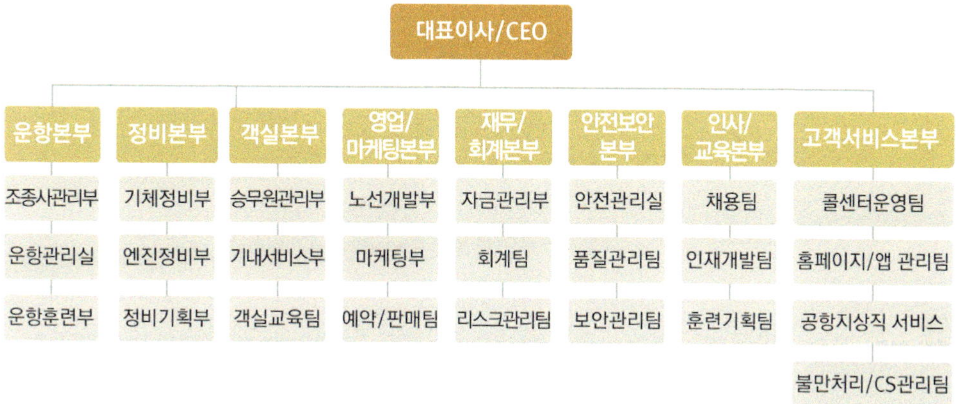

그림 4.1 ❙ 항공사의 조직구조(예)

2) 대한항공의 조직구조

우리나라 대표 항공사인 대한항공의 주요 조직도는 크게 회장, 경영진, 각 본부 및 실·부서로 이루어져 있다. 회사의 최고 결정구조인 이사회가 있고, 최고경영진과 경영위원회가 경영을 한다. 핵심경영본부로는 회사의 방향성과 경쟁력 확보를 위한 경영전략본부, 인재를 채용하고 교육하는 인력관리본부, 회계나 자금관리를 하는 재무본부, 대한항공 운항의 두뇌로 항공기와 관련된 컨트롤 타워 역할인 종합통제본부 조직이 있다. 여객의 노선을 기획하고 판매하는 여객사업본부, 화물운송 및 물류를 총괄하는 화물본부, 항공관련 부품을 개발, 제작하거나 우주관련 사업을 추진하는 항공우주사업본부, 운항계획과 비행안전을 담당하는 운항본부. 고객서비스와 승무원의 교육관리를 담당하는 객실승무본부, 항공기의 정비와 품질을 안전하게 준수하는 정비본부 등이 있다.

그 외 대한항공은 자회사인 진에어와 계열사인 아시아나항공, 에어부산, 에어서울 등이 있다.

그림 4.2 ▎대한항공의 조직구조

02 항공사의 부서별 역할

항공사는 다양한 부서들이 유기적으로 협력하여 항공 운항과 고객 서비스를 수행하는 복합적인 조직이다. 각 부서는 고유의 전문적인 역할을 담당하며, 항공사의 안정적인 운영과 수익 창출에 기여해야 한다.

1) 항공사의 주요부문 기능

(1) 운항본부(Flight Operations Department)

운항본부는 항공사의 핵심 부서로 항공기 조종과 관련된 전반적인 업무를 총괄하는 조직이다. 조종사 관리, 비행 계획 수립, 기상항로 정보 분석, 항공기 스케줄 관리, 항공기 성능 분석, 운항 승무원 배정, 기상 정보 분석, 비상시 대응 전략 등을 포함한다. 또한 항공기를 안전하고 효율적으로 이륙 전 준비, 비행 중 관리, 착륙 후 정비까지 전 과정을 통제한다.

항공기는 기상상황에 따라 운항이 결정되는 경우가 많기 때문에 운항의 결정여부를 신중히 결정해야 한다, 또한 기체 상태를 실시간으로 점검하여 이상유무를 확인하고, 승무원 스케줄이나 공항의 사정 등 다양한 변수가 발생하는 것을 참고하여 실시간 정확한 판단 능력이나 위기 대처 능력이 필요한 조직이다.

항공사의 안정적 운영은 곧 항공사의 신뢰와 브랜드 가치, 고객 안전으로 이어지며, 항공사 전체 시스템의 중심이라 할 수 있다.

주요업무는 다음과 같다

- 조종사의 운항 관리 : 기장과 부기장 배치 및 비행일정을 관리한다.
- 비행 계획 수립 : 항공기의 상태와 기상정보, 교통상항, 비상시 대응방안 등을 참고하여 항로를 결정한다.
- 기상 분석 및 위험 대응 : 기상 상황을 분석하여 비행경로를 변경하거나 연기한다.
- 운항 통제 : 24시간 운항상태를 체크하여 문제가 발생할 경우 안전하게 운항을 유도하거나 통제한다.
- 돌발 상황 관리 및 항공편 조정 : 결항, 지연, 회항, 기체 결함 등의 비정상 상황 발생 시나 비상사태 발생 시 신속하게 대응방법을 수행한다.
- 안전 및 규정 준수 : 국제적인 표준 운항 절차 규정을 준수한다.

(2) 정비본부(Maintenance Department)

항공기 기체, 엔진, 부품에 대한 점검 및 수리 등과 항공기의 안전운항을 위한 정기점검, 일상 점검, 비상 수리 등 모든 기술적인 점검과 품질관리 업무를 총괄하는 부서이다. 따라서 최고 수준의 전문성과 책임감을 가지고 있는 전문인력이 필요하다.

주요업무는 다음과 같다.

- **항공기 정기 점검 및 유지보수** : 수시로 점검하고 고장이 발생되거나 이상이 발견되면 즉시 수리를 한다.
- **부품 관리 및 수리** : 주요 부품을 체계적으로 관리하고, 정밀하게 수리 및 점검을 한다.
- **항공안전 규정 및 절차 준수** : 항공기와 관련된 국내외 규정을 철저히 준수한다.
- **운항 지원 및 실시간 협조** : 실시간으로 운항본부 및 공항 지상조업팀은 적극 지원하여 신속한 대응체제를 구축한다.
- **정비 품질 관리 및 예방 정비**: 최첨단 진단 시스템을 도입하여 사전에 항공기의 상태를 확인한다.

(3) 객실본부(Cabin Crew Department)

객실본부는 항공사에서 탑승객에게 제공되는 기내 서비스의 전반을 관리하고 운영하는 부서로 항공사의 이미지와 고객 만족도를 결정지어 브랜드 가치를 높이는 핵심 조직이다.

승객들이 도착할 때까지 안전하고 편안함을 제공하는 기내 서비스 외에도 비상 상황 시 승객을 안전하게 보호하고 안내하는 부서이다. 따라서 승무원 운영 및 교육 서비스, 위기 대응 훈련이 필요하다.

주요업무는 다음과 같다.

- **객실 승무원 운영 및 관리** : 객실 승무원의 노선별 인력배치와 안전과 비상시 대응 훈련을 실시한다.
- **기내 서비스 기획 및 운영** : 고객에게 맞춤형 서비스 전략을 수립하여 다양한 프로그램을 기획하여 운영한다,
- **객실 승무원 교육 및 서비스 훈련** : 신규 및 재직 승무원의 초기 훈련 및 비상상황 발생 시 위기 대응 훈련을 실시한다.

- 기내 안전 및 응급 대응 체계 구축 : 기내에서는 외부적인 요인과 내부적인 요인의 비상상황이나 응급상황이 발생했을 때 안전한 대응 체계를 구축한다.
- 서비스 품질 평가 및 차별화 전략 : 기내 서비스에 대한 고객 피드백을 분석하여 품질 관리를 개선한다. 항공사 간 서비스가 심화되는 상황에서 경쟁력 강화를 위한 브랜드 차별화 전략을 확대한다.

(4) 영업 및 마케팅본부(Marketing & Sales Department)

영업 및 마케팅본부는 항공사의 수익 창출을 위한 전략을 수립하고 시장 경쟁력을 강화하는 핵심 부서이다. 항공권 판매 전략, 노선 수익 관리, 디지털 콘텐츠 마케팅 등 고객 수요를 예측하고, 경쟁력 있는 요금제와 상품을 설계하여 수익을 극대화한다.

주요업무는 다음과 같다.

- 항공권 판매 및 수익 창출 전략 수립 : 수요예측 시스템을 도입하여 노선별 항공권 가격 설정과 다양한 유통채널을 통한 판매 목표를 설정한다.
- 마케팅 전략 기획 및 실행 : 브랜드 이미지를 높이기 위한 광고나 홍보, 매출을 극대화하기 위한 다양한 행사를 기획한다.
- 노선 수익성 분석 및 시장 전략 : 노선별 탑승률, 평균 운임, 수익성 지표를 분석하여 시장개척 노선이나 유지여부를 결정한다.
- 고객 관리 및 CRM : 고객 데이터를 분석하여 고객 세분화, 구매 패턴 분석, 재방문율을 관리한다. 마일리지 프로그램이나 확보된 고객 데이터로 차별화된 서비스 제공을 한다.
- 제휴 및 글로벌 영업 네트워크 구축 : 항공사간 코드쉐어, 항공동맹(Alliance)과 호텔, 렌터카, 카드 등 항공사와 연계된 공동 마케팅 제휴를 구축한다.
- 데이터 기반 마케팅 및 디지털 전환 : AI 기반 수요 예측 및 가격 최적화 시스템을 도입하고, 고객 데이터를 통해 SNS, 유튜브 등 디지털 콘텐츠 마케팅을 강화한다.

(5) 재무 및 회계(Finance Department)

항공사의 자금 운용, 투자 계획, 수익 분석, 비용 통제, 회계 처리, 재무제표 작성 등 기업의 전반적인 재정을 책임지는 부서이다. 항공산업은 막대한 초기 투자와 고정비가 필요한 산업이기 때문에, 재무의 안정성과 회계 관리는 항공사의 생존에 중요한 요소로 작용한다. 또한 수시로 발생하는 유가 변동이나 환율 변동에도 수익구조가 변화하기 때문에 재무적인 리스크 관리가 매우 중요하다.

주요업무는 다음과 같다.

- 자금 운용 및 조달 관리 : 은행, 투자기관, 리스사 등과 협력하여 운영자금 조달 계획을 수립한다.
- 재무 계획 및 투자 전략 수립 : 년간 예산을 수립하여 및 항공기 도입이나 시설투자 및 신규 노선의 타당성을 분석하고 대내외 변동상황을 체크하여 투자를 결정한다.
- 회계처리 및 재무제표 작성 : 회계에 따른 재무제표를 작성하여 회사의 상태를 정확히 파악할 수 있도록 한다. 또한 세무 관리 및 외부 감사에 대응할 수 있도록 신뢰성 있는 회계를 관리한다.
- 원가 분석 및 비용 통제 : 노선별 원가, 정비비, 연료비, 인건비 등 세부 항목의 원가를 분석하여 운영방식을 개선한다.
- 경영진 보고 및 투자자 대응 : 내부 경영진에게 재무제표를 제공하고 투자자 및 주주와의 소통 자료로 준비한다.

(6) 안전보안본부(Safety & Security Department)

안전보안본부는 항공사고가 발생 시 대규모 인명 피해와 사회적 파장이 큰 고위험 산업에 포함되기 때문에 항공사 내에서 항공기 운항의 안전을 확보하고 보안을 책임지는 중요한 부서이다. 따라서 고객과 승무원의 생명과 자산을 보호하기 위해 안전을 위한 항공법과 규정을 준수하고 종합적 안전 관리 체계를 운영하여야 한다. 항공사에 종사하거나 보조하는 누구나 위험을 통합적으로 관리하며 대응하는 조직적 역량을 갖추어야 한다.

주요업무는 다음과 같다.

- 항공 안전 관리 체계 구축 : 안전관리시스템을 구축하여 위험을 식별하고, 문제가 있는 것을 개선하여 조치한다. 선제적으로 사고예방과 방지를 위한 대책을 수립한다. AI 기반으로 위험을 예측하는 시스템을 구축하기도 한다.
- 보안 관리 및 테러 예방 : 항공기나 공항 내에 보안을 점검하고 테러나 폭력 등에 대비하여 관련기관과 협업하여 통합 보안체계를 구축한다. 또한 정기적으로 표준절차에 의해 항공기내 주변을 점검하여 대비를 한다.
- 안전·보안 교육 및 훈련 : 전 직원을 대상으로 안전교육훈련을 실시하여 비상상황이 발생했을 때 신속하게 대비한다.
- 비상상황 대응 체계 구축 : 항공기 사고나 테러, 응급상황 등이 발생했을 때 비상대응 매뉴얼에 따라 대응한다.

(7) 인사, 교육본부(Human Resources Department)

인사·교육본부는 조종사, 객실 승무원, 운항관리자, 정비사 등 항공사의 인재를 채용하고 육성하며, 적재적소에 배치하고 조직문화를 관리하는 부서이다. 항공사 직원은 다른 조직에 비해 국제 기준에 맞는 훈련과 검증을 거친 전문성이 요구되기 때문에 인사관리와 교육훈련의 전문성이 항공사의 운영 안정성과 서비스 품질에 직결된다. 따라서 인사, 교육본부의 전략과 전문성은 항공사의 브랜드 가치와 경쟁력을 좌우한다.

주요업무는 다음과 같다.

- 채용 및 인력 배치 : 공정한 절차를 거쳐 필요한 인력을 채용하고, 부서의 수요에 따라 인력을 배치한다.
- 인사 제도 운영 : 인사정책을 수립하고, 공정한 평가 시스템을 도입하여 인재를 육성하고, 인사관리 데이터를 분석하여 향후 수요를 예측한다.

- 직무 교육 및 훈련 운영 : 직무별로 체계적인 교육 시스템을 운영하고, 인적자원관리가 중요한 항공사에서 필요한 전문적인 인력 양성 및 고객 만족 서비스에 필요한 다양한 교육 훈련 프로그램을 도입하여 운영한다.
- 조직문화 및 인재 개발 : 긍정적이고 협업 중심의 기업 문화를 조성한다. 장기적으로 필요한 인재를 양성하고, 구성원에게 만족도를 높일 조직문화를 구축한다.

(8) 고객서비스 본부

고객서비스본부는 항공사의 전 여정 예약부터 탑승하고 도착할 때까지 고객이 경험하는 모든 부분에서의 서비스 품질을 총괄하는 부서이다. 단순하게 서비스만 하는 것이 아닌 고객의 편의를 위함과 동시에 불편사항을 처리하여 고객의 만족도를 높이는데 최선을 다하는 관리조직이다. 항공사의 경쟁이 치열해질수록 항공사의 브랜드 가치는 감동을 주는 고객서비스의 차별화에서 온다고 할 수 있다.

주요업무는 다음과 같다.

- 공항에서 지상 서비스 : 출입국 절차인 체크인에서 탑승 수속, 수하물 위탁, 특수승객 지원 등 공항 내 전 과정의 서비스를 지원한다.
- 도착 후 서비스 : 환승지원, 수하물 분실에 대한 절차 등을 서비스한다.
- 고객센터 및 민원 처리 : 콜센터, 홈페이지, SNS 등 고객 응대 시스템을 다양한 플랫폼을 통해 운영한다.
- 고객 만족도 조사 및 품질 개선 : 탑승 후 만족도 설문조사, 고객 불만 유형 분석 등을 하여 서비스 개선 전략을 수립한다.
- 서비스 표준 및 교육 관리 : 표준 매뉴얼에 의해 체크인부터 탑승까지의 서비스를 준수하고 VIP, 프리미엄 승객 대상 전용 서비스 운영한다. 또한 고객 감동 서비스를 기획하여 실시한다.

2) 해외 항공사 조직구조

대부분의 전통적 항공사의 조직구조는 피라미드형인 중앙집중형이 많고 플랫조직 구조는 의사결정구조를 구성원에게 분산한 조직형태이다. 일반항공사는 기능 조직 중심 구조로 운영하고 있으며, 플랫 조직 구조는 저비용항공사나 신생항공사가 선호하며 조직이 유연하고 의사결정속도가 빨라 효율적이다.

표 4-1 ▌ 기능조직과 플랫조직의 장단점

품명	장점	단점
기능 조직 구조	• 전문성 및 효율성 증대 • 업무 프로세스의 표준화구축 • 성과 측정 및 관리 용이	• 부서 간 협력 및 조정 어려움 • 의사 결정 지연 • 기능별 목표 달성에 집중 • 경직된 조직 문화
플랫 조직 구조	• 의사소통이 원활 • 결정이 빠름 • 혁신력 증가 • 구성원 연대 증가	• 전문성 확보의 어려움 • 책임과 역할이 정확치 않음 • 체계적이지 않을 수 있음 • 조직 관리가 어려움

(1) 카다르항공 조직도

카타르항공(Qatar Airways)은 세계 1위인 카타르 정부 소유의 국영 항공사이다. 도하 허브 공항을 중심으로 공항 기반 네트워크 중심의 항공사로 기능 중심의 조직 구조를 가지고 있다. 항공과 화물을 이원화하여 독립적으로 운영되고 있다.

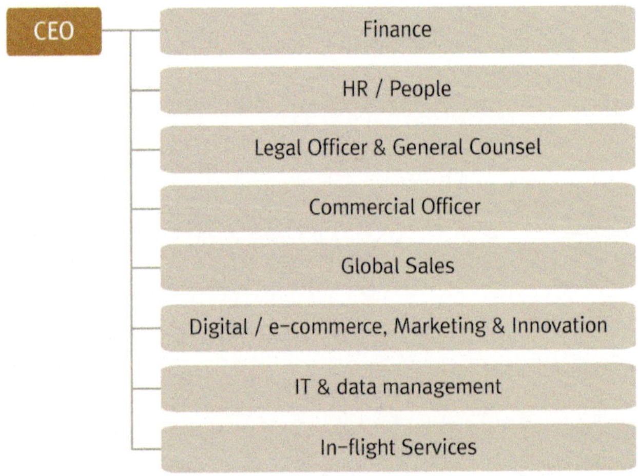

그림 4.3 ❙ 카다르항공 조직도

(2) 델타항공(Delta Airlines)

델타항공은 미국 항공업계에서 최고의 신뢰도와 수익성을 자랑하는 항공사이며, 아메리칸 항공, 유나이티드 항공과 함께 미국의 3대 주요 항공사 중 하나이다.

전형적인 수직적 계층 조직 기능 중심의 구조로 부서를 구성하여 CEO 아래 각 부문의 책임자가 담당한다.

그림 4.4 ❙ 델타항공 조직도

(3) 에미레이트항공(Emirates) 조직도

두바이 정부가 전액 출자한 기업으로 세계 4위의 경쟁력 있는 항공사이다. 비교적 항공사의 플랫 조직 구조를 가지고 있으며 사업운영팀과 항공운영팀으로 나뉘어져 있다.

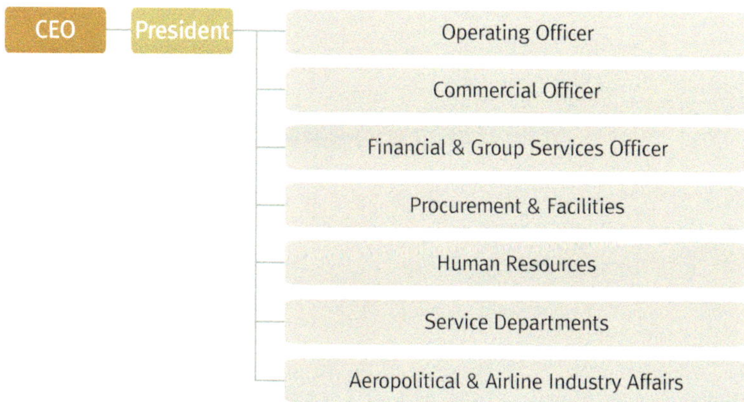

그림 4.5 ❙ 에미레이트항공 조직도

03 항공사 경영자와 조직문화

1) 항공사 경영자의 역할

항공산업은 기본적으로 막대한 투자비용과 인력이 필요한 고도의 기술 집약적 시스템산업이다. 따라서 항공사는 경영자의 의사결정이 곧 기업의 생존을 좌우할 수 있기 때문에 단순히 회사를 경영하는 관리자로서가 아닌 복합적으로 전문성을 갖춘 리더여야 한다. 경쟁이 치열하고 급변하는 글로벌 항공시장에서 살아남기 위해서는 국제 정세, 유가변화, 경기 변동 등 복합적으로 발생하는 외부의 환경에 대처할 수 있는 위기 능력과 전략적인 판단력을 바탕으로 안전을 확보하고, 끊임없이 변화하는 고객의 요구에 맞추어 서비스를 차별화해야 한다. 사회적 책임과 조직문화를 혁신하고 최대한의 성과를 내야 한다. 따라서 항공사 경영자의 역량은 곧 항공사의 신뢰도와 경쟁력, 지속가능한 성장여부로 직결되는 만큼 반드시 글로벌 감각을 가진 복합적인 전략가이어야 한다.

(1) 전략적 사고와 시장 분석 능력

경영자는 항공사의 장기 전략과 미래의 비전을 설정하고, 변화하는 글로벌 시장에 적합한 경쟁전략을 수립해야 한다. 항공기를 구입하거나 교체를 해야 하는 경우, 항공사를 인수하거나 합병하는 경우 등 막대한 비용이 드는 중대한 의사결정을 해야 한다. 고객 수요를 분석하여 지역의 특성이나 계절성을 감안하여 수익을 낼 수 있는 노선을 전략적으로 확장하고 적절한 운임을 결정해야 한다. 정책적으로 타 항공사와 동맹을 맺어 지속적인 성장의 틀에서 수익을 극대화해야 살아남을 수 있다. 변화하는 기후위기와 AI 환경 속에서 어떤 진략을 가지고 미래 먹거리를 이어갈 수 있을지 고민해야 하는 등 선도적으로 결정을 해야 하는 위치이다.

(2) 항공기의 안전과 보안 확보

항공사가 교통수단으로서 항공기의 안전은 경영의 최우선 가치이기 때문에 국제안전 기준을 중심으로 고객의 안전과 보안 중심의 기업문화를 구축하고 정착시켜야 한다. 항공기 조정에서부터 철저한 예방정비와 점검을 통해 안전관리시스템을 확보하고 관리해야 한다. 테러나, 항공사고, 팬데믹 같은 감염병, 노선 폐쇄 등 외부적으로 충격요인이 발생할 때 위기 대응 체계로 전환하여 가급적 충격을 완화할 수 있는 유연한 대응이 필요하다.

(3) 글로벌 감각과 협상력

항공사는 국가와 국가 간의 협력 속에서 운영되어야 하는 산업이다. 따라서 외국의 정부기관, 다른 항공사와의 동맹이나 제휴, 외국 공항과의 교섭, 국제기구 협력 등 다양한 분야에 외교력을 발휘하여 관련단체나 기관과 협상 또는 교섭을 할 수 있는 능력이 필요하다. 외국어는 물론 다른 나라 문화를 이해하는 글로벌한 감각도 습득해야 한다.

(4) 경영관리 능력

항공산업은 연료비, 인건비, 공항사용료 등 고정비 비율이 높고 수익 구조가 복잡하여 정밀한 수익 분석과 원가를 제대로 분석하여 통제하는 능력이 필요하다. 항공기 리스 계약, 유가 변동, 환율 리스크 등 원가의 변동폭을 예측하기가 쉽지 않기 때문에 손실을 최소화해야 하는 전략이 중요하다. 이에 수익관리, 비용절감, 부가 수익 확대 등 수익의 다변화가 필요하다.

(5) 인적관리와 조직문화 관리

항공사는 인력중심의 산업이기 때문에 필요한 전문인력이 너무 방대하다. 운항승무원, 정비사, 객실승무원, 사무직 등 다양한 직군을 안정적으로 운영하고 통합할 수 있는 리더로서의 역할이 필요한 이유이다. 언제나 조직의 성과는 인재에서 나오기 때문에 핵심 인재를 확보하고, 공정한 평가방식, 교육훈련시스템을 구축하여 인재를 육성하고, 변화에 발빠르게 대응할 수 있는 조직문화를 강화시켜야 한다.

(6) 디지털 혁신과 지속가능성

현대기업은 디지털의 흐름을 선도할 수 있어야 성공할 수 있다. 특히 고도의 기술이 필요한 항공분야에서는 많은 분야가 디지털로 전화되어 있고, 관련부문을 확대하고 있는 추세이다. 이미 공항은 스마트 공항으로 전환되고 있고, 항공사의 많은 시스템이 디지털 기술로 자동화되고 있다. 뿐만 아니라 항공사는 친환경 항공기 도입, 탄소중립경영, UAM, 우주항공기술 등 지속가능한 경영을 할 수 있는 경영자를 요구하는 시대가 되었다.

2) 항공사의 조직문화

일반적으로 구성원들이 공유하는 가치관, 신념, 기업 분위기, 상호작용에 의한 행동양식, 업무 스타일 등이 조직문화라고 볼 수 있다. 이러한 조직문화는 구성원의 행동과 사고방식에 영향을 미치며 이러한 문화는 자연발생적인 것이 아니고 만들어 낸 문화라 할 수 있다. 항공사처럼 커다란 조직에 다양한 직군이 모여서 유기적으로 협력해야 하는 관계에서는 조직 간 연계성과 책임감, 소통의 문화가 특히 강조된다. 무엇보다 일관된 조직문화가 형성되어야 조직의 성과에도 영향을 주어 기업의 경쟁력을 높일 수 있다.

항공사의 조직문화는 구성원 모두가 전문인력으로 안전과 신뢰를 기반으로 서비스 품질과 팀워크를 중시하는 공동체 문화를 중시하는 특수한 산업이다. 이러한 조직문화는 항공사의 브랜드 이미지, 고객 신뢰도, 내부 안정성, 위기 대응 능력 등 모든 운영 전반에 결정적인 영향을 미친다.

(1) 안전제일의 문화

항공사의 가장 핵심적인 조직문화는 안전제일의 원칙이다. 모든 부서는 항공기와 승객의 생명과 직결되어 있어 실수가 발생되었을 때 대부분 대형사고로 이어질 수 있어 정기적인 훈련을 통해 예방 중심의 대응체계를 만들어야 한다.

(2) 표준화와 절차 중심의 문화

항공사 조직은 기본적으로 국제적인 기구에 따른 규제와 국가별 규제, 환경에 관련된 규제를 시행하고 있다. 항공기의 운항이나 정비, 보안, 품질안전, 고객서비스 등도 절차대로 운항되어야 한다. 항공사는 승객의 안전과 소비자보호, 환경보호 등을 준수해야 하는 의무가 있어 이러한 규제와 절차를 준수하지 않으면 운항허가의 취소, 벌금부과, 노선제한 등 협약에 의한 제재가 가능하다.

(3) 고객지향 서비스

항공사는 객실 승무원, 지상직원, 고객센터 등에서 고객을 직접 응대할 때 고객 중심의 사고로 고객이 만족할 수 있도록 서비스 하는 것을 핵심 가치로 여긴다. 고객에게 맞춤형 서비스를 제공하고, 문제가 발생되었을 때 신속하게 해결하여 불평불만을 최소화하는 것이 중요하다.

(4) 수직적인 시스템과 협업구조

항공사의 조직은 안전을 기반으로 엄격한 규제와 대규모 인력이 필요하다보니 대부분 수직적 구조를 기반으로 한다. 지휘체계가 명확하고 각 부문의 역할과 책임 또한 명확하다. 하지만 항공사의 업무는 유기적으로 연결되어 있어 각 부문이 최대한 협력할 수 있도록 관리하고 있다. 이러한 경향으로 일의 안정성과 효율성을 위해 상호 존중하는 문화와 책임감을 강조한 수평조직을 병행하고 있다.

표 4-2 ▎항공사의 조직문화의 특성

요소	내용
안전 중심 문화(Safety First)	모든 부서(조종, 정비, 객실, 지상 등)가 안전을 최우선 가치로 공유
수직적 구조, 팀워크 혼합	운항과 정비 등은 상명하복 체계가 강하지만 객실·서비스 등은 팀워크와 유연한 협업 필요
매뉴얼과 표준 중시 문화	SOP(표준운영절차), 체크리스트, 타이밍 등 정형화된 행동 양식 강조
부서 간 협업 필수	조종·정비·운영·객실이 비행을 위해 긴밀하게 협력해야 함
국제적이고 다문화 환경	외국인 승객, 해외 지점, 다국적 승무원 등 글로벌 감수성과 언어소통 능력 중요
위기 대응 중심 훈련 문화	재난 대응, 테러, 기상 악화 등 비상 상황 대비 훈련이 필수
경직성, 유연성 공존	조종과 정비 부문은 경직성이 강함 서비스와 마케팅 부문은 유연성과 창의성 필요

(5) 감정노동이 심리적 스트레스로 진화

고객에게 최상의 서비스를 지향하는 항공사의 정책에 따라 고객을 직접 대면하는 과정에서 감정노동을 경험하는 직원들의 스트레스가 심각하다. 따라서 항공사에서는 정서지원 프로그램이나 승무원의 불규칙한 스케줄을 조정하여 자기관리를 하여 감정노동을 완화할 수 있는 노력이 필요하다.

CHAPTER 05

항공사 운임과 수익관리

CHAPTER 05

항공사 운임과 수익관리

01 항공운임체제

항공운임체계는 항공사가 여객이나 화물을 운송할 때 요금을 산정하여 부과하는 항공사의 핵심 수익이다. 항공사의 운임은 국제항공운송협회(IATA)가 공시하는 요금을 참고하여 항공사마다 합리적이고 효율적인 기준으로 요금을 적용하고 있으며, 노선, 클래스, 예약 시점, 운임 종류, 세금 및 수수료, 부가서비스 등을 종합적으로 반영해 결정된다. 변동성이 많은 항공시장은 수요 예측, 시장 경쟁, 계절성, 환율, 유류비, 운송 조건 등도 고려해야 하며, 각국의 조세정책이나 규제정책 등 다양한 요인에 따라 복합적으로 구성하고 탄력적으로 결정한다.

항공운임체계는 한정된 공급좌석을 최대한 이익이 발생하도록 판매하는 전략이 가장 중요하다. 따라서 항공사는 예약, 발권 전산시스템(GDS, CRS)을 도입하고 AI을 통해 실시간 수요예측과 경쟁사 운임을 반영하여 보다 정교한 수익 전략을 분석하고 자동화하고 있다. 실시간으로 탑승률과 수익의 균형을 맞추기 위해 운임을 조정하고, 수요가 높을 땐 높은 운임 등급을 우선 배정하고, 수요가 낮거나 탑승률이 떨어질 경우엔 낮은 운임을 배정한다.

일반항공사(FSC)는 최선의 서비스, 위탁수하물, 기내식, 마일리지 적립 등 다양한 서비스를 포함시켜 운임에 포함하고, 저비용항공사(LCC)는 기본요금에 부가서비스인 좌석지정, 수하물 요금, 기내식 등을 별도로 구매하도록 운임을 책정한다.

이처럼 항공사마다 수요 예측에 따라 가격을 결정하는 탄력요금제를 실시하여 적절한 수익을 확보하면서도 다양한 고객층의 요구를 충족시키는 전략을 구사하고 있다. 등급별, 탄력적인 요금제, 수익관리 시스템, 글로벌 운임 규정 등을 반영하여 끊임없이 변화하는 시장과 무한경쟁 속에서 최적의 운임 정책을 구축하고 있다.

갈수록 경쟁이 심화되는 항공시장에서는 신규노선을 개발하거나 회사규모를 확대하기 위한 정책으로 인수합병하기 위한 투자나 시장점유율을 확대하기 위한 정책, 장단기 수익구조 배분 등 거시적인 항공사의 운영방향이 요금에 적극적으로 반영되기도 한다.

1) 항공운임의 구성요소

항공운임은 기본적으로 기본운임(Base Fare)에 유류할증료(Tax & Surcharge)와 세금, 발권수수료를 포함한 운임을 책정한다. 운임을 책정할 때는 다양한 내·외부 환경 요인과 항공사 전략, 시장 수요, 운영비용 등 복합적으로 작용하여 산정된다. 요금은 탄력적으로 운영되며, 특히 수요 예측, 계절성, 경쟁사의 운임, 유류비, 부가서비스, 예약 시점, 환불여부 등이 큰 영향을 준다.

따라서 항공사들은 정교한 수요 예측과 요금 책정 전략을 통해 수익을 극대화하고 있으며, 요금에 결정을 주는 요소들은 다음과 같다.

표 5-1 ▌항공운임의 구성요소

항목	내용
기본운임	항공권의 기본 가격 : 노선 거리 + 운송비
유류할증료	유가의 변동에 따라 부과되는 추가 요금
공항세·세금	출발·도착지 공항 사용료 등
발권 수수료	항공사나 여행사가 발권 시 부과하는 수수료

(1) 노선거리 및 비행시간

일반적으로 노선거리나 비행시간이 길수록 유류비나 운항비용이 높아지기 때문에 운임이 올라간다. 하지만 단거리를 운항하더라도 독점으로 노선을 운영하거나 수요가 많아지면 요금이 올라가고, 상대적으로 동일노선이 경쟁이 심해지면 가격이 떨어진다.

(2) 유류비 및 환율 변동

항공사의 운임을 책정할 때 가장 변동요인이 큰 것은 국제유가가 올라가거나 환율이 상승하면서 변동성이 커질 때이다. 이러한 경제적인 요인은 예측이 쉽지 않아 운임을 책정할 때 변동의 큰 원인이 된다.

(3) 계절성

휴가철이나 공휴일, 주말, 출퇴근 시간 등 수요가 몰리는 시기에는 가격이 상승한다. 비수기나 상대적으로 이용고객이 줄어드는 시간대나 요일에는 상대적으로 가격이 낮아진다.

(4) 예약시점

항공요금은 수요 예측을 기반으로 탄력요금을 적용하기 때문에 항공권의 유효기간이 최대 1년이기 때문에 이른 시기에 예약을 하면 가격이 저렴해진다. 반면에 출발시기가 가까워질수록 가격이 높아진다. 유효기간이 짧은 항공권은 특가로 출발시간이 가까워질수록 가격이 저렴해진다.

(5) 공항 사용료 및 세금

출입국의 세금, 공항이용료, 안전세, 유류할증료 등 부가요금의 변동폭에 따라 금액이 달라진다.

(6) 항공사의 경영 전략

일반항공사(FSC)는 다양한 서비스를 포함시켜 운임에 적용하고 저비용항공사(LCC)는 기본요금에 부가서비스의 선택여부에 따라 요금이 달라진다.

(7) 좌석 서비스 등급이나 할인요금 반영

좌석 등급에 따라 큰 차이를 보이며 부가 서비스의 선택에 따라서 요금에 반영된다. 할인요금 범위에 드는 대상자들도 운임조건에 따라 차등으로 요금이 달라진다.

(8) 기타

항공권의 변경이나 환불, 부가서비스에 따라 요금이 달라진다. 항공기의 좌석이 많이 남으면 가격이 떨어지고, 평일오전에는 상대적으로 요금이 낮아진다. 정부규제로 인해 요금이 책정되기도 한다.

2) 항공운임의 분류

(1) 서비스 등급에 따른 분류

일반적으로 항공권의 요금은 서비스 등급에 따라 크게 다르다. 서비스 등급은 퍼스트 클래스, 비즈니스 클래스, 프리미엄 이코노미, 일반 이코노미로 구분된다. 등급에 따른 운임은 좌석공간, 기내 서비스, 수하물 혜택, 기내식 등 차별화 된 서비스 기준에 의해 구분된다. 일반 이코노미 등급도 예약 시점, 환불이나 변경 가능 여부에 따라 가격이 달라질 수 있다.

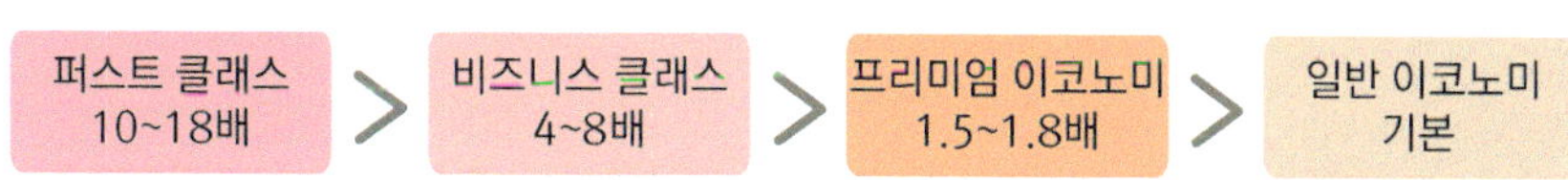

그림 5.1 ▌ 항공사 등급별 요금 기준(항공사마다 상이)

일반적으로 서비스 등급의 요금은 등급에 따라 1.5~18배 이상 차이가 난다. 항공사는 이러한 차등화 정책을 통해 각 클래스에 좌석 수를 유동적으로 배정하면서 고수익 고객을 확보하고, 수익을 극대화하는 전략을 펼치고 있다.

• **퍼스트 클래스**(First Class)

항공사 최고의 등급으로 넓은 기내 공간에서 좌석이 침대처럼 눕혀지고 이불이나 고급 어메니티, 고급 기내식, 칵테일 음료, 전용 라운지 등 최고의 프리미엄 서비스를 제공받는다. 체크인할 때도 전용 출입구에서 제일 먼저 입장을 한다. 주로 장거리 노선에만 운영이 되고 요금은 일반 이코노미 등급의 3~10배 가량 높게 책정된다.

• **비즈니스 클래스**(Business Class)

항공사의 등급 중 퍼스트 클래스에 아래 고급 등급이며 기내의 평평하게 펴지는 넓은 좌석 공간과 고급 기내식, 전용 라운지 등 차별화된 서비스를 제공받는다. 수하물 허용량의 개수와 무게 일반석의 2배이다.

사업장 출장이 많은 기업인이나 고급화된 서비스를 받고 싶은 고객이 대상이며 요금은 일반 이코노미 등급의 2~5배 수준이다.

• **프리미엄 이코노미**(Premium Economy)

일반 이코노미보다 좌석 공간이 조금 넓고, 수하물 허용량이 증가하고, 업그레이드 기내식이 제공되는 경우도 있다. 요금은 일반 이코노미 클래스 대비 1.3~1.7배 수준이다.

• **일반 이코노미**(Economy Class)

가장 기본적인 항공권이며 대부분이 사용하는 항공권이다. 가격이 저렴하고 기본적인 기내식이나 음료를 제공받는다. 좌석 간격이 좁고, 수하물 허용량도 기본적인 무게와 개수만 가능하고 추가시 별도의 요금을 지불한다.

(2) 유형에 따른 분류

국제선 항공운임은 승객의 여행형태나 목적, 거리, 조건에 따라 구분할 수 있다. 항공운임은 정상운임과 할인운임, 편도운임, 왕복운임, 다구간운임, 공동운임, 계약운임 등으로 구분되며 할인운임은 정상보다 유효기간이 제한적이며 신분이나 나이에 따라 구분하여 적용할 수 있다. 각 운임마다 적용하는 운임이 다르고, 환불이나 유효기간, 변경 수수료 등 기타조건에 의해 금액이 다를 수도 있다. 최근에는 소비자가 직거래를 할 수 있는 플랫폼 기업에서 할인금액으로 구매하면 저렴하게 항공권을 구입할 수 있으나 환불조건이나 수수료, 유효기간을 꼼꼼히 살펴보아야 한다.

- **정규운임**(Normal fare)

정규운임은 일반적으로 특정노선을 예약할 때 기준운임이다. 목적지, 거리, 서비스 등급에 따라 차등으로 지불하는 금액이다. 유효기간의 발권일로부터 1년이고, 환불이나 변경이 자유롭다. 특정 노선의 기준 운임으로서 IATA가 정한 공시 요금을 적용한다.

- **할인운임**(Special Fare/Discount Fare)

항공사가 마케팅을 위한 목적이나 경쟁사와의 차별화된 요금으로 특정신분이나 나이에 따라 제공하는 할인요금이다. 여행형태에 따라 차별화된 판매정책으로 유효기간이 짧고 변경이나 환불이 어려운 대신 저렴한 요금으로 사용할 수 있다. 마케팅의 목적에 따라 할인율이 정해지며 10~90%까지 할인하기도 한다.

- 유아운임(IN) : 만 14일 이상 만 2세 미만인 유아의 경우 성인운임의 10%를 적용한다.
- 소아운임(CH) : 만 2세 이상 만 12세 미만으로 보호자가 동반하면 성인운임의 75%를 적용한다. 소아운임을 적용할 때는 소아의 생년월일과 동반보호자의 항공권 번호를 기재하여야 한다.

- **학생운임**(SD) : 만12세 이상 만26세 미만인 승객으로 정규교육기관에서 6개월 이상의 교육과정을 거친 학생이다. 정상성인운임의 75%이며 일반석에만 적용된다.
- **단체인솔자운임**(CG) : 10명 이상의 승객을 인솔하는 자로서 할인율은 단체구성원의 수에 의해 결정된다. 소아 2명은 어른 1명으로 간주한다.
- **항공사대리점운임**(AD)**과 선원운임**(SC) : 항공사와 대리점 계약을 맺은 대리점직원과 배우자로서 운임 수준은 본인은 정상운임의 25%, 배우자는 50%이고 항공권의 유효기간은 발행일로부터 3개월이다. 선원은 정상운임의 75%이며 선원수첩과 선원고용계약서 사본을 첨부해야 한다.

- **편도운임**(One-Way Fare)

승객의 출발지에서 목적지까지 단 방향으로 이동할 때 적용되는 운임이다. 긴급 출국 시나 출발지에 단기간에 돌아오지 않을 때 이용한다.

- **왕복운임**(Round Trip Fare)

승객의 출발지에서 목적지까지 동일한 항공편을 이용해 이동하고 일정기간 후 다시 출발지까지 돌아오는 여정에 적용되는 운임이다. 일반적으로 편도운임보다 저렴하다.

- **다구간운임**(Circle Trip/Open Jaw/Stopover 포함 운임)

출발지에서 두 개 이상의 목적지를 포함하는 국제 여정에 적용한다. 여러 국가나 도시를 지나 다시 출발지로 돌아오는 Circle Trip과 출발지로 다른 곳으로 돌아오는 Open Jaw가 있다. Stopover 포함 운임은 중간 경유지에서 일정 시간 체류하는 것이 가능한 요금이다.

• **공동운임**(Joint Fare)

코드셰어나 공동운항을 하는 2개 이상의 항공사가 공동으로 운송하는 구간을 연결되는 운임으로 적용한다.

• **계약운임**(Contract Fare / Negotiated Fare)

하나투어같은 대형 여행사나 공공기관, 기업이 별도로 협상을 하여 적용된 운임이다. 항공사와 조건을 맞추어 계약하는 운임이다.

02 항공사의 주요 수익원

항공사의 주요 수익원은 과거에는 여객 운송 수익이 가장 많은 비중을 차지했지만 경쟁이 심화되면서 수익을 다각화하는 전략을 취하고 있다. 일반항공사(FSC)는 서비스의 질을 프리미엄 서비스와 좌석의 비중을 높이고, 코로나 이후부터는 화물운송의 비중을 높이고 있다. 부대수익으로는 마일리지 판매나 좌석 업그레이드, 광고수익, 기내면세품 판매 등으로 수익을 올리고 있고, 지상조업이나 정비 등 기타수익의 비율도 점차 높이고 있다. 저비용항공사(LCC)는 기본 운임을 최대로 낮추고 부가 서비스를 확대하여 유료서비스로 전환하면서 수익성을 확보하고 있다. 각 수익원은 항공사의 비즈니스 모델(FSC 또는 LCC), 노선 전략, 고객층에 따라 차별화된다.

여객 운송 수익 + 화물 운송 수익 + 부대 수익 + 기타 수익

그림 5.2 ▎항공사의 수익 구조

표 5-2 ▌항공사의 수익비중

항목	여객운송	화물운송	부가수익	기타수익
일반항공사(FSC)	약 70~80%	약 25%	약 10%	약 5%
대한항공(FSC)	약 60%	약 25%	약 10%	약 5%
저비용항공사(LCC)	약 50~70%	약 20~40%	약 1~5%	약 1~5%
제주항공(LCC)	약 55%	약 5%	약 30~35%	
라이언에어(LCC)	약 50%	약 45~50%		

1) 여객 운송 수익(Passenger Revenue)

여객 운송 수익은 항공사의 주 수익원이며 항공사에 따라 수익비중이 다르기는 하지만 일반적으로 매출의 50~90% 이상을 차지한다. 항공권은 항공사의 사업모델에 따른 운임을 부과하며, 항공권에는 기본 운임, 부가서비스, 유류할증료, 운임 전략, 수수료 등 다양한 요소로 구성된다. 운임을 책정할 때는 퍼스트 클래스, 비즈니스 클래스, 이코노미 클래스 등 서비스 등급에 따라 금액이 차이가 크며, 예약시점이나 운행방식, 노선의 종류, 성수기 시즌 등을 고려하여 운임이 달라진다. 특히 프리미엄 클래스의 매출은 항공사의 수익에 큰 도움이 된다.

항공사의 운임은 글로벌 경기 악화, 경쟁사와의 노선 중복, 계절과 연계된 성수기·비수기의 수요, 국제유가의 상승, 환율의 움직임 등 변동이 크다. 따라서 여객 운송 수익을 극대화하기 위해서는 충성고객에게 차별화된 고객 서비스를 제공하고, 선호하는 항공 노선을 개발하거나 점유하면서 탄력적인 운임체계를 구축하고, 수익관리 스템이나 AI를 통한 수요 예측으로 좌석점유율을 확대해야 한다.

일반항공사(FSC) 수익은 서비스 클래스, 좌석 지정, 부가서비스, 유류할증료, 수수료 등 다양한 요소로 구성되어 있다. 주로 국제선을 운용하며 프리미엄 서비스에 대한 비용이 크고, 인건비나 기내서비스, 마케팅 비용의 비중이 높다. 반면 저비용항공사(LCC)는 기본요금을 줄이기 위해 기내 서비스를 최소화하고 부가서비스를 유료화하여 수익을 창출한다. 대부분 단일기종을 운영하여 정비비의 지출을 줄이고 비행기의 규모가 작아 공항이용료 비용을 줄인다.

표 5-3 ▌FSC와 LCC 운임체계 비교

항목	FSC	LCC
운임구성	기본운임 + 유류할증료 + 공항세 등 (수하물·기내식 포함)	기본운임 + 부가 요금 별도 (수하물, 기내식외 별도 요금)
운임 종류	정규운임, 할인운임, 특가운임 등	단일운임, 특가운임
가격 탄력성	• 비즈니스·관광 목적 다양 • 계절·노선 따라 탄력적	• 수요 중심 특가 전략 • 성수기엔 요금 급등
환불/변경 조건	• 클래스별 자능 • 일반적으로 유료 가능	• 대부분 불가 • 고비용 수수료 발생
수익관리 전략	다층 클래스(RBD) 판매, 고가·저가 혼합	• 부대 수익(Ancillary Revenue) 중심 • 할인 항공권 + 유료서비스

그림 5.3 ▌여객 운송 수익 구조

실제 여객운송수익을 예측하기 위해 적용하는 중요지표는 표 5-4와 같다.

표 5-4 ▌ 여객운송수익 주요지표

주요지표	수익계산	활용범위
유상여객킬로미터 (RPK; Revenue Passenger Kilometer)	유상 여객수 × 운항거리(km)	• 여객수송실적 • 시장 점유율
공급석킬로미터(ASK; Available Seat Kilometer)	좌석수 × 운항거리(km)	• 항공사 규모
탑승률 (SLF; Seat Load Factor)	RPK ÷ ASK × 100(%)	• 좌석 판매 수익
수송단가(Yield)	여객 운송 수익 ÷ RPK	• 노선별 수익성 분석 • 가격전략
PRASM(Passenger Revenue per Available Seat Mile)	여객 운송 수익 ÷ ASK	• 운항효율성과 수익성
RASK (Revenue per Available Seat Kilometer)	총 여객 운송 수익 ÷ ASK	• 항공사 수익성 분석

2) 화물 운송 수익(Cargo Revenue)

항공사의 화물운송은 여객기 하부 공간(Belly Cargo)을 이용하거나 전용 화물기(Freighter)로 화물 운송 서비스를 제공하며 국제선 항공사의 화물 수익은 전체 비중의 10~25% 차지한다. 팬데믹으로 인해 여객 수요가 급감했을 때 항공사들이 수익의 다각화를 위해 화물 운송 비중을 크게 증가시켰다.

항공사의 화물 운송은 노선 전략, 화물의 종류, 운송 조건, 계약 정책, 글로벌 물류망에 따라 수익 구조가 달라진다. 또한 국제분쟁이나 팬데믹, 국제유가 상승, 전쟁 등 공급망이 불안전할 때 요금의 변동폭이 커져 운임을 탄력적으로 적용해야 한다.

화물 운송 요금은 운송 거리나 무게, 부피, 시급성을 중심으로 결정되며 유류와 보안의 할증료, 공항이용료, 기상 위험에 따른 할증료가 부과된다. 또한 화물을 운송할 때 보관료와 하역료, 수입통관 처리비는 항공사와 물류업체가 수익을 나누기도 하며, 특수화물은 종류에 따라 부과되는 요금이 다르다. 대형 물류사인 DHL, FedEx, CJ대한통운 등은 항공사와 장기 계약으로 고정금액을 정하기도 하고, 화물에 차지하는 용적만큼만 지불하는 방식의 운임을 책정한다.

화물 운송은 국제항공운송협회의 특별한 규정 기준에 따라 처리해야 하며 주로 긴급하게 운송이 필요하거나 고부가가치 상품들이 많이 이용한다. 일반화물은 특별한 취급이 필요없는 화물을 말하며 빠른 시간 안에 운송이 필요한 제품들이 많이 이용한다. 대표적으로 DHL이나 FedEx 같은 화물 전용 항공기이다. 온도유지가 필요한 냉장·냉동제품과 의료관련제품, 안정성이 요구되는 위험물, 동물, 신속한 시간이 필요한 전자제품과 신선식품, 특별한 취급이 필요한 귀중품 등을 안전하게 취급하여 운송할 수 있는 특수화물이 있다.

화물 운송 수익은 여객 운송 수익에 대비하여 수익성이 높다보니 수익이 나지 않는 여객 운송 항공기의 노선을 보완하거나, 유휴좌석을 활용하여 화물 운송을 다각화하기도 한다. 팬데믹 시기 여객 수요가 급감하였을 때 화물 수송이 항공사 수익을 보완해 주기도 하였다. 이에 더해 일부 항공사는 항공 화물과 연계하여 물류사업을 확장 중이다.

표 5-5 ▌화물 운송 수익 주요지표

주요지표	수익계산	활용범위
유상화물킬로미터 (FTK; Freight Ton Kilometer)	유상 화물(t) × 운항거리(km)	• 성장률 • 시장 점유율
공급톤킬로미터 (ATK; Available Ton Kilometer)	공급 가능한 화물 용량(톤) × 운항 거리(km)	• 화물 공급 능력 평가
화물탑재율 (CLF; Cargo Load Factor)	FTK ÷ ATK × 100(%)	• 화물 운송 효율성 평가
수송단가(Yield)	화물운송수익 ÷ FTK	• 노선별 상품별 가격전략
CRASM(Cargo Revenue per Available Seat Mile)	화물 운송 수익 ÷ ATK	• 단위 공급당 수익성 비교
Belly Cargo 비중	여객기 하부(Belly) 적재 화물	• 여객 운항 편수에 따라 화물 수익의 구조 분석
특수화물 비중 (Special Cargo Ratio)	고부가가치 화물 비율	• 수익성 핵심 지표

그림 5.4 ▎화물 운송 수익 구조

3) 부가 수익(Ancillary Revenue)

항공사의 부가 수익은 항공권의 기본 운임외 추가적으로 발생하는 수익을 말한다. 기본 운임 중심의 수익 구조에서 벗어나 기본 운임은 낮추면서 대신 고객이 서비스를 선택하는 부분만 유료로 제공하여 수익을 창출하려는 전략이며 갈수록 부가 서비스의 종류가 확대되면서 수익의 폭이 커지고 있다. 팬데믹 이후 경쟁은 심화되고, 수익은 축소되어 비용이 커지면서 항공사들은 부가 수익을 중심으로 하는 구조체제로 전환하고 있다. 이미 저비용항공사(LCC)는 기본 운임을 저렴하게 유지하면서 부가 수익을 통해 수익을 창출하고 있다. 이런 흐름은 항공사의 수익 다각화를 위한 전략으로 일반항공사(FSC)도 점차 확대하고 있다.

항공사의 부가 수익 항목을 살펴보면 위탁 수하물 요금과 초과 중량요금을 부과하는 수하물 요금이 있고, 항공기 좌석은 선호좌석의 위치에 따라 추가요금을 지불해야 한다. 기내 서비스도 기내식, 음료, 간식 등을 선택할 수 있으며 최근에는 기내에서 Wi-Fi와 인터넷, 충전시설도 선택할 수 있다. 예약 시 변경이나 환불 시에도 수수료를 지불해야 하며, 우선탑승, 빠른 수속, 전용 보안검색대, 특별한 서비스 등도 가능하다. 그 밖의 항공사에는 마일리지 프로그램 수익이나 광고나 제휴마케팅의 수익도 포함한다.

부가 수익을 확대하려는 목적은 기존의 운임을 낮추어 가격경쟁력을 확보하면서 수익은 축소되지 않게 하기 위함이다. 노선을 탄력적으로 운영하거나 휴가시즌 등에서 가격을 조정하여 소비자가 선호하는 상품을 기획할 수 있고, 인터넷과 스마트폰의 발달로 개인화된 고객의 소비패턴의 변화에 맞추어 선택의 폭을 넓혀 고객의 만족도를 높일 수 있는 전략이다.

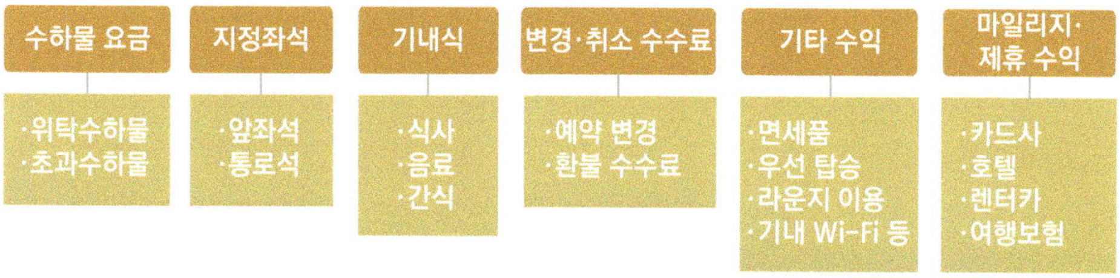

그림 5.5 ▎부가수익 수익 구조

표 5-6 ▎항공사별 부가 수익(2024 기준)

항공사	부가 수익 비중	내용
대한항공	약 10%	마일리지, 좌석지정, 수하물, 기내서비스 등
제주항공	10%	수하물, 우선탑승, 간편 서비스 중심
Spirit Airlines	56.4%	수하물, 좌석지정, 탑승 우선, 여행자 보험, 온보드 판매 등
Frontier Airlines	56.2%	수하물, 좌석지정, 탑승 우선, 여행자 보험, 기내 구매, 제휴 상품 등
이지젯(easyJet)	43%	좌석지정, 기내 수하물, 레저 번들, 온보드 판매 등
라이언에어(Ryanair)	32% 이상	수하물, 좌석지정, 기내 판매 등
에어아시아	25~30%	패키지 요금제, 광고 제휴 등

4) 기타 수익(Other Revenues)

항공사의 항공권 판매와 운송에 관련된 직접적인 서비스인 부가 수익이외에 다른 사업영역에서 발생하는 수익이다.

대표적으로 마일리지 프로그램 운영 수익은 로열티 프로그램으로 고객이 적립한 마일리지를 이용하여 항공권을 구입하거나 좌석을 업그레이드 할 수 있고, 제휴된

업체를 이용할 수 있는 것이다. 해당 항공사를 자주 이용한 고객에게 다양한 혜택을 주도록 설계한 프로그램이다. 일부 항공사에서는 금융사나 카드사와 공동브랜드 카드를 발급하여 수수료로 막대한 수익을 창출하고, 로열티 프로그램 자체로도 높은 수익을 자랑하는 독립적인 수익원으로 발전하고 있다. 미국의 델타항공은 로열티 프로그램이 10.8%, 아메리카 에어라인은 13.1%를 차지하고 있고 대한항공도 핵심 수익원으로 확대되고 있다.

또한 항공사가 보유한 라운지나 지상조업서비스, 정비시설을 운영하여 수익을 내기도 하며, 항공사가 투자한 부동산이나 부대시설을 임대하기도 한다. 기내에서는 면세품 판매나 기내광고, 잡지, 식음료 등을 판매하고, 최근에는 항공 데이터를 판매하기도 한다. 이제 항공사들은 단순히 운송에 관련된 부문을 확대해 연계된 사업성 있는 수익원을 다양한 방식으로 창출하고 있다.

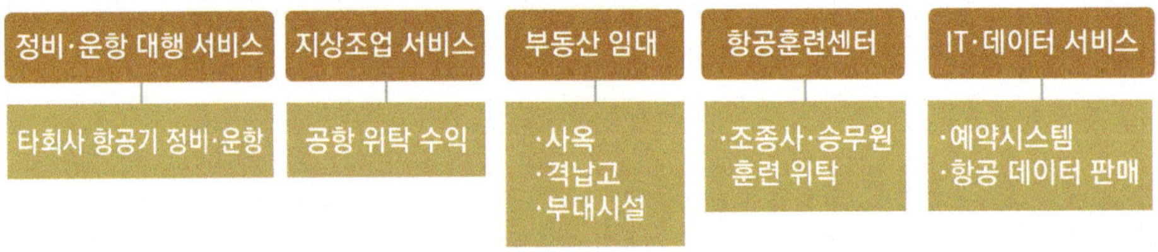

그림 5.6 ▎ 기타수익 수익 구조

03 항공사의 비용구조와 원가관리

1) 항공사의 비용구조

항공산업은 다른 산업에 비해 항공기 구입, 임대, 인건비 등 고정비 비중이 매우 높은 산업이고, 국제유가, 국제정세, 환율 등의 변화가 많아 변동성이 큰 특성을 가지고 있다. 따라서 막대한 자금을 투자해야 하는 항공사 경영에는 최대한 효율적으로 비용을 관리하지 않으면 항공사의 존립이 위태로울 수 있다.

항공사의 비용구조에서 주요한 항목은 연료비, 인건비, 항공기 임대 및 감가상각비, 공항 사용료 및 항행료, 정비비, 판매 및 유통비, 기내 서비스 및 기타 운영비, 기타 운영비 등이 있다.

비용구조의 특징을 살펴보면 항공기를 구입하거나 임대 등 초기비용이 가장 많이 지출되기 때문에 비행기 운항횟수를 높여야 수익대비 비용을 낮출 수 있다.

연료비가 전체 비용의 20~30% 정도 차지하기 때문에, 유가가 상승하면 비용의 비중이 높아질 수밖에 없고, 항공기와 관련된 지출비용은 대부분 달러로 지불되기 때문에 환율이 높아지면 리스크가 커진다.

표 5-7 ▌ 항공사의 비용구조

항목	비중(%)	내용
연료비	20~30%	국제유가, 환율의 변동 영향
인건비	15~25%	조종사, 승무원 등 인력
임대비·감가상각비	10~20%	항공기 구입 및 임대료
공항·항행료	5~10%	공항사용료 및 항로 사용료
정비비	10%	항공기 유지·점검
판매·마케팅	5%	예약 시스템, 광고, 수수료 등
기내 서비스	5%	기내식, 객실 운영비 등
기타 관리비	3~5%	사무실, 보험, IT 시스템 유지관리 등

※ 항공사, 노선, 국제유가, 리스 방식 등에 따라 다름

(1) 연료비

연료비(Fuel Cost)는 항공사 전체 운영비의 20~30%를 차지하며 항공사의 경영전략

과 수익에 영향을 주는 항목이다. 항공기가 운항할 때 운항거리나 항공기의 년비, 유류비, 환율 등에 따라 비용이 달라진다. 연료비가 증가하면 장거리 노선을 운영하거나 년비가 낮은 항공기를 운항할 때는 비용이 증가하여 노선을 축소하거나 운임을 올려야 하는 상황이 발생하여 항공사의 수익에 직접적인 타격을 입힐 수 있다. 반대로 연료비가 낮아지면 수익이 증가하여 가격경쟁력이 높아진다. 이러한 변동성의 충격을 완화하기 위해 항공사에서는 일정기간 동안 유가를 고정하는 유가 헤지 전략을 사용하거나 유류할증료를 고객에게 반영하기도 한다. 거시적으로는 연료효율이 높은 친환경 항공기를 도입하여 연료비의 비중을 낮추고 있다.

(2) 인건비

항공산업은 노동집약적 산업이고 서비스 산업이라 항공사의 전체 비용 중 인건비(Labor Cost)의 비중이 약 15~25% 정도로 높고, 조종사, 객실 승무원, 정비사, 지상직원 등 전문적인 인력이 필요하다. 일반항공사는 장거리노선과 서비스 인력이 많아 인건비 비중이 높은 반면 저비용항공사는 조직구조를 간소화하여 인건비 비중을 줄여 가격경쟁력을 높이고 있다. 항공사는 인건비의 비중을 줄이기 위한 노력으로 인력을 감축하거나 임금을 낮추면 서비스 품질이 저하되고, 반대로 인력투자를 늘리면 서비스의 차별화로 고객 만족도가 높아진다. 따라서 항공산업은 인력을 감축하기 보다는 노사와의 협력을 통해 인력을 효율적으로 운영하여 수익을 높일 수 있는 전략이 절대적으로 필요하다.

(3) 항공기 리스 및 감가상각비

항공사가 항공기 신규로 구입하려면 기종이나 사양에 따라 가격이 다르며 구매조건이나 환율의 변동에 따라 가격차이가 발생한다. 대형항공기는 2000~4,000억, 중형항공기는 1,000억 이상, 소형항공기는 300억 이상으로 막대한 자본이 필요하다. 따라서 이런 막대한 비용을 줄이기 위해 항공기를 소유하지 않고 일정기간동안 임대비용을 지불하는 방식을 선택하고 있다. 항공기 임대(Aircraft Lease)도 일정기간 임대료를 지불하고 반납하는 형태와 할부비용을 금융회사에 지불하고 임대기간이 끝나면 소유하는 형태가 있다. 항공기를 구입하거나 임대하는 비용의 비중은 약 10~20% 차지한다.

항공기의 감가상각비(Aircraft Depreciation)는 취득원가에 잔존가치(구입가의 10%)를 제외한 것을 내용연수(일반적으로 20~25년)로 나눈 값을 비용으로 처리하고 있다.

예를 들어 항공기의 취득원가가 1,000억이라면 1,000억-100억 나누기 20년 하면 년간 45억의 감각상각비가 발생된다. 항공기 임대비용은 항공기 연식이나 리스기간 항공기 수급, 잔존가치에 따라 달라진다.

(4) 공항사용료 및 항행료

항공기가 이착륙하기 위해서는 물리적인 공간인 공항이 반드시 필요하다. 공항은 국가기반산업으로 대부분이 국가가 소유하고, 경영은 직접 운영하거나 민간에게 위탁운영하고 있다. 따라서 항공사는 공공의 인프라로 만들어진 공항을 사용하는 공항이용료(Airport Charges)와 항공기 운항(Navigation Charges)을 지원하는 비용을 지불해야 한다. 전체 비용의 약 5~10%의 비중을 차지하며 이착륙료, 주기료, 정류료, 보안검색료, 터미널 사용료, 항로사용료 등이 있다. 국가나 공항마다 부가되는 비용이 다르기 때문에 노선을 선택할 때 고려되어야 하는 항목 중의 하나이다.

(5) 정비비

항공기는 안선한 운항을 확보하기 위해 정기적인 점검(MRO)과 신속한 정비가 필수이며, 정비비(Maintenance Cost)는 전체 비용 비중의 10~15%를 차지한다. 운항시간이나 많거나 연식이 오래된 항공기는 기체를 정비하거나 엔진 수리 및 교체, 부품 수리 등 큰 비용이 발생하면 운영비용이 상승하여 신형 항공기로 교체하는 것을 검토해야 한다. 신형 항공기는 정비주기나 부품의 교체가 길어 비용이 낮아진다.

항공사가 정비비의 비용을 줄이기 위해 정비나 점검의 주기를 지연하면 항공기의 안전에 문제가 발생할 확률이 높아져 항공사의 신뢰도를 추락시킬 수 있다.

일반항공사(FSC)는 외주 비용을 줄이기 위해 자체적으로 정비조직을 운영하고 있지만 저비용항공사는 주로 외주를 주고 있다.

(6) 판매 및 마케팅

항공사의 판매 및 마케팅(Sales & Marketing Cost) 비용은 항공권의 판매를 촉진하고 항공사 브랜드 가치를 높이고 관리하는데 사용되는 비용으로 전제 비용 중 약 5%를 차지하고 있다. 팬데믹 이후에는 디지털, 인터넷 판매가 늘어나면서 기존 유통 채널을 통한 판매나 마케팅 비용은 감소하고 온라인 플랫폼이나 직판채널의 투자비용이 확대되고 있다. 또한 기내홍보도 영상 중심으로 전환되어 세대의 취향에 맞추어 아이템별로 제작하여 SNS나 유튜브, 틱톡, 트위터, 인스타그램 등에서 홍보하고 있다. 또한 AI로 제작한 콘텐츠들을 마케팅에 적극적으로 활용하고 있다. 대한항공은 디지털시대에 유튜브나 인스타그램을 적극적으로 활용하여 영상으로 콘텐츠를 제공하고 있으며 모바일로 항공권구매서부터 체크인 서비스까지 간편하게 접근할 수 있도록 변화하고 있다. 예약 발권시스템, 온라인 판매, 여행사 등의 판매수수료와 tv, 온라인, SNS, 프로모션, 브랜드 마케팅 등의 마케팅 비용에 포함된다.

(7) 기내 서비스

기내 서비스(In-flight)는 항공사가 기내에 탑승한 승객에게 제공하는 서비스와 관련된 비용과 항공기 내부의 설비 및 장비, 기내의 유지 관리비용, 승무원의 유니폼과 숙박비 등을 포함한다. 전체 비용구조의 약 5%를 차지한다. 기내 서비스도 디지털 중심의 투자로 확대되었고, 항공기 내 객실의 고급화도 진행되었다. 팬데믹 이후부터는 위생 관리 비용이 증가하고, 친환경 정책으로 일회용품 구입이 감소하였다.

8) 기타 관리비

기타 관리비(General & Administrative)는 항공기 운영을 하기 위해 간접적으로 들어가는 비용이며 약 3~5%를 차지한다. 항공사 사무실 운영비, 경영지원비, IT 시스템

개발 및 유지비, 교육 및 훈련비, 항공기 보험료, 금융비용 등이다. 최근에는 디지털 전환으로 인원 감축 및 효율적으로 비용을 관리하기 위한 경영을 지향한다.

2) 항공사의 원가관리

항공사는 대규모 자본이 필요한 항공기 구입과 임대, 인건비, 정비비, 공항사용료 등 고정비의 비중이 크다. 국제유가나 환율, 국제정세 등 변화가 큰 변동비의 비중도 많아 항공사의 경쟁력을 강화하고 안정적인 수익을 확보하기 위해서는 무엇보다 원가관리가 중요하다. 갈수록 경쟁은 심화되고 국제정세가 급변화하면서 유가와 환율의 리스크가 커지고 경기 침체 같은 외부요인은 항공사의 수익을 악화시킨다. 원가구조 파악을 파악하고 고정비영역을 변동비로 전환하여 유연성을 확보하고 수익을 확보할 수 있는 구조로 전환해야 한다. 원가관리는 수익성을 개선하여 위기 대응 능력과 경쟁력을 확보하고, 불황에도 버틸 수 있는 재무 안정성과 투자여력을 확보할 수 있다.

항공사의 원가관리는 고정비를 효율화하고, 디지털 혁신과 자동화, 기종의 단일화, 직접판매가 가능한 채널의 확보 등 다양한 전략으로 개선해야 한다. 이는 불확실성이 큰 항공산업에서 경쟁력을 유지하기 위한 요소이며, 팬데믹 이후 수요가 급감하면서 지속가능한 수익을 확보하기 위한 기본적인 경영전략이다.

(1) 연료비 절감

연료비는 전체 운항비용의 20~30%를 차지하는 가장 큰 변동비로 항공사의 연료비 절감 정책은 국제유가의 변동, 탄소중립 요구, 환경 규제 강화 등으로 더욱 가속화되고 있다. AI 기반으로 여료를 모니터링하는 시스템을 구축하여 연료소모를 관리한다.

항공기의 효율화로 연비가 좋은 최신 기종인 A350, B787, A321neo 등 차세대 항공기로 대체하면 연료 효율이 20~30% 향상된다. 항공기의 중량을 줄일 수 있는 소재로 장비나 시설물들을 대체하고, 기내 서비스의 사용되는 자재들을 가벼운 것으로 대체한다.

운항을 효율화하는 것도 연료비를 절감할 수 있다. 실시간 최적의 비행경로를 선택하여 비행시간이나 거리를 단축한다. 연료의 소모를 줄일 수 있도록 지상에 대기하는 시간을 단축하여 공회전을 최소화하고, 최적의 속도나 고도를 설정한다. 중복되거나 저수익 노선을 조정하고 축소한다.

유가 변동에 따른 리스크를 줄이기 위한 선물계약, 옵션, 스왑 등 연료 헤지(Hedging)을 활용한다.

(2) 인건비 효율화

인건비는 항공사의 고정비 중 가장 큰 비중을 차지하기에 인력구조를 개편하여 최적화하는 전략이 필요하다. 조직을 슬림화하여 중복되는 부서는 통합하고, 관리나 지원부서는 축소하여 직원이 다양한 업무를 수행할 수 있도록 훈련한다. 또한 핵심부서가 아닌 지상조업, 수하물 처리, 콜센터, 청소, 기내식 등은 전문업체에 위탁하여 관리한다. 근무형태를 다양화하여 수요에 따라 탄력적인 근무체계를 구축한다.

노사협력도 중요한 요소이다. 노사와의 협력을 통해 임금협상이나 고정급 비중을 축소하고 성과급 중심으로 개편하여 장기적으로 조직이 안정될 수 있는 시스템을 구축한다.

최근에는 항공사마다 자동화 시스템 도입하여 체크인·탑승·수하물 처리를 자동화로 대체하면서 인건비를 줄이고 있다. AI 챗봇이나 자동 응대 시스템을 도입하여 고객의 불만에 대처하며, 분야마다 맞춤형 프로그램으로 승무원이나 지상인원을 배치하고 정비시스템을 활용하며 인력을 조절하고 있다.

(3) 정비비 관리

정비비는 안전확보를 담보하는 조건에서 비용을 줄일 수 있어야 해서 다양한 방법을 신중하게 판단하여야 한다.

정비비는 운영방식 효율화가 무엇보다 필요하다. 자체 정비 시스템(MRO)은 긴급상황에 빠르게 대처할 수 있지만 인건비의 부담이 크고, 전문 정비업체 외주를 하면 비용절감 효과와 전문성은 있지만 긴급상황에 대처가 늦어진다. 따라서 최근에는 긴급상황 대처가 빠른 가벼운 정비는 자체적으로 진행하고, 시간이 필요한 중정비는 외주를 주는 형식을 선호한다. 또한 기종을 동일화하면 부품과 정비 인력을 최적화할 수 있고, 정비 절차를 표준화하면 불필요한 작업시간을 줄일 수 있다.

AI 기반 자율점검 시스템을 활용하여 데이터 분석을 통해 예측 정비를 할 수 있다. 부품 수명을 연장하고 사전에 고장이나 지연을 방지할 수 있어 정비비용을 줄일 수 있다. 유지보수 주기를 효율적으로 설정이 가능하여 정비비가 감소한다. 또한 항공기 부품은 고가의 가격이라 부품을 공유하거나 공동 구매를 통해 원가를 절감할 수도 있다. 최근에는 안전한 재생부품을 활용할 수 있어 가격을 낮출 수 있다.

(4) 공항이용료 절감

공항이용료는 항공사의 운항 네트워크 설계, 시간대, 장비 운영과 직결되어 허브 전략과 인센티브 프로그램 활용, 장기계약을 통해 비용을 줄여야 한다.

공항 이용료를 효율화하기 위해서는 허브전략과 인센티브 프로그램을 활용하거나 보조공항(LCC)이나 혼잡하지 않은 시간대나 야간을 활용한다. 항공기 회전율을 향상시켜 지상 대기시간을 단축하여 주기료를 절약하고, 자체 장비를 활용하여 장비대여료를 줄이거나 지상조업 인력은 아웃소싱한다. 불필요한 항로이용은 최소화한다.

(5) 기내 서비스 및 부가수익

일반항공사는 기내 서비스를 차별화하여 수익을 극대화하고 저비용항공사는 부가서비스를 유료화하여 수익을 확보하고 있다. 기내 서비스는 선호 좌석 선택, 수하물, 기내식, 음료, 와이파이 서비스, 엔터테인먼트 서비스 등이 있다. 점차로 일반항공사도 고급과 일반으로 서비스를 차별화하고 부가적으로 선택할 수 있는 서비스를 늘리고 있다.

(6) 디지털 혁신

항공사의 디지털 혁신 기반 원가 절감 정책은 최근에 빠르게 확산되고 있다. AI를 기반으로 실시간으로 항공기의 수요와 가격을 예측하여 노선을 선택하고 잉여좌석을 줄여 비용을 줄이고 있다. 디지털 혁신은 다양한 업무분야를 자동화로 전환하여 고정비를 절감하고 있다. 실시간 최적의 항로를 선택하여 연료비를 절감하거나 데이터 분석을 통해 안전한 운항을 할 수 있는 운항체계와 정비체계를 구축하고 있다. 공항에서는 키오스크, 자동 수하물 위탁, 디지털 탑승권, 자동출입국시스템 등을 이용해 인력을 효율적으로 운용한다. 인터넷을 기반으로 소비자가 항공권을 직접 구매할 수 있는 시스템을 확대하여 수수료를 절감하고, SNS나 디지털 콘텐츠 마케팅으로 비용대비 수익을 높여준다. 사무관리분야에도 관리업무를 자동화하여 다양한 비용을 절감하고 있다.

표 5-8 ▌ 항공사의 디지털 혁신

항공사	디지털 혁신	특징
대한항공	• KE-MRO 정비관리 시스템 • 전자 비행가방(EFB) • AI 기반 항로 최적화 • 모바일 앱 직판 강화	• 정비 디지털화 → 정비 효율 + 항공기 가동률 향상 • 항공기 중량 감소 → 연료 절감 • 판매 수수료 절감
제주항공	• 셀프 체크인·백드롭 전면 도입, • 챗봇 상담 시스템, 모바일 통합 예약 플랫폼	• 현장 인력 비용 절감 • 고객 응대 속도 개선 • 직판 강화로 OTA 수수료 절감
델타항공	• AI 기반 수요·가격 예측(RM) • 예측정비(Predictive Maintenance) • 생체인식 탑승 게이트	• 수익 관리 정교화 → 매출 극대화 • 정비비 절감 • 탑승 프로세스 자동화
루프트한자	• 디지털 승무원 일정 시스템 • NDC 기반 유통 채널 • AR/VR 정비 훈련	• 인건비 절감 + 운영 유연성 확보 • 유통비 절감 • 교육비 절감
에미레이트항공	• AR 기내 경험(ICE 시스템) • AI 기반 고객 분석 • 디지털 승객 서비스 센터	• 프리미엄 고객 경험 향상 • 맞춤형 서비스 제공 • 고객 만족도 및 충성도 향상
라이언에어	• 완전 모바일 탑승권·셀프백드롭 • AI 채팅봇, 데이터 기반 부가서비스 판매 시스템	• 초저비용 구조 유지 • 인건비 절감 • 부가수익 극대화

(7) 재무 및 자산 관리

항공기 구입비용 대신 임대를 활용하여 현금 유동성을 확보하고, 노후된 항공기는 매각한다. 외화 헤지(FX Hedging)를 통해 환율변동에 의한 리스크를 최소화한다. 온라인 판매를 확대하고, 국내외 영업지점을 축소하여 관리비를 절감한다.

3) 수익 기반 비용관리(Cost per ASK 분석)

항공사는 단위당 원가(CASK: Cost per Available Seat Kilometer)를 분석하여 항공사의 비용과 수익을 평가하는 분석 시스템으로 최근에 항공사들이 많이 활용하고 있는 시스템이다. 데이터 기반으로 실시간으로 노선별 수익성을 분석하고, 고객을 세분화하여 맞춤형 서비스를 실현한다. 운항거리, 탑승률, 좌석 수를 기준으로 원가를 분석하고, 손익분기점을 맞추기 위해 노선을 재편하거나 운임 조정하고 잉여좌석이 많을 경우 프로모션을 진행하는 등 수익구조를 최적화 할 수 있다. 단순한 비용관리뿐만 아니라 수익이 높은 노선이나 프리미엄 고객, 부가수익 등은 비용을 두입하여 매출을 확대시키고, 수익이 낮은 노선이나 서비스는 과감히 축소를 결정한다.

(1) 구성요소

- 노선 관리 : 수익성을 기반으로 노선을 결정하고 운항 스케줄을 최적화하여 수익이 높은 노선은 편수를 확대하고 수익이 낮은 노선은 편수를 축소하거나 철회한다.
- 클래스 전략 : 수익이 높은 고객을 대상으로 맞춤형 서비스를 실시하여 프리미엄 고객의 만족도를 높이고 이코노미 고객은 기본 서비스는 유지하되 유료화하는 부가 서비스를 확대한다.
- 마케팅/판매 : 프리미엄 고객이나 항공사를 자주 이용하는 고객, 법인이나 단체가 항공사와 계약하여 이용하는 고객들을 위한 맞춤형 마케팅에 비용을 추가한다. 그 외 고객에는 수수료를 줄일 수 있는 마케팅을 선택한다.

(2) 도입 사례

고수익을 가져다주는 고객은 경제가 불황인 시기에도 항공사의 수익감소에 영향을 주지 않는다. 따라서 고수익 고객을 위한 마케팅 비용은 늘이고, 수익성 낮은 노선을 과감히 축소하며, 부가서비스를 유료화하는 방안으로 자본을 배분한다.

- 대한항공 : 수익성 낮은 노선을 과감히 축소하고, 미주·동남아 고수익 노선을 증편하였다. 마일리지 고객 프로그램 강화하여 고객의 만족도를 높였다.
- 제주항공 : 저비용항공사로 단거리 중심의 운항을 늘리고, 수익이 적은 지방노선을 철수하거나 최소화하였다. 기본운임은 최소화하면서 부가서비스를 유료로 선택할 수 있는 방식이다.
- 라이언에어(Ryanair) : 유럽의 저비용항공사로 기본운임은 최소화하고 기내식이나 선호좌석, 수하물, 우선탑승, 빠른 수속 등과 제휴상품인 여행자 보험·렌터카와 같은 부가서비스에 집중 투자하여 수익을 극대화하였다.

04 항공사의 수익관리(RM) 시스템

수익관리는 판매기업이 상품 생산에서 고객관리까지 전 분야를 종합적으로 판단하여 기업의 수익을 극대화하기 위함이다. 항공사의 수익관리 시스템(RM ; Revenue Management)은 항공기의 정해진 좌석 수를 수요를 정확히 예측하고, 운임을 차별화하여 좌석의 재고를 남김없이 판매해서 가장 높은 수익을 낼 수 있는지를 분석하는 정보시스템이다.

항공산업은 고정비의 비중이 높고, 유가나 환율, 국제정세, 계절 등에 따라 변동요인이 많고, 한정된 자원과 복잡한 비용구조로 수익을 관리하는 데 어려움이 많았다. 1970년대 아메리칸 항공이 처음으로 이 시스템을 도입하고 성공적으로 발전시키면서 수익관리 시스템은 항공사에게 수익성을 관리해주는 핵심 운영 시스템으로 자리 잡았다. 이 후에는 다른 서비스산업분야로도 확대되어 많은 기업들이 사용하고 있다.

항공사의 수익관리 시스템은 정확히 수요 예측하여 판매할 수 있는 좌석을 분석한 후 요금을 세분화하여 다양한 가격을 설정한다. 고수익을 낼 수 있는 고객비율을 확보하기 위해 좌석을 배분하고, 시장을 세분화하여 고객을 분석하고 고객들이 선호하는 비율로 가장 적합한 요금체계를 구축한다. 항공권을 판매하는 채널도 다양하게 확보하고 수익성이 높은 직접 판매할 수 있는 채널을 확대한다. 수익을 정확히 판단하려면 정확한 데이터를 기반으로 했는지, 성과는 세내로 냈는시를 분석하고 부속한 부분은 지속적으로 개선하여 반영한다. 또한 지정좌석, 초과 수하물, 기내식, 라운지 등 부가서비스 가격을 조정해 수익을 확대한다.

항공산업의 경쟁이 심화되고 AI 기술이나 디지털 혁신으로 각종 시스템이 발전하면서 수익관리 시스템(RM)은 단순히 가격을 관리하는 차원에서 실시간으로 수요를 예측하여 고객을 관리하는 통합 관리 시스템으로 발전하고 있다.

1) 수익관리 시스템의 핵심 요소

(1) 수요 예측

수요 예측(Demand Forecasting)은 과거의 판매 데이터를 분석하고, 계절별, 주말이나 공휴일, 특별 이벤트, 경쟁사 요금 등을 기반으로 각 노선별, 항공기편, 기간, 좌석 등급별로 수요를 예측한다.

(2) 운임 등급

운임 등급 설정(Fare Class Management)은 항공권을 다양한 서비스 등급으로 나누어 각 등급에 따라 가격, 변경 가능 여부, 마일리지 적립률 등을 다르게 적용한다. 탑승률과 수요 등을 분석해 차별화된 가격을 설정하고, 각 등급을 판매할 수 있는 마케팅 계획을 세운다.

(3) 좌석 배분

좌석 배분(Inventory Control)은 항공기의 좌석 수를 수요 예측 시스템의 결과에 따라 다양한 운임 등급을 설정한 후 배분한다. 가능하면 고수익을 낼 수 있는 좌석의 비율을 높이지만 일반고객의 비율이 많기 때문에 균형을 잃지 않아야 한다. 특정 운임 클래스에 몇 석 배정할지 실시간 관리한다.

(4) 가격 최적화

가격 최적화(Pricing Optimization)는 동일한 좌석을 예약 시점이나 요일의 변화, 고객 특성에 따라 실시간으로 수요의 변화를 예측하고 예약비율을 살펴본 후 경쟁사의 가격을 참고하여 가격을 최적화 한다. 출발일이 가깝거나 주말이나 공휴일에는 다른 날짜보다 요금을 인상하고 수요가 적으면 좌석의 운임을 낮춘다. 전체적으로 예약이 부족하면 할인요금을 적용하여 재고좌석을 판매한다.

(5) 시장 세분화 및 고객 분석

시장 세분화 및 고객 분석(Market Segmentation)은 구매하는 고객의 특성을 분석하여 상품을 구성하고 서비스를 차별화하여 가격을 결정한다. 시장을 세분화하면 국제선 고객, 국내선 고객, 단체석, 개별석, 업무상 고객, 관광객 등 구매패턴을 분석한 후, 좌석등급의 구성을 일등석, 비즈니스석, 일반석으로 적절하게 비중을 두어 판매를 한다. 예약시기에 따라 할인요금을 적용하고, 판매속도나 선호도에 따라 실시간 노선과 운임을 조정한다.

(6) 기타

유통 채널 관리(Distribution Channel Management)는 과거에는 항공권의 판매가 여행사나 유통사가 주를 이루었다면 인터넷과 모바일의 등장으로 글로벌분산시스템(GDS)을 이용하여 모바일이나 자사 홈페이지에서 직접 구입을 하거나 플랫폼 업체 등 다양한 판매채널이 구축되었다. 따라서 간접 판매가 축소하면서 수수료가 절감되었고, 다양한 채널을 통한 항공권의 판매예측에 따라 마케팅 비용을 책정하고 있다.

2) 수익관리 시스템의 효과

수익관리 시스템이 구축된 배경에는 좌석수가 한정되어 수익을 내는 데 한계가 있어 실시간 수요를 예측하여 동일한 좌석을 판매하여 최대한 수익을 높게 나올 수 있도록 하는 것이 필요하기 때문이다. 그렇다고 수익을 높이기 위해 무작정 가격을 높게 책정하면 판매가 안 될 수 있어 고객의 성향과 동일한 노선의 경쟁항공사의 가격을 반영하여 다양한 조건을 모색해야 판매율을 높일 수 있다. 결국 고객에게 만족을 줄 수 있는 요소를 세분화하여 반영해야 한다. 예를 들면 예약시기가 빠른 고객에게는 할인을 해주고 급하게 출발하는 고객에게는 금액을 높게 한다. 휴가철이나 공휴일, 명절, 금요일, 기상상황 등 변동요인을 체크하여 요금체계를 다르게 반영하고, 수요가 많은 시기나 시간에는 가격을 높게 책정한다.

과학기술의 발전으로 수익관리 시스템과 연계된 AI나 머신러닝기술이 급속도로 개발되면서 실시간으로 수요변화를 정확히 분석하고 예측할 수 있어 이러한 데이터를 바탕으로 운임을 자동으로 조정하고, 탑승률을 높이고 있다. 또한 고객관리시스템을 통해 고객을 차별화하여 성향에 맞는 가격을 제안하여 만족도를 높이고, 예약시스템을 통해 실시간으로 변동되는 운임이나 예약이 가능한 좌석을 표시하여 고객에게 편리함을 제공하였다.

이런 수익관리 시스템을 도입하고 나서 항공사의 수익은 기존의 경영방식보다 5~10% 이상 증가되었고, 동일한 목적지를 가는데 수익이 증가되는 효과를 내면서 충성도 있는 고객도 확보할 수 있게 되었다. 탑승률은 유지하면서도 항공기당 평균단가를 높일 수 있어 수익을 향상시키는 효과가 발생하였다.

반면에 고객의 입장에서는 동일한 목적지의 항공권 가격이 차이가 많고 실시간으로 변동하는 것을 이해하기 어렵다는 분석도 존재한다. 따라서 고객을 좀 더 확보하기 위해서는 투명한 가격정책이 필요하다.

(1) 대한항공 사례(FSC)

대한항공은 우리나라 일반항공사(FSC)의 대표 항공사이다. 최근에는 아시아나항공과 합병을 하며 대규모의 조직이 더 비대화 되었다. 항공기는 주로 대형기로 다양한 기종을 보유하고 있고, 대부분 장거리 운항인 국제선을 운항하고 있다. 기본요금에 기내서비스가 포함되어 원가가 증가하고, 항공기 정비도 자체 정비시스템을 구축하여 인건비를 포함한 비용이 많이 소모된다. 조직이 큰 만큼 비용도 커서 효율적인 지출과 수익관리가 필요하다.

표 5-9 ▎대한항공 RMS 특징

RMS	특징
RMS(Revenue Management System) - PROS 기반	• 항공기 이착륙 관리 • 머신러닝 기반 미래 수요 예측 • Dynamic Pricing Engine과 연동
Dynamic Pricing Engine	• 검색시 실시간 운임 자동 조정 • 고객 세분화 • 시장가격 조정
Offer & Order Management - Accelya FLX	• 부가 서비스와 맞춤형 오퍼 생성 • 통합패키지 판매 모듈
Amadeus Instant Search & Pricing	• 검색시 빠른 요금 계산 • 최적 운임과 좌석제공
RM 내부운영조직	• 노선별 RM 운영팀 • 공동 운항편 좌석 운임관리

대한항공의 수익관리는 실시간 동적가격엔진(Dynamic Pricing Engine)과 PROS 기반의 O&D(Offer & Order Management) 수익관리 시스템, Group Sales Optimizer 등을 활용하여 실시간 최적화된 가격을 조정한다. 노선별 수익을 극대화하고 고객을 세분

화하여 고객 맞춤 서비스를 지향한다. 또한 경쟁회사와의 운임의 변화를 살펴보고, 항공권을 판매하는 모든 채널에 수익을 제대로 낼 수 있도록 변동성을 줄인다. 이런 정교한 수익관리 시스템과 동적가격 전략으로 항공사의 수익은 껑충 뛰어 올랐다.

항공사는 수익관리 시스템을 이용하여 각 노선의 기준가격을 결정하고 실시간으로 예약 상황과 취소율, 잔여좌석, 경쟁사 요금 등 데이터를 수집하고, 예측 시스템을 통해 수요와 가격 탄력성을 분석하여 동적가격 엔진으로 운임을 자동 조정한다. 따라서 동일한 항공기로 목적지를 간다고 하더라도 구매시점과 경로, 조건에 따라 달라질 수 있다. 실시간으로 자동조정되어 산출된 운임은 소비자가 인터넷이나 모바일을 통해 구매한다. 플랫폼 회사나 여행사, 유통사는 표시된 금액 대비 수수료를 수익으로 한다.

항공권을 예약하기 위해서는 목적지를 편도, 왕복, 다구간 중에 선택하며 출발일, 탑승객 인원을 결정하고, 서비스 등급에 따라 원하는 운임을 선택한다. 일반적으로 일반석(Economy Class), 프레지티석(Prestige Class), 일등석(First Class)으로 나뉘어 있고, 이 등급을 세분화하여 일반석은 세이버(Saver), 스탠다드(Standard), 플랙스(Flex)로 구분하고, 프레지티석은 스탠다드(Standard), 플러스(Plus), 플렉스(Flex) 등으로 운임을 결정한다. 또한 예약시기, 출발시간, 요일(화수목금), 주말(토일월), 공휴일에 따라 운임의 차이를 정교하게 설계한다. 마일리지로 서비스 등급의 승급 여부를 선택할 수 있는 요금제도도 있다.

아래의 표는 인천에서 마닐라까지의 항공운임의 차이를 확인해보니 전체적으로 프레지티석은 크게 변동이 없으나 일반석은 할인폭, 비수기, 요일, 시간대, 공휴일에 따라 금액의 변동이 있음을 알 수 있다.

표 5-10 ▌대한항공 인천-마닐라편 가격 변동표 (2025.8.4. 오전 7:50분 기준)

출발일	변동 요소	일반석 세이버	일반석 스탠다드	일반석 플렉스	프레지티석 스탠다드	프레지티석 플러스	프레지티석 플렉스
2025.8.6.(월)~12	요일, 시간, 2일전	252,000	262,000	477,000	매진	802,000	814,700
2025.8.11.(월)~16 18:50	요일, 시간대	매진	307,000	417,000	652,000	802,000	814,700
2025.9.1.(월)~9.6	요일, 비수기	144,500	154,500	417,000	452,000	802,000	814,700
2026.1.5.(월)~1.10	요일, 성수기	매진	317,000	477,000	652,000	802,000	814,700
2026.1.6.(화)~1.11	요일	282,000	297,000	477,000	652,000	802,000	814,700
2026.2.14.(토)~1.18	명절	매진	412,000	477,000	매진	802,000	814,700
2026.6.22.(월)~6.27	10달전	212,000	222,000	477,000	627,000	802,000	814,700

(2) 제주항공 사례(LCC)

제주항공은 우리나라의 저비용항공사(LCC)로 항공기는 소형기종의 종류를 단순화하여 단거리 중심의 운항을 하며 가격을 낮춰 탑승률을 높이고 있다. 원가 절감을 위해서 정비인력은 외주 정비 비중으로 늘리고, 기내서비스는 기본운임에 부가서비스를 유료화하는 전략을 세웠다. 항공권은 인터넷이나 모바일에서 직접 예약·판매하는 비중을 늘려 수수료를 절감하고, 여행사나 온라인 플랫폼을 이용한 마케팅 방법을 확대하고 있다.

이러한 전략은 Navitaire 및 Amadeus 기반의 첨단 RMS 시스템을 도입함으로 더 정교한 수익설계를 하게 되었다. 실시간 수요예측을 기반으로 가격을 최적화하고, 부가서비스를 확대하였으며, 채널 별 요금전략을 차별화하는 것이 가능해졌다.

또한 각 노선의 판매현황을 분석하고, 전년도 실적과 경쟁사의 운임을 체크하여 운임을 조정하였다. 이러한 데이터 기반의 정보를 바탕으로 수익을 최대로 끌어올리는 역할을 하고 있다.

표 5-11 ❙ 제주항공 RMS 특징

RMS	특징
Navitaire New Skies®	• 예약 발권 체크인 시스템 • LCC에 특화된 동적운임구조
Navitaire GoNow (Day-of-Departure Optimizer)	• 잔여좌석과 예약속도 분석하여 운임 최적화 • 수요예측 최적화
Amadeus SRM Flex(2024년 계약 체결)	• 전체 여정 및 채널별 가격 최적화
RM 내부운영조직	• RM운영팀 • 알고리즘 기반

06 CHAPTER

항공사의 인적관리

01. 인적자원관리의 필요성

02. 인사관리시스템(HRM)의 운용

03. 교육 및 훈련 시스템

CHAPTER 06

항공사의 인적자원관리

01 인적자원관리의 필요성

항공사의 인적자원관리(Human Resource Management, HRM)는 항공산업의 특성을 반영하여 항공기의 안전한 운항과 서비스의 품질을 기반으로 방대한 조직을 효율적으로 관리할 수 있는 시스템이다. 항공사는 인건비의 비중이 큰 산업으로 항공기의 안전을 기반으로 최첨단의 기술력을 필요로 하는 항공운항과 관련된 전문면허나 자격증을 가진 우수한 전문인력과 안전한 운항을 지원하는 다양한 부문으로 조직되어 있다. 여객운송에는 항공사의 서비스 품질이 항공사의 경쟁력과 직접적으로 연결되어 있어 인적관리를 통해 일관성 있는 고품질의 서비스를 유지해야 한다. 또한 항공사는 국가나 민간국제기구인 ICAO, IATA 규제를 준수해야 하는 의무가 있기 때문에 기존의 전문인력을 유지하고, 해당인력을 정기적으로 교육하여 안전한 운항을 지속할 수 있게 관리해야 한다.

항공사의 인적자원관리는 항공산업의 특성상 외부의 민감한 변화에 대처할 수 있도록 정기적인 교육훈련이 필요하고, 적재적소에 필요한 인력을 배치하고, 고정비의 비중을 줄이기 위해 다양한 기능을 소화할 수 있는 인력을 구성하여 경쟁력을 강화해야 한다. 효율성 있는 경영을 위해서는 인력 배치를 최적화하여 비용을 절감하고 생산성을 향상시켜 갈수록 심화되고 있는 경영환경에 대응해야 한다.

앞으로도 항공사는 전문 인력의 확보와 유지, 체계적인 교육·훈련, 성과 기반 보상

제도, 안정적 노사관계를 기반으로 성장해야 하는 인력 중심의 산업이다. 따라서 IT·자동화 시스템의 확대로 인한 기존 인력을 재배치하고 글로벌 경쟁력을 강화하기 위한 전문인력도 보강해야 한다. 타 항공사로 인재가 유출되지 않도록 회사의 조직문화나 보상체계도 갖추어 노사관계를 안정적으로 유지해야 한다.

1) 다양한 전문인력 확보

항공사는 대규모 조직으로 구성되어 있어 각 분야마다 고도의 기술과 숙련도가 높은 전문적인 인력이 필요하다. 운항, 정비, 운송, 운항관리, 지상지원 등 직무 특성에 따라 조종사, 객실 승무원, 정비사, 운항 관리사, 지상 조업, 예약·마케팅, 운영관리 등 여러 분야의 인력을 확보해야 한다. 이러한 인력은 국제표준에 맞는 직무별 자격요건을 갖추어야 하고 정기적으로 교육을 이수해야 한다.

(1) 안전 분야

고도의 기술과 경험이 필요한 항공기 운항 안전의 핵심인 조종사, 항공기의 안전을 관리하는 정비사, 운항을 할 때 비행계획을 설계하고, 효율적인 항로와 기상상황을 체크하고 비상상황에 대응하는 역할의 운항관리사와 관제사가 있다.

(2) 고객 서비스 분야

항공사 브랜드를 높이는데 결정적인 역할을 하는 객실 서비스를 수행하는 객실 승무원과 공항에서 탑승하는 모든 과정에서의 서비스를 수행하는 지상직 분야는 고객의 만족도가 평가되는 바로미터의 역할을 하는 분야이다. 여러 국가의 고객을 상대해야 하는 분야라 다른 나라의 언어와 문화를 이해하는 것이 필요하다.

(3) 전문적인 경영지원 분야

항공산업의 복잡성, 외부환경의 민감성, 각종규제 등 효율적인 운영을 하기 위해서는 전문적인 지식과 경험을 가진 전문인력을 확보해야 한다. 재무나 회계, 노무, 법무, 마케팅, 영업, 안전관리, 기획, 디지털 분야 등 글로벌 환경에 대처할 수 있는 능력과 전문성을 가져야 한다. 다른 분야와 긴밀하게 연계하여 항공사의 성장동력을 만들어 가야 한다.

(4) 유연성 확보

항공산업은 노선, 계절, 국제유가, 팬데믹, 각종 규제, 국제정세, 환경요인 등 수요 변동의 요인이 많아 기존 인력을 유연성 있게 재배치할 수 있는 여건이 마련되어야 한다. 가격 경쟁이 심화되거나 신규 경쟁자가 진입했을 때 발빠르게 대응할 수 있는 효율적인 대응체계를 구축해야 한다.

2) 안전 중심의 가치

항공사의 최우선 가치는 항공기로 승객과 승무원을 안전하게 운송하는 책임을 가지고 있다. 운항관련 종사자들의 작은 실수가 하나가 대형 사고로 이어져 막대한 인명피해와 경제손실을 발생시키고 브랜드 이미지까지 추락해 다시 회복하기가 쉽지 않거나 심지어 파산으로 이어질 수도 있는 중대한 상황이 발생하기도 한다.

따라서 항공사는 사고를 사전에 예방할 수 있도록 항공사의 모든 직무에 대한 안전 관련 교육과 훈련을 체계적으로 이수하게 하고, 운항승무원의 리스크를 관리하는 데 중점을 두어야 한다.

(1) 인명 보호

항공기는 한 번 사고가 나면 수십~수백명까지의 대규모의 인명피해가 발생할 수 있어 항공사는 승객과 직원의 안전을 최우선으로 확보하는 것에 가치를 두어야 한다. 국제민간항공기구인 ICAO도 안전을 항공산업 핵심 가치로 규정하였다. 항공사의 경쟁력의 핵심은 바로 승객의 생명을 안전하게 보호하는 항공사라는 신뢰도이다.

(2) 법규 및 국제 규정 준수

항공사는 각국 정부와 민간국제기구의 항공운항과 관련된 안전 규정을 준수해야 하는 법적 책임을 가지고 있다. 이러한 규정을 준수하지 않으면 운항 정지나 벌금 등 심한 제재를 받기도 하며 심지어는 운항권을 회수하기도 한다.

(3) 항공사 신뢰도와 경영 안정성

안전사고가 발생하면 항공사의 신뢰도는 순식간에 추락하여 소비자로부터 외면을 받으며 매출에 직접적인 타격을 준다. 항공사 사고가 발생하면 천문학적 금액인 항공기의 손실과 인명피해에 대한 막대한 보상금, 사고로 인한 보험료 인상 등과 항공사의 신뢰도 추락으로 주가가 폭락하기도 한다. 따라서 항공사는 안전의 가치를 중심으로 사전에 예방이 가능한 관리체계를 구축해야 한다. 무너진 신뢰도를 다시 회복하는 데는 많은 시간이 걸리기 때문이다.

(4) 조직 문화와 사회적 책임

항공사는 공공성과 사회적 책임이 큰 산업이기에 안전을 소홀히 하면 국가이미지나 사회전반에 걸쳐 있는 산업에 나쁜 영향을 준다. 이러한 안전성을 유지하기 위해 항공사의 구성원들은 안전에 대한 의식을 공유하고 리스크를 최소화하는 조직문화를 육성해야 한다.

3) 서비스 품질의 연계성

항공사는 서비스 산업이자 고부가가치 산업으로 고객의 만족도에 따라 수익이 직결되며, 항공사 브랜드 이미지를 평가할 때도 고객 서비스의 품질을 결정하는 핵심 요소가 된다. 고객과 직접 연결되는 객실 승무원, 지상직, 콜센터 구성원들의 고객 우선의 서비스 마인드를 강화하고 서비스에 필요한 전문적인 교육과 훈련을 실시해야 한다.

항공사의 서비스 품질은 다른 부서들과 연계되어야 고객의 만족도가 높아진다. 항공기를 이용하는 승객의 관점에서는 예약에서부터 도착할 때까지의 대응하는 모든 부서의 서비스에서 불만이 생기지 않아야 만족할 수 있는데 이 연계성이 한 부서라도 무너지면 서비스 품질 전체가 부족하다고 느낀다.

(1) 고객 경험의 일관성 확보

한명의 고객이 항공권을 구입하고 목적지까지 도착할 때까지 여러 과정을 거쳐야 하는데 이런 과정에서 어느 한 부서의 구성원이 불친절하게 대응하거나 과정 중에 불만요소가 발생하면 항공사의 서비스는 실패한 것이다. 따라서 항공사는 서비스 품질의 연계성을 통해 전 과정에서 고객이 만족할 수 있는 서비스를 지향해야 한다. 서비스 품질은 구성원의 친절한 대응과 탑승절차, 수하물, 안전한 운항, 정시 출도착, 기내서비스 등 일관성 있는 서비스로 고객에게 인식될 때 항공사의 신뢰도가 높아진다.

(2) 브랜드 이미지와 경쟁력

항공 서비스 품질이 고객이 체감할 수 있을 정도로 만족을 할 수 있으면 항공사의 브랜드 가치는 높아진다. 따라서 고객 중심 항공사라는 인식이 심어지면 가격 경쟁력 대신 서비스를 차별화하는 전략으로 수익을 올릴 수 있다.

(3) 부가수익 연계

항공권을 예약할 때 유료좌석 선택, 기내식 추가, 수하물 추가, 기내면세점 이용 등 각 부서의 연계가 원활해야 판매가 올라간다. 고객이 선택한 부가서비스가 제대로 실행되지 않을 때 고객의 불만은 커진다.

(4) 위기 상황 대응력

서비스 품질은 한 부서의 노력만으로는 완성되지 않으며, 모든 부서가 하나로 연결되어야 고객이 느끼는 서비스 품질이 좌우된다. 따라서 고객들의 불만사항이 높은 항공기 지연과 결항에 대한 항공사의 대응체계와 구성원들의 대응방식, 수하물 분실 시 처리과정과 보상체계는 좀더 세밀한 서비스가 필요하다.

02 인사관리시스템(HRM)의 운용

항공사의 인사관리시스템(HRM, Human Resource Management)은 인진과 서비스 품질을 기반으로 직무가 복잡한 인적자원을 효율적이고 체계적으로 관리하기 위해 도입한 통합정보시스템이다. 이 시스템은 다양한 직군의 복잡한 인사 업무를 전산화해 행정적인 부담을 줄이고, 실시간으로 인사관련 데이터를 분석하여 인력 배치, 교육계획, 성과 분석 등 효율적으로 관리할 수 있다. 관련 규정을 준수하기 위해 조종사 자격, 정비사 인증, 승무원 비행시간 등의 데이터를 제공하여 운항을 방해하는 리스크를 줄여준다.

1) 인력 데이터 관리

인사관리시스템을 제대로 운용하기 위해서는 가장 먼저 항공사에 근무하는 전 직원의 데이터를 입력해야 한다. 인석사항이 들어 있는 개인정보를 수집하고, 각종 자격과 면허, 근무경력, 교육훈련 이력, 근태 및 근무 스케줄, 성과 및 평가 등 관련 데이터를 입력한다. 각 부문에 종사하는 인력을 통합하여 저장하고 개인정보보호법에 의해 접근권한을 설정한다. 컴퓨터에 입력된 모든 데이터는 백업과 비상상황 발생시 삭제되었을 때를 대비하여 복원체계를 구축한다.

이렇게 구축한 데이터를 조종사나 승무원 스케줄이 자동 생성될 수 있도록 Crew Management System(CMS)과 연동하면 근무배치가 최적화 된다. 자격과 면허, 교육의 이수여부를 자동으로 모니터링하고, 개인이나 부서별 성과데이터는 인사관리에 반영된다. 안전관련 데이터를 분석하여 피로누적이나 근무시간 초과 등 안전리스크를 파악한다.

이런 데이터를 바탕으로 인력 수급 계획, 교육, 승진, 보상 정책에 활용하여 경영자가 의사결정을 정확하고 신속하게 할 수 있도록 지원하고, 인사포털에 직원에 관한 서비스가 제공된다. 비상상황 발생 시에는 현황을 신속하게 파악하고 인력을 재배치한다.

- Crew Management System(CMS) : 비행 승무원 배치·스케줄 관리
- Maintenance HR 연동 : 정비 자격 보유자 관리
- LMS(학습관리시스템) : 안전·서비스 교육 관리
- ERP/재무 시스템 : 인건비·조직 관리 통합

2) 인력 채용과 배치 관리

온라인 채용 포털과 연동해 지원서를 접수하고, 면접 일정 관리, 합격자 등록 등 전과정을 처리한다. 부서·노선·기종별 특성에 맞는 인력이 적재적소에 배치될 수 있는 시스템이다.

(1) 채용 관리

먼저 신규 노선 개설 여부와 성수기·비수기의 수요 예측, 퇴직하는 인력 등을 분석하여 채용 규모 결정하는 인력 수요 계획(Workforce Planning)을 세운다. 조종사, 정비사 등 반드시 면허가 필요한 직무는 법적으로 자격요건을 갖추었는지 파악한다.

모집과 선발은 자사의 채용사이트나 항공 전문 취업포털, 해외 인재 모집 등에서 지원모집을 하고 선발절차는 기본적으로 서류 전형, 적성 검사, 면접, 신체검사 등의 과정을 거쳐 최종 선발하는 과정으로 진행된다. 공정성을 확보하기 위해 표준화된 평가 기준을 적용하여 차별을 방지한다.

선발이 되면 항공 안전, 서비스, 운항·정비 기본 이론 등 기초교육과 실제 현장 중심의 훈련을 이수한다. 자격증과 면허증은 관리시스템과 연계한다.

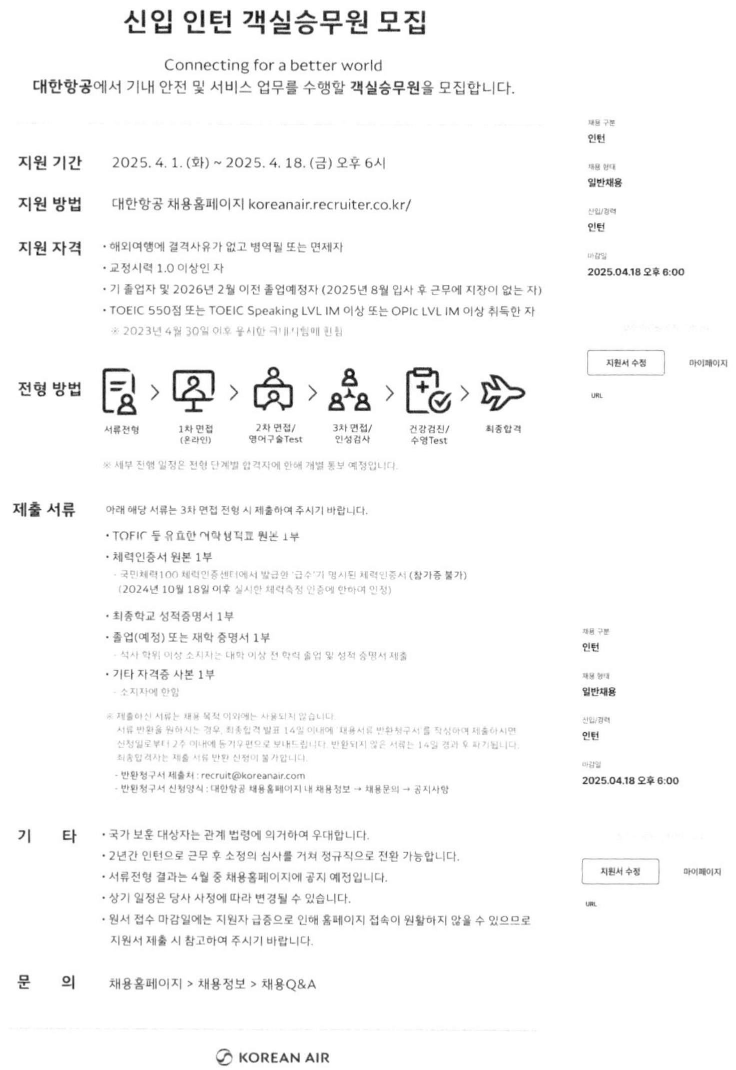

신입 인턴 객실승무원 모집

Connecting for a better world

대한항공에서 기내 안전 및 서비스 업무를 수행할 **객실승무원**을 모집합니다.

채용 구분
인턴
채용 형태
일반채용
신입/경력
인턴
마감일
2025.04.18 오후 6:00
지원서 수정
마이페이지
URL

지원 기간 2025. 4. 1. (화) ~ 2025. 4. 18. (금) 오후 6시

지원 방법 대한항공 채용홈페이지 koreanair.recruiter.co.kr/

지원 자격
- 해외여행에 결격사유가 없고 병역필 또는 면제자
- 교정시력 1.0 이상인 자
- 기 졸업자 및 2026년 2월 이전 졸업예정자 (2025년 8월 입사 후 근무에 지장이 없는 자)
- TOEIC 550점 또는 TOEIC Speaking LVL IM 이상 또는 OPIc LVL IM 이상 취득한 자

※ 2023년 4월 30일 이후 응시한 국내시험에 한함

전형 방법

서류전형 > 1차 면접(온라인) > 2차 면접/영어구술Test > 3차 면접/인성검사 > 건강검진/수영Test > 최종합격

※ 세부 진행 일정은 전형 단계별 합격자에 한해 개별 통보 예정입니다.

제출 서류 아래 해당 서류는 3차 면접 전형 시 제출하여 주시기 바랍니다.
- TOEIC 등 유효한 어학성적표 원본 1부
- 체력인증서 원본 1부
  - 국민체력100 체력인증센터에서 발급한 '급수'가 명시된 체력인증서 (**참가증 불가**)
  (2024년 10월 18일 이후 실시한 체력측정 인증에 한하여 인정)
- 최종학교 성적증명서 1부
- 졸업(예정) 또는 재학 증명서 1부
  - 석사 학위 이상 소지자는 대학 이상 전 학력 졸업 및 성적 증명서 제출
- 기타 자격증 사본 1부
  - 소지자에 한함

※ 제출하신 서류는 채용 목적 이외에는 사용되지 않습니다.
서류 반환을 원하시는 경우, 최종합격 발표 14일 이내에 '채용서류 반환청구서'를 작성하여 제출하시면 신청일로부터 2주 이내에 등기우편으로 보내드립니다. 반환되지 않은 서류는 14일 경과 후 파기됩니다.
최종합격자는 제출 서류 반환 신청이 불가합니다.
- 반환청구서 제출처 : recruit@koreanair.com
- 반환청구서 신청양식 : 대한항공 채용홈페이지 내 채용정보 → 채용문의 → 공지사항

채용 구분
인턴
채용 형태
일반채용
신입/경력
인턴
마감일
2025.04.18 오후 6:00
지원서 수정
마이페이지
URL

기 타
- 국가 보훈 대상자는 관계 법령에 의거하여 우대합니다.
- 2년간 인턴으로 근무 후 소정의 심사를 거쳐 정규직으로 전환 가능합니다.
- 서류전형 결과는 4월 중 채용홈페이지에 공지 예정입니다.
- 상기 일정은 당사 사정에 따라 변경될 수 있습니다.
- 원서 접수 마감일에는 지원자 급증으로 인해 홈페이지 접속이 원활하지 않을 수 있으므로 지원서 제출 시 참고하여 주시기 바랍니다.

문 의 채용홈페이지 > 채용정보 > 채용Q&A

KOREAN AIR

그림 6.1 ▌대한항공 신입 인턴 객실승무원 모집 공고

(2) 배치 관리 구조

Crew Management System(CMS)과 연동하여 조종사, 승무원의 비행 스케줄을 자동으로 편성하고 피로 관리(Fatigue Management) 등을 반영한다. 항공기 정비 계획은 정비 인력 배치 시스템을 여객, 화물, 지상 조업, 콜센터, 마케팅, 재무, IT 부서 등은 지상직과 본사 인력 배치 운용 시스템과 연동한다.

면허·자격은 배치하기 전에 자격인증과 교육 이수 여부를 자동 체크하고, 근무 시간 제한 관리는 항공법과 노동법의 규정에 맞게 준수한다.

신규노선이나 성수기, 비수기, 특별 이벤트 같은 비정시 운항에 인력을 재배치하고, 기상 악화나 결항, 긴급 정비 등 비상 상황시에도 신속하게 재배치한다.

표 6-1 ❙ 항공사 채용절차 및 모집내용

구분	내용	비고(특징)
채용 계획 수립	연간 인력 수요 예측(조종사, 승무원, 정비사, 지상직 등), 채용 예산 편성	항공기 도입·노선 확장 계획과 연계
공고 및 홍보	공식 홈페이지, 채용 포털, SNS, 항공 전문 커뮤니티를 활용한 채용 공고	글로벌 지원자 확보를 위해 다국어 공고
지원서 접수	온라인 채용시스템(ATS) 통한 서류 제출, 자격증·비행시간 등 증빙 첨부	조종사·정비사 등은 자격증 필수
서류 전형	학력·경력·자격 요건 검증, 어학 능력 평가	항공안전 규정 준수 필수
필기/적성검사	인지능력·적성·언어능력·항공안전 관련 지식 평가	일부 항공사는 인공지능(AI) 도입
신체검사·배경조사	항공업무 종사자 신체검사, 보안상 결격 여부 조회	안전·보안 규정 준수 목적
면접 전형	1차 실무진(서비스, 안전 마인드), 2차 임원 면접(조직 적합성 평가)	객실승무원은 이미지·서비스 태도 중점
최종 합격 및 등록	합격자 통보, 계약 체결, 시스템 등록	근로 계약 및 초기 교육 일정 안내
신규 교육 과정	안전 교육, 직무별 훈련(조종사 시뮬레이터·승무원 서비스 교육 등)	법정 교육 및 회사 규정 교육 필수

- HRM(인사관리시스템) : 채용 정보, 자격, 교육 이수 현황, 근무 경력 통합 관리
- 데이터 분석 : 인력 수급 예측, 채용 효율성 평가, 배치 효율성 분석
- 성과 연계 : 배치 결과와 성과평가를 연계해 인사관리

3) 근태·급여 관리

(1) 근태 관리

근태 관리는 자동화된 시스템으로 생체인식, 사원카드, 모바일 앱 기반 출퇴근 기록한다. 승무원은 비행시간(Flight Hours), 대기시간(Standby), 휴식시간(Rest Period)을, 정비사는 정비 시간, 야간 근무, 긴급 호출 근무를, 지상직은 교대근무(Shift Work)나 콜센터 근무시간을 기록한다. 항공법 및 노동법에 따른 연속 근무 시간 제한과 휴식시간은 기본적으로 반영한다.

휴가는 성수기·비수기 수요를 고려한 사전 승인 절차를 걸쳐야 한다. 병가나 출산휴가 등 법정 휴가는 결근으로 자동 반영되어 대체할 수 있는 인력 계획을 수립한다. 결근과 지각 패턴 등 근태관리는 분석하여 인력 배치에 반영된다.

- Crew Management System(CMS), 인사관리시스템(HRMS)와 연계 : 근태 데이터 실시간 반영

(2) 급여 관리

기본급 산정은 직무·직급·근속 연수를 기준으로 승무수당(비행시간당), 위험수당, 야간근무수당, 정비수당 등을 추가한다.

번동 급여는 정시율, 서비스 평가 점수, 안전 지표 반영하여 성과급과 인센티브를 추가한다. 특별수당은 국제선 비행, 특수 노선, 긴급 호출 근무 등이고, 공제 항목은 세금, 사회보험, 사내 복지 공제 등이 자동으로 처리된다.

급여 관리 과정은 근태 데이터를 자동으로 집계하여 급여를 산정하고, 검증단계를

거쳐 지급명세서가 확정된다.

- HRMS(인사관리시스템) : 인사·근태·급여 통합 관리
- CMS(Crew Management System) : 승무원 스케줄·비행시간 자동 연동
- ERP(재무관리) : 회계·세무 데이터와 연계
- Self-Service 포털 : 직원의 급여명세, 휴가 신청, 근태 현황을 직접 확인 가능

4) 교육과 자격 관리

(1) 교육 관리

신입 교육은 신규 조종사, 객실승무원, 정비사, 지상직 등 직무별 기본교육인 안전, 서비스, 운항 절차를 실시한다.

정기교육이나 재교육의 대상과 교육의 종류를 살펴보면 조종사와 승무원은 비상 대응훈련(매년), 운항 절차 업데이트 교육을, 정비사는 항공기 형식별 정비 교육, 품질 보증 교육, 지상직은 고객 서비스, 보안 교육을 실시한다. 리더십·경영 교육은 중간 관리자 및 임원 대상으로 인적관리, 위기 대응 교육을 한다.

교육 관리 시스템(LMS: Learning Management System)에는 교육 일정과 참석여부, 시험 결과 등이 기록되어 이수 여부가 자동으로 업데이트되면서 자격 관리 시스템과 연동된다. 온라인과 모바일 기반의 e-러닝 플랫폼에서의 교육도 이수하면 기록된다.

(2) 자격 관리

전문인력이 필요한 면허·자격증은 다음과 같다. 조종사는 항공운송 조종사 자격증(ATPL), 기종 한정 자격(Type Rating), 정비사는 항공정비사 면허, 형식 자격(Type Rating)을 갖추어야 하고, 객실 승무원은 비상 안전 훈련 이수 증명, CPR(심폐소생술) 인증이 필요하다. 법정 필수 교육 이수 관리는 안전·보안·응급처치·화재 대처 등 규정 교육이며, 시스템이 자격 만료일이 다가오면 자동으로 담당자와 본인에게 알려준다.

Crew Management System(CMS)과 연동되어 비행 스케줄 배정 시 자격과 교육

이수 여부가 자동 체크되고, 자격이 충족되지 않으면 인력배치에서 제외된다.

위의 자료는 국토교통부와 ICAO에 보고용 데이터로 생성되기 때문에 관련된 면허나 자격이 인증되지 않아 보충인력이 필요한 경우 채용공고를 내거나 관련 교육 계획을 수립할 수 있다. 교육 관련 결과와 자격 보유 현황은 근무 평가 및 보상이나 승진 심사에 반영한다.

- LMS(학습관리시스템) : 교육 과정·이수 관리
- 자격관리 모듈 : 면허·자격 만료 관리, 알림 기능
- HRMS : 인사정보와 통합, 직원 경력 및 교육이력 한눈에 관리
- 모바일 앱 : 승무원·정비사 등이 자신의 교육 및 자격 상태 실시간 확인 가능

5) 성과평가 및 승진 관리

(1) 성과 평가 관리

안전운항, 정시율(OTP), 서비스 품질 지표(CSAT, NPS) 등 조직 목표와 개인 목표 연계한다.

운항 승무원은 안전 운항, 비정상 상황 대응 능력, 객실 승무원은 서비스 만족도, 안전 매뉴얼 준수, 정비사는 정비 정확성, 결함률, 안전성 평가, 지상직은 탑승수속 속도, 고객 응대 품질을 부서별로 항공사의 핵심성과지표 시스템이 KPI(Key Performance Indicators)에 반영한다.

상사, 동료, 부하의 평가와 고객 피드백을 반영하여 다면 평가 방식을 취한다. 서비스 직군은 고객 설문(VoC), 정비·운항 직군은 내부 감사 결과를 반영한다.

직무와 관련되어 필요한 역량인 서비스 마인드, 안전 의식, 협업 능력, 문제 해결 능력을 평가하고, 정량적 성과인 정시율, 매출 기여도에 정성적 평가의 태도, 리더십 잠재력을 통합하여 반영한다.

HRMS(인사관리시스템)와 연동하여 평가 결과를 자동 집계하고, 편차를 최소화한다. 편향 방지를 위해 표준화된 평가 매뉴얼을 운영한다.

(2) 승진 관리 구조

성과평가 결과와 역량 평가 결과를 기반으로 승진 후보군을 사전에 관리한다. 리더십 역량, 안전 의식, 서비스 마인드가 일정 기준 이상 충족해야 후보군으로 등록될 수 있다. 직급별 필수 자격요건과 안전 교육과 비상 대응 교육 이수 여부, 특정 면허·자격(예: 조종사 기장 자격, 정비사 책임자 자격)을 확인한다.

위의 데이터를 참고하여 인사위원회가 심의하며 조직 기여도나 부서장 추천, 내부 감사 결과 등을 종합적으로 검토하여 승진을 결정한다. 승진 예정자 대상은 리더십과 조직 관리 교육을 제공하여 직무 수행력을 강화한다.

피드백을 중심으로 성과가 낮은 대상은 재교육이나 멘토링 제도를 활용하여 재평가 기회를 부여한다. 반면 우수 인재는 승진과 보직, 전문가로 육성한다.

- HRMS : 성과평가, 승진, 경력 개발 정보 통합 관리
- LMS : 역량 강화 교육 연계
- 분석 도구 : 데이터 기반 인사 의사결정(승진 후보 검증, 리스크 관리)

6) 노사 관리 지원

안전과 서비스 연속성을 최우선으로 하는 노사 협력 기반 정책 수립하고 근로기준법, 항공안전법, 국제노동기구(ILO) 협약을 준수한다. 노사 공동 목표를 설정하고 안전사고 예방, 고객 신뢰 확보, 고용 안정성을 강화한다.

임금, 복지, 근로조건, 승무원 스케줄 기준 등 협상을 기준으로 단체협약(Collective Bargaining Agreement, CBA)을 관리하고, 정기 협상 프로세스는 사전 자료 준비(재무현황, 인건비 분석)를 한 후 협상을 진행하여 서로 만족할 수 있는 합의안을 작성한 후에 노사가 합동으로 서명을 한다. 분쟁 예방을 위해서는 협상 중 분쟁 조정과 중재 절차를 내장한다.

정기 노사협의회를 결성하여 정책과 현안을 공유하고 분쟁을 예방한다. 사내 게시판, 모바일 앱, 설문 시스템을 활용하여 의사소통 채널을 연결하여 직원 불만 접수·

처리 체계를 구축한다.

파업이나 쟁의행위 발생 시에는 비상 인력을 운용하는 계획을 포함하여 분쟁 대응 매뉴얼을 만들고, 위기관리팀을 운영하여 노사 분쟁 시 대체 운항 계획과 고객 불편을 최소화 하는 전략을 구축한다. 법률·노무 자문 시스템은 전문 노무사·법무팀이 상시로 지원하도록 한다.

관리자 교육으로는 노사관계법, 협상 스킬, 갈등관리 훈련이 있고, 조합원 교육은 안전과 서비스 중심 조직문화, 상호 존중하고 투명성을 기반으로 한 기업 문화 확립하는 훈련을 실시한다.

- HRMS(인사관리시스템) : 임금·근태·복지 데이터 통합 관리
- 노사관리 모듈 : 단체협약 조항 관리, 협상 이력 기록, 분쟁 현황 분석
- 데이터 분석 도구 : 노사 관계 만족도, 쟁의 발생 가능성 예측

03 교육 및 훈련 시스템

항공사의 교육 및 훈련은 직원의 직무 전문성 강화와 안전 확보, 서비스 품질 향상을 위해 신규 직원 교육, 직무교육, 정기 재교육, 디지털 기반 학습, 리너십, 시뮬레이션 훈련, 조직문화 등 다양하고 실무적인 인재양성을 위한 교육체계와 반복적인 훈련시스템을 갖추고 있다.

항공사는 높은 기술력과 정확성으로 항공기 운항 및 정비, 고객 안전 관리 등 안정성을 확보하기 위한 교육을 실시하고, 항공기 기종과 노선별 표준 매뉴얼에 따른 훈련을 준수한다. 또한 경쟁력의 핵심인 고객서비스는 고객과 직접 마주하는 객실승무원이나 지상직원에게 숙련도 있는 서비스 품질을 향상시킬 수 있도록 교육한다. 항공사는 국내법규 및 국제 기준의 규제를 준수해야 하는 법적인 의무가 있는 만큼

관련분야의 훈련을 반복적으로 실시해야 한다. 인재 육성을 위한 이러한 교육과 훈련은 장기적으로 조직의 경쟁력을 강화시키고 성장의 기반이 된다.

초기입문 교육에는 직무에 필요한 기초 지식과 서비스, 안전교육을 실시하고, 해마다 의무적으로 실시하는 정기훈련이 있다. 기본적으로 조종사와 승무원은 정기적인 재훈련과 안전교육을 이수해야 하며, 국제선 객실승무원은 외국어나 서비스 교육과 조종사나 객실승무원은 비상상황에 대처할 수 있는 시뮬레이터 훈련을 정규적으로 실시한다. 그 밖의 정비, 지상조업, 항공지원업무도 직무와 관련한 자격증을 이수하고 인증해야 한다.

최근에는 항공사의 디지털 기반 훈련 시스템(Digital Training System)이 활성화되어 많은 항공사들이 적극적으로 도입하고 있다. e-Learning 플랫폼을 구축하여 장소와 시간에 구애받지 않고 학습이 가능하고, 가상현실(VR), 증강현실(AR) 기반의 시뮬레이션을 사용하여 실제 상황과 유사하게 훈련이 가능하다.

Flight Simulator는 조종사나 정비사가 가상현실(VR)로 시뮬레이터하여 항공기 조정이나 정비를 리스크 없이 할 수 있다. LMS(Learning Management System)로 교육 및 시험, 평가까지 할 수 있으며 실시간으로 구성원의 자격관리나 학습과정을 관리한다. 최근에는 AI와 데이터 분석 기반으로 맞춤형 학습을 추진하고 있다.

대한항공은 스마트 러닝 시스템을 도입하여 온라인으로 가상현실(VR) 안전 훈련을 교육하고 있으며, 에미레이트항공은 AI 기반 개인 맞춤형 e-Learning, Cabin Crew VR Training Center를 교육하고 있다.

1) 신규 입사자 교육

신규 입사자 교육은 신규 직원이 항공사의 비전과 가치, 조직 문화를 이해하고, 업무를 빠르게 적응하여 관련 직무를 정확하게 이해하고 수행할 수 있도록 설계된 초기 단계 교육 과정이다.

표 6-2 ▌ 항공사의 교육·훈련 시스템의 핵심 구조

핵심구조	교육체계	내용
교육체계	신입 기본 교육	항공사 규정, 안전·보안 교육, 서비스 기본 과정 • 조종사: 운항 절차, 기종(Type Rating) 교육 • 객실 승무원: 비상 상황 대응, 응급처치, 서비스 절차 • 정비사: 기체 정비 기준, 품질관리 절차 • 지상직: 탑승수속, 수하물 처리, 고객 응대
	정기·보수 교육	• 재교육(년 1~2회): 안전 규정 변경, 신규 매뉴얼 반영 • 비상훈련(소화기, 탈출 슬라이드, CPR 등) 재점검
	리더십·경영 교육	• 승진자, 관리자 대상 리더십 역량, 조직 관리, 갈등 관리
교육 운영 시스템	LMS(Learning Management System)	• 교육 과정 등록·이수 관리, 시험 및 평가 결과 기록 • 온라인·모바일 교육 제공 • 규제 준수(국토교통부, ICAO) 이수 현황 자동 보고 기능
	시뮬레이터 및 실습센터	• 조종사: 비행 시뮬레이터(Full Flight Simulator, FFS) • 객실 승무원: 비상탈출 슬라이드, 기내 화재 진압, 기내 응급환자 대응 실습 • 정비사: 엔진·기체 모형 실습, 가상정비 시뮬레이터
	OJT(On-the-Job Training)	• 실제 업무 현장에서 교육, 신입 승무원·정비사 필수 과정 • 멘토-멘티 방식 활용
자격 및 규제 연계	법정 자격 관리	• 조종사·정비사 면허, 객실 승무원 안전훈련 인증 등
	자격 갱신 주기 관리	• 교육 이수 여부·만료일 자동 알림`
	CMS(Crew Management System) 연동	• 자격 미이수자 비행 스케줄 자동 차단
평가 및 피드백	교육 결과 평가	• 인사평가·승진 심사 연계
	교육 효과성 분석	• 프로그램 개선 반영
	직원 피드백 반영	• 실무 적합성 강화
지원 시스템	LMS + HRMS 연동	• 인사 데이터와 교육 이력 통합
	데이터 분석	• 교육 투자 대비 성과(ROI) 분석, 인재 개발 전략 수립
	모바일 앱	• 직원이 본인 교육 일정·이수 상태 실시간 확인 가능

일정 기간 동안 기업철학, 기본 직무 절차, 안전규정, 항공법규, 법정 필수교육을 받는다. 객실 승무원의 경우에는 기내 서비스와 고객 응대 교육과 비상 상황시 대처 방법과 비상탈출훈련을 받고, 조종사는 항공기 기종별 조작법과 관련 항공기의 시뮬레이터 훈련을 이수한다. 정비사는 항공기의 정비 매뉴얼과 품질관리에 대한 교육과정을 실시한다.

이론교육은 강의시간에 참석하건 온라인 학습(LMS)을 활용하여 습득한다. 현장실습은 공항이나, 정비소, 객실모형 훈련장 등에서 실시하고 비상탈출이나 응급처치(CPR, AED), 고객 응대 Role-Play 등은 시뮬레이션 훈련을 거친다.

일반적으로 일반항공사는 평균 4~8주, 저비용항공사(LCC)는 2~4주 정도 진행한다. 단 일부직군은 별도의 안전훈련을 진행한다.

훈련을 마치면 필기시험, 실습, 서비스 태도를 평가하고, 비상대응 교육을 이수하고, 서비스 매뉴얼을 숙지하면 인증을 한다. 초기 3~6개월 동안은 현장에 적응하는 과정을 평가하고 보수 교육과 연계한다.

표 6-3 ▌신규 입사 교육 내용

구성	내용
기본교육	• 오리엔테이션: 항공사 연혁, 조직 구조, 핵심 가치 • 안전·보안 기본 교육: 항공안전법, 보안 규정, 비상상황 대응 절차 개론 • 항공사 시스템 사용법: HR 포털, 근태관리, 고객 서비스 시스템 등 • 윤리·규정 교육: 항공보안, 개인정보보호, 성희롱 예방 등
직무별 기초 교육	• 조종사: 항공기 운항 기본 절차, 규정 숙지 • 객실 승무원: 서비스 매뉴얼, 기본 안전 절차, 비상 장비 소개 • 정비사: 정비 품질관리 절차, 기체 기초 구조, 정비 안전 규정 • 지상직: 여객·수하물 처리 프로세스, 보안검색 기초, 고객 응대 스킬
조직문화 교육	• 고객 중심 서비스 마인드 • 팀워크·협업 교육 • 글로벌 매너·외국어 기본

2) 직무별 전문 교육

항공사의 직무별 전문 교육은 모든 직무에서 구성원이 수행하는 업무의 전문성과 안전성을 확보하도록 설계된 교육 체계이다.

표 6-4 ▎직무별 교육 내용

구성	내용
조종사	• 기본 비행 교육: 기종(Type Rating) 교육, 항공기 성능 이해 • 운항 절차 교육: 항로 계획, 공항 접근 절차, 비상상황 대응(엔진 고장, 화재 등) • 시뮬레이터 교육: 정기 훈련(LOFT, Line Oriented Flight Training) • CRM(Crew Resource Management): 승무원 간 의사소통·협력 훈련 • 정기 재교육: 법정 필수(6개월 또는 12개월 주기) • 시뮬레이터 기반 비행훈련, 계기비행 교육, 기종 전환 훈련 등
운항관리사	• 운항 계획 수립: 연료 계산, 항로 분석, 기상 분석 • 법규 준수 교육: ICAO·국토교통부 규정, 비행 승인 절차 • 비상상황 대응: 항공기 우회, 기상 악화 시 운항 변경 • 시뮬레이션 교육: 실제 상황 기반 항공 운항 시뮬레이션
정비사	• 기종별 정비 자격 교육(Type Rating): 특정 항공기 기체·엔진 구조 및 정비 절차 • 품질관리 교육(QA/QC): 정비 기록 관리, 안전 품질 표준 준수 • 비상 상황 대응: 긴급 정비 절차, 정비 안전 교육 • 전자·소프트웨어 교육: 최신 정비 시스템(AMM, MEL) 활용 능력 • 정기 재교육: 신기종 도입 및 항공사·제조사 업데이트 반영
객실 승무원	• 안전 훈련: 비상탈출, 기내 화재 진압, 수중 탈출, 산소 마스크 사용 • 응급처치: CPR, AED 사용, 의료 응급 상황 대응 • 서비스 교육: 기내 서비스 절차, 고객 응대 스킬, 다문화 이해 • CRM: 기장·부기장과 협력하는 상황 대응 훈련 • 정기 재교육: 연간 비상훈련 및 서비스 업데이트 교육
지상직	• 여객 서비스: 탑승 수속, 수하물 처리, 고객 응대 • 보안 교육: 보안검색, 위험물 처리, 보안 위협 대응 • 운항지원: 유도로 관리, 지상조업 안전(마샬링, 급유, 화물 적재) • 서비스 마인드 교육: CS(Customer Service) 훈련, 다문화 응대
경영·지원 부서	• 항공산업 이해: 항공운송 비즈니스 구조, 규제 이해 • 디지털 역량: RM(수익관리), 빅데이터, AI 활용 교육 • 리더십·조직 관리: 관리자 대상 인사·조직·리더십 교육
공통	• 법정 필수 교육(안전·보안·비상훈련)과 자율·경력 개발 교육 병행 • LMS(학습관리시스템) 기반 관리: 교육 이수 자동 기록 및 자격 만료일 알림 • 시뮬레이터·모형 훈련장 적극 활용

항공산업은 작은 실수도 큰 사고로 이어질 수 있기 때문에 직무별 전문 교육 체계는 매우 정교하게 운영되어야 한다.

조종사는 기본비행과 운항절차와 정기적으로 시뮬레이터 기반 비행훈련과 기종전환 훈련을 받고, 운항관리사는 운항계획수립하고 항공관련 법규, 비상상황시 대응훈련 등을 실시한다. 정비사는 기종별 항공기 구조와 부품, 품질관리, 정비시스템을 활용하는 방법을 교육받는다. 객실 승무원은 기내 서비스, 응급처치, 기내비상상황 발생시 대처하는 훈련을 받는다. 지상직 구성원은 탑승절차에 관한 서비스 교육과 운항지원, 보안교육을 실시한다.

3) 정기 재훈련 및 자격 유지

항공사의 정기 재훈련(Refresher Training) 및 자격 유지 교육(Recurrent & Currency Training)은 안전한 항공운항과 서비스 품질을 확보하고, 각종 법규와 규제를 준수하기 위해 정해진 주기에 따라 반드시 이수해야 하는 교육이다. 따라서 항공사는 항공안전법, ICAO(국제민간항공기구) 기준, IATA(국제항공운송협회)의 지침에 따라 연 1~2회 이상 항공종사자의 전문지식과 최신 항공기술, 변경된 절차를 반영하기 위해 정기 교육과 훈련을 실시하여 숙련도를 높인다.

교육은 학습관리시스템(LMS)를 활용하여 교육일정, 이수상태 만료일 등을 자동으로 관리하며 조종사·승무원·정비사·운항관리사는 시뮬레이터를 이용한 실습교육을 실시한다. CMS(Crew Management System)과 연동되어 훈련을 이수하지 않아 자격이 정지되거나 상실되면 업무에서 즉지 배재되고, 모바일이나 e-Learning으로 교육을 실시하여 서비스 절차나 규정이 변경 시 신속하게 업데이트되어 관련 구성원들이 시간과 공간에 구애받지 않고 학습할 수 있도록 한다.

재훈련이 끝나면 필기시험과 실기시험(시뮬레이터, 모형 장비 활용)을 실시하며 통과하지 못하면 재시험을 보거나 보충교육을 의무적으로 받아야 한다.

표 6-5 ▌ 정기재훈련 및 자격 유지 교육 내용

구성	내용
조종사	• Full Flight Simulator(FFS) 훈련(LOFT 포함) • 비정상 상황 대응(엔진 고장, 화재, 비상 착륙) • 항로 절차·항공법규 업데이트 교육 • 주기: 6개월~12개월(국제 기준) • 자격 유지 요건: 정기 심사(Check Ride) 통과, 최소 비행시간 유지
운항관리사	• 운항 계획 수립, 기상·항로 위험 분석 • 최신 법규 및 항공교통흐름 관리 절차 반영 • 주기: 1년 주기 재훈련 • 자격 유지 요건: 국가 자격 요건 충족
정비사	• 기체·엔진 형식별 정비 절차 업데이트 • 품질 관리, Human Factor, SMS(안전관리시스템) 교육 • 전자·디지털 정비 시스템 업데이트 • 주기: 자격 갱신 시 및 신형 항공기 도입 시 • 자격 유지 요건: 면허 갱신, 형식 자격 유지
객실 승무원	• 비상 탈출(슬라이드, 구명보트, 산소마스크) • 화재 진압, 응급처치(CPR, AED) • 신규 서비스 절차 및 고객 응대 시뮬레이션 • 주기: 연 1회 이상 법정 필수 • 자격 유지 요건: 비상장비 사용·응급처치 평가 통과
지상직	• 보안검색, 수하물 처리, 위험물 규정(IATA DGR) • 고객 서비스 절차, 위기 대응 훈련 • 주기: 연간 또는 규정 변경 시 • 자격 유지 요건: 보안·안전 관련 인증 유지

4) 비상 대응 및 위기관리 훈련

항공사의 비상 대응 및 위기관리 훈련(Emergency Response & Crisis Management Training)은 항공기의 사고나 고장, 자연재해, 보안 위협 등 예상하지 못한 비상상황이 발생했을 때 구성원들이 신속하고 정확하게 대응하여 인명을 보호하고, 손해를 최소화하며 신속하게 정상상태로 되돌리는 것을 대비하는 필수 교육이다. 이러한 훈련은 국제민간항공기구인 ICAO의 규제준수, 항공법, 국제항공운송협회 IATA 규정에 따라 의무적으로 시행된다.

실제 사고가 발생했다는 전제하에 긴급탈출방법, 화재 진압, 응급처치 등을 시나리오로 훈련하여 종사자들의 상황 대처 능력을 향상시킨다. 최근에는 온라인 기반 학습 시스템이 발전하면서 장소와 시간에 상관없이 증강현실(AR)나 가상현실(VR) 시뮬레이션으로 실시간 교육이 가능해졌다.

비상 대응 및 위기관리 훈련은 항공사의 핵심인 승객과 승무원의 인명을 보호하고, 안전한 운항을 하여 위기가 발생하더라도 신속하게 대응하여 사고를 미연에 방지할 수 있다.

훈련을 의무적으로 받아야 하는 대상은 조종사나 객실승무원은 기내 비상상황이 발생했을 때, 정비사와 지상직원은 항공기의 지상사고나 화재발생 및 기타 사고시, 운항관리사는 운항하는 도중에 발생하는 비상상황시, 본사 위기관리팀은 비상상황이 발생했을 때 항공사가 신속하게 해결해야 하기 때문에 훈련대상이 된다.

대부분 시뮬레이터 기반으로 실습하고, 화재 진압, 대피 훈련은 현장에서 실시한다. 컴퓨터 시뮬레이션으로 위기 상황을 대처하는 훈련을 하기도 하며, 여러 부서가 합동으로 훈련을 하기도 한다.

표 6-6 ▌비상시 위기관리 훈련

구성	훈련대상	내용
기내 비상 대응 훈련	조종사 객실승무원 운항관리사	• 탈출 훈련(Evacuation): 슬라이드·구명정 사용, 어두운 환경 탈출 • 화재 진압 훈련: 기내 화재 발생 시 진압기 사용 실습 • 응급 처치 훈련: CPR, AED 사용, 의료 비상 상황 대응 • 테러/보안 위협 훈련: 하이재킹, 폭발물 의심 물체 처리
지상 비상 대응 훈련	정비, 지상 연합부서	• 항공기 지상 충돌, 정비 중 화재, 유류 유출 대응 • 공항·지상조업 협력사 연계 훈련
위기관리(Crisis Management) 훈련	본사 위기관리팀	• 본사 위기대응센터(ERC) 운영: 조직 지휘체계, 연락망 가동 • 언론·SNS 대응: 대외 커뮤니케이션 훈련(보도자료, 브리핑) • 고객·유가족 지원: 심리 지원, 보상 안내 절차
모의 시나리오 기반 훈련(Table-top Exercise)	본사 위기관리팀 연합부서	• 실제 발생 가능한 시나리오 기반 종합 모의훈련

교육 주기는 승무원은 연 1회 이상 법정 비상훈련 의무(국토교통부·ICAO 기준)이고 위기대응본부는 연 1회 이상 전체 모의훈련 실시, 신규 입사자는 초기 비상훈련이 필수이다.

5) 리더십 및 조직문화 교육

항공사의 리더십 및 조직문화 교육은 항공사의 안전 중심의 조직 운영과 고객 중심 서비스를 실현하고, 조직 구성원 간 신뢰와 협력을 할 수 있도록 관리자와 핵심 인재를 교육하는 프로그램이다. 리더십 역량과 구성원들 간의 소통을 강화하고, 신기술과 시장 변화에 유연하게 대응할 수 있는 조직을 구축한다.

관리자, 차세대 리더, 대상으로 리더십 개발, 변화관리, 조직문화 혁신 교육 등 지속 가능한 조직문화를 구축하기 위한 노력이 포함된다. 리더십 이론이나 조직문화, 프로젝트과제를 집체강의와 워크숍, e-러닝 등으로 학습한다. 교육성과는 인사평가나 승진 심사에 반영한다.

표 6-7 ▎리더십 및 조직문화 교육

구성	내용
리더십 역량 교육	• 조직 관리: 목표 설정·성과 관리·의사결정 기법 • 인사 관리: 직원 동기부여, 코칭·멘토링, 갈등 해결 • 위기 대응 리더십: 항공기 지연·결항, 안전사고, 고객 컴플레인 발생 시 리더 역할 • 다문화 리더십: 다양한 국적의 직원·승객과 효과적 소통
조직문화 교육	• 안전문화(Safety Culture): 안전보고(SMS, Safety Reporting) 문화 정착 • 고객 중심 서비스 문화: 고객 만족이 곧 기업의 성과라는 가치 내재화 • 윤리·준법경영: 공정 거래, 윤리경영, 직장 내 성희롱 예방 등 • 팀워크·협력 문화: 협업 강화 프로그램, 커뮤니케이션 스킬
케이스 기반 학습	• 사례 분석: 실제 항공사 안전·서비스 리더십 실패 사례 분석 • 롤플레이(Role Play): 위기 상황, 직원 갈등 상황, 고객 불만 처리 훈련 • 코칭 세션: 현업 리더와의 1:1 피드백

(7) e-Learning 및 디지털 교육

항공사의 e-Learning 및 디지털 교육은 안전성, 규제 준수, 서비스 품질 향상을 위해 구성원 누구나 시간과 장소에 제약 없이 교육을 받을 수 있도록 한 디지털 기반 학습 체계이다. 이러한 학습방법은 동일한 수준의 교육을 시간과 장소의 제약없이 학습할 수 있어 교육관련 비용도 줄어들었다. 또한 온라인 시험으로 훈련과 관련된 학습과정을 평가나 관리하는 것도 가능하다. 이러한 교육은 기초교육과 직무별 전문과정, 관리자과정, 신규입사자 등 관련과목을 이수할 수 있어 구성원의 직무역량을 강화하는 기회가 되었다.

응용 프로그램으로는 LMS(Learning Management System), 모바일 학습, VR·AR 기반 훈련, 마이크로 러닝(Micro-Learning) 등이 있다.

표 6-8 ▎e-Learning 및 디지털 교육

구성	내용
안전·보안 과정	• 항공보안법, 위험물 규정(IATA DGR), 비상대응 절차
직무별 전문 과정	• 조종사: 신형 항공기 절차 업데이트, 항법 시스템 변경 사항 • 객실 승무원: 서비스 절차 변경, 신규 비상장비 사용법 • 정비사: 신기술 정비 절차, Human Factor 교육 • 지상직: 위험물 처리, 고객응대·클레임 관리
공통 역량 과정	• 고객 만족, 윤리경영, 개인정보보호, ESG 교육

07

CHAPTER

항공사 마케팅

CHAPTER 07

항공사 마케팅

01 항공사 마케팅의 특성

국내 항공업체들은 저비용항공의 발달과 외국항공사를 상대로 경쟁이 심화되고, 해외여행 인구의 급격한 팽창 등 최근 항공 산업의 환경적 경영변화에 대응하면서, 동시에 성장을 지속할 수 있는 항공사 마케팅 방안을 찾아야 한다. 즉 마케팅의 새로운 전략으로 고객들을 유인해야 하는 과제를 안게 되었다. 항공사 마케팅은 항공수요와 공급이 갖는 특성에 철저히 근거해야 한다. 항공사 마케팅은 서비스 상품을 대상으로 한다는 점에서 일반 서비스 마케팅의 한 분야로 분류할 수 있지만 공간이동의 수단이며 상품생산의 단계가 복잡하고 차별화가 쉽지 않으며 소비계층이 다양하다는 특성으로 인하여 일반 서비스 마케팅과는 구별되는 특징을 갖고 있다.

1) 항공사 마케팅 전략

항공사 마케팅은 항공기(fleet), 운항스케줄(schedule)과 노선망(network), 고객 서비스(passenger service) 등으로 구성된 종합상품을 대상으로 하기 때문에 세밀한 마케팅 전략을 수립하고 시장의 변화를 민감하게 받아들여 상품생산에 반영함으로서 고객들의 선호도를 확보하는 것이 중요하다.

자료 : sabreairlinesolutions.com

그림 7.1 ❙ 항공사 마케팅 과정

항공사의 마케팅 과정은 시장조사 단계부터 항공서비스 설계 및 판매를 통한 수익을 창출하는 모든 과정을 의미한다. 즉, 시장조사 단계에서는 시장의 경쟁 환경, 경제여건 분석 및 수요예측 등을 실시하고, 시장세분화와 세분된 시장에 대한 고객의 욕구와 선호도 등에 대한 분석을 실시한다. 시장조사 결과는 항공상품 설계 단계로 전달되어 노선 및 일정설계, 항공기 기종 및 좌석배치 조정을 실시하고, 기내 제공 서비스에 대한 종류 및 서비스 수준을 결정하게 된다. 이 같은 결정은 항공운임 결정에 중요한 자료가 되며, 항공운임은 판매 가능성을 고려하여 세분시장별로 목표가격을 결정한다. 상품설계로 만들어진 항공권의 판매를 위한 유통경로별(여행사, 인터넷, 콜센터 등) 판매 전략을 수립하고, 효과적인 판매를 지원하기 위한 판매촉진 계획을 수립하게 된다.

그림 7.2 ❙ 항공사 마케팅 판매촉진

판매촉진 계획수립 시에는 광고 및 홍보를 통한 기업이미지 제고뿐만 아니라 고객의 충성도를 높일 수 있는 상용고객우대 프로그램(FFPs)과 같은 충성도 프로그램의 설계도 고려해야 한다. 따라서 시장조사를 토대로 상품설계, 가격결정, 유통 전략 및 판매촉진 계획을 통해 수익이 최대가 될 수 있도록 판매활동을 지원하는 전 과정이 마케팅 과정이라 할 수 있다.

2) 마케팅 전략에 따른 수립절차

마케팅 전략은 다음과 같은 절차를 통하여 수립하게 되는데 효과적인 전략을 수립하기 위해서는 객관적이고 정확한 상황분석(situation analysis)이 전제되어야 하며 시장의 변화를 면밀하게 파악하여 반영해야 한다. 항공사의 수요예측은 항공기 및 운항장비의 구매계획, 노선 및 인력계획을 수립하는 직접적인 자료가 되기 때문에 정확한 예측이 필수적이다. 마케팅 전략의 수립은 다음과 같은 절차를 따른다.

- 보유자원, 마케팅 목적과 목표 평가
- 시장수요분석 및 예측, 시장세분화, 목표시장설정 및 포지셔닝 수행
- 목표시장의 욕구충족을 위한 보유자원 검토
- 마케팅 조직 및 전략수립
- 시장 침투수준 결정
- 장기 마케팅 계획수립
- 마케팅 수행 및 피드백 등

항공사 마케팅의 전략수립을 위해 객관적인 상황분석이 필요하고, 이때의 고려되어야 할 요인은 다음과 같다.

- 고객 : 관광 혹은 업무 출장자, 기업, 정부기관, 여행사, 투어 오퍼레이터 등
- 항공사의 포지션 : 높은 혹은 낮은 서비스, 높은 혹은 낮은 가격
- 노선구조 : 허브-스포크 혹은 지점 대 지점, 장·중·단거리 혹은 중·단거리

- 스케줄 : 노선거리, 운항편수, 탑승률, 항공기 가동률, 연료 소비량
- 항공기자재 : 기령, 항공기 조합, 소음레벨, 정비, 안전 신뢰도
- 마케팅 : 시장점유율, 수익경영시스템, 유통구조
- 재무구조 : 투자수익률, 유동성, 부채비율, 경제적 부가가치, 항공기 기령, 소유 및 임차 비율, 운영자본, 신용수준
- 원가구조 : 인건비, 연료, 유통원가
- 인적자원 : 급여수준, 노동조합, 이직률, 훈련, 도덕성
- 기업환경 : 인구분포, 사회, 경제적 환경, 규제 등

항공사는 경쟁환경과 경영환경에 효과적으로 대처하면서 마케팅 목표를 달성해야 한다. 따라서 항공사의 보유자원인 항공기, 인력, 노선망 등과 항공사의 핵심역량(core capabilities)을 최대한 활용하여 최대의 가치를 창출하고 마케팅 목표를 달성하기 위한 방안이 마케팅 전략이다. 마케팅 전략은 기업의 사명과 목표 달성을 위한 기업 전략의 일부이며, 구체적인 실행목표를 설정하는 것이 마케팅 전략 계획이다. 마케팅 전략 계획은 시장상황분석, 마케팅 목표 개발 및 설정, 시장세분화를 통한 목표시장 설정 및 시장위치 결정, 마케팅믹스 단계로 구성된다.

(1) 시장상황분석 단계

SWOT 분석방법을 통해 전략적 우위를 점할 수 있는 강점의 도출과 이로부터 얻을 수 있는 기회를 모색하고, 약점을 분석하여 위협요인을 도출함으로써 시장방어 전략을 수립해야 한다.

(2) 마케팅 목표 개발 및 설정 단계

고객욕구와 선호도 분석을 기반으로 시장세분화를 실시하고, 세분시장에서의 고객 특성 분석을 통해 목표시장을 설정한다. SWOT 분석으로부터 얻어진 강점과 기회요인을 선정된 목표시장에 적용하여 시장경쟁력을 높일 수 있는 시장위치를 결정한다.

(3) 마케팅믹스 단계

목표시장과 시장위치가 결정되면 마케팅활동을 수행하기 위한 마케팅믹스 설계를 수립한다.

(4) 고객관계경영 단계

마케팅믹스 활동을 통해 마케팅 목표를 달성하기 위해서는 고객과의 관계관리가 매우 중요한데 이러한 활동은 새로운 고객의 유치와 고객의 유지를 통해 실제 수익으로 연결되기 때문이다. 따라서 고객의 지속적인 유지를 위한 고객충성도 프로그램 등이 개발되어야 한다. 항공사에서 실시하고 있는 상용고객우대 프로그램(FFP) 또는 제휴 프로그램 등이 좋은 예라 할 수 있다. 항공사는 마케팅 전략을 통하여 수익을 높임과 동시에 시장지배력을 확대하여야 한다.

02 마케팅 전략 7Ps, STP, SWOT

1) 7Ps 전략

서비스 산업이 발전하면서 서비스 기업이 그들의 특정한 서비스를 이용하고자 하는 표적시장에서 고객만족을 통한 경영성과의 극대화를 달성하기 위하여 사용하는 통제 가능한 마케팅 전략이 필요하게 되었는데 이 변수들의 조합을 서비스 마케팅믹스라고 한다. 기존의 마케팅믹스인 4Ps-제품(Product), 가격(Price), 유통(Place), 촉진(Promotion)에 3Pa-참여자(People), 물리적 증거(Physical evidence), 서비스 전달 과정(Process)를 조합한 7Ps에 대한 연구를 이론적으로 제시하였다. 이해를 돕기 위해 Claudio (2001)는 맥도널드사의 서비스마케팅 전략에 대한 연구에서 상품은 특징, 양, 질로 구성되고 장소는 위치와 지점의 수, 가격은 타깃 가격, 수준, 결정인자 등으로, 촉진은 광고, 판매촉진, PR, 스포츠 스폰서십으로, 사람은 직원의 수, 수준, 교육, 촉진으로 과정은 자동화와 통제과정으로, 물리적 증거는 청결함, 장식, 서비스의 질적 수준으로 구성하였다.

(1) 상품

항공사의 상품은 물리적 요소와 인지적 요소 및 제도적 요소를 포함하고 있다. 물리적 요소는 항공운송서비스 제공을 위해 물리적으로 필요한 항공기, 좌석, 승무원, 발권 카운터, 예약센터 등을 포함한다. 인지적 요소는 고객이 느끼는 요소로 직원의 태도, 명성, 관계 및 개인적 배려 등을 포함하고 있다. 제도적 요소로는 운임체계 및 운임규정, 유항일정, 보상체계 등의 규성에 따른 요소를 포함한다. 따라서 이들 세 가지 요소의 결합에 의해 항공사 상품이 구성된다. 항공사 상품은 경제상황, 고객, 경쟁사 등 외부환경 하에서 수익증대와 고객확대 및 시장리더 유지의 마케팅 목표를 달성하도록 설계되어야 한다. 따라서 항공사 상품 설계를 위해서는 고객 신호도 파악과 고객 지향적 서비스 개발노력이 필요하고, 서비스의 지속적 개선과 판매 확대 과정이 상호작용을 통하여 상품설계에 반영되어야 한다. 항공운송시장에서의 상품은 여객을 출발지로부터 목적지까지 이동시키는 항공여객운송서비스 상품이며 운송서비스가 구현되는 항공기 좌석의 판매를 통하여 효용을 제공하게 된다. 항공사의 노선망, 운항스케줄, 기종, 좌석의 형태, 브랜드 및 이미지, 안락함, 쾌적함, 기내서비스, 탑승수속의 절차 등이 이에 해당한다.

(2) 가격

항공운임은 항공사가 승객에게 운송서비스를 제공하는 대신 대가로 받는 돈의 크기를 말한다. 항공사들은 적법한 절차를 거쳐 일반에 공개된 정상운임(normal fare)을 기본으로 시장에서 수요와 공급, 수요특성, 상품특성에 따라 촉진운임, 할인운임, 계절운임, 특별운임 등과 같은 가격정책을 실행하고 있다.

시장세분화에 의한 가격정책은 다음과 같다.

• **단일가격 정책**(uniform pricing) : 모든 운송 상품에 대하여 동일한 수준의 가격을 적용한다.

• **가격의 차별화 정책**(price discrimination) : 구매자 신분에 의하여 차별화하거나 구매행동에 의하여 가격을 차별화하여 적용한다.

• **상품의 차별화 정책**(product differentiation) : 세부시장별로 상품을 차별화하고 각각 다른 가격을 적용한다.

• **촉진적 가격정책**(promotional pricing) : 시장에서 일반적으로 널리 이용되고 있는 가격정책으로 효과적인 촉진적 가격정책을 실행하기 위해서 가격할인에 따른 수요변동의 정확한 예측, 할인율의 다양한 적용 및 철저한 통제 그리고 경쟁항공사의 반응에 대한 철저한 분석 등이 전제되어야 한다.

자료 : http://articles.latimes.com

그림 7.3 ▌ 항공사 마케팅 홍보

(3) 유통

항공상품의 유통관리는 소비자가 원하는 시간과 장소에 상품을 전달하는데 필요한 모든 유통경로와 활동체계를 효율적으로 유지하고 통제하는 것을 말한다. 항공운송 시장에서는 항공사의 웹사이트, 판매 및 영업부서, 제휴 항공사의 판매망, 그리고 여행사 등 판매 대리점을 통한 판매경로 및 기타 변형된 형태의 유통경로를 종합적으로 관리하는 것을 말한다. 정보화 시대에서 유통관리의 특성은 상품을 소비자에게 전달하고 동시에 소비자로부터 소비자에 관한 제반 정보(신상정보 및 상품에 대한 선호 등)를 수집하여 데이터베이스화하는 것인데 개인정보 유출을 주의한다면 소비자의 요구나 욕구를 보다 정확하게 파악하는 데 유효하다. 종래 유통경로가 항공사-판매 대리점-일반 소비자로 연결되는 계층적 구조였다면 정보화 기술이 발달된 오늘날에는 공급자(항공사)와 중개자(intermediator), 소비자들이 모두 온라인 플랫폼(on-line platform) 상에서 상호 연결되는 수평적 구조를 보이고 있다.

(4) 촉진

항공사가 의도적으로 정보를 전달하는 활동을 마케팅 커뮤니케이션이라 한다. 항공상품의 판촉은 소비자에게 상품이나 서비스에 관한 정보와 그것이 가지고 있는 가치를 소비자에게 전달함으로써 구매를 촉진시키는 활동을 말한다. 즉, 제품의 정보를 고객에게 효과적으로 전달하여 매출로 유도하도록 설득하는 의사소통 과정으로, 광고선전, 홍보 및 PR, 판매촉진으로 구분할 수 있다.

- 광고 선전 : 주로 대중매체를 이용하여 제품이나 서비스의 정보를 전달하는 활동으로, 라디오, TV, 인터넷, 신문, 잡지 등의 매체뿐만 아니라 교통매체, 간판, 광고탑 등의 다양한 방법이 사용되고 있다.
- 판매촉진 : 광고 선전이 소비자에게 제품이나 서비스 정보를 알리는 활동이라면, 판매촉진은 보다 적극적으로 고객의 구매행동을 자극하여 매출로 유도하는 활동이다. 항공사에서는 상용고객우대 프로그램(FFPs) 등을 통하여 로열티 마케팅 전략을 추진하고 있으며, 특별가격, 제휴할인, 신규취항 노선행사, 추가 마일리지 제공이나 편의 서비스 제공 등 다양한 부가 서비스를 이용하여 판촉활동을 추진하고 있다.

표 7-1 ▌ 주요 광고매체별 특성

구분	장점	단점
신문	유연성, 편의성, 광범위한 수용성, 높은 신뢰성	주의환기력이 약함, 복사품질이 낮음, 회람되는 일이 적음
TV	감각에 대한 소구력, 강력한 주의 환기, 높은 도달률	절대비용이 고가, 순간적 노출, 시청자 선택이 곤란함
라디오	대중 대상, 지리적 선택, 인구통계학적 선택이 용이함, 저비용, 신속성	청각에 의한 제한성, 주의 환기력이 다소 낮음, 순간 노출됨
잡지	지리적, 인구통계학적 선택이 용이, 신뢰성, 긴 광고수명, 회람되는 일이 많음, 제작품질이 고급, 복잡한 정보전달	발생부수의 일부가 폐기, 페이지 지정이 곤란함, 적시광고 제한됨
DM	대상선택이 가능, 유연성, 광고가 낭비되지 않음, 발행통제가능성	상대적 비용이 높음, 불필요한 우편물로 취급되기 쉬움
옥외광고	유연성, 반복성, 저비용, 지역적 선택성, 높은 가시성	청중의 선별성 낮음, 선택적 노출이 불가능, 메시지 단순함
웹사이트	높은 선별성, 상호작용성, 상대적 저비용	노출의 제한성
이메일	대상의 선택성, 개인화 가능, 저비용	허가 필요, 스팸메일 가능성
동영상광고	브랜드 이미지 향상, 광고의 효율성 높음	제작비용이 높음, 피로감 유발
검색광고	정확한 타게팅 효과가 높음,	규모감이 적음

(5) 사람

고객들은 서비스를 제공하는 접점 직원과의 관계를 통해 서비스를 경험한다. 항공종사자란 일반적으로 항공기의 운항과 직·간접적으로 관련 있는 업무를 수행할 수 있는 소정의 자격증명을 갖추고 있는 사람을 말한다. 항공기의 운항을 직접 담당하는 운항승무원은 기장(pilot-in-command), 부기장(co-pilot), 항공기관사(Flight Engineer; FE)로 구성된다. 이중에서 기장은 비행시간 중 항공기의 운항 및 안전, 기상 등과 관련한 모든 사람의 안전에 대한 책임을 맡는다. 탑승 전에 기장과 부기장은 조종실(cock-pit)에

들어가 있기 때문에 승객과 대면은 불가능하지만, 승객입장에서는 목적지까지 안전한 운항과 기장의 기내방송을 통해서 편안하고 안락한 운항서비스를 경험한다. 또한 고객과 가장 많은 시간을 대면하는 객실승무원은 서비스를 통해 대인능력, 교양과 인격, 업무지식, 개성 등 자신의 내적·외적 능력을 구현함으로써 승객으로 하여금 항공여행의 경험과 항공사에 대한 이미지를 형성하는 데 결정적인 역할을 한다. 아울러 고객은 항공편을 이용하기 위하여 예약 및 발권의 과정을 거치면서 처음으로 항공사 서비스를 경험하게 된다. 따라서 콜센터 및 발권 카운터의 해당 업무를 담당하는 지상직원의 신속하고 예의바른 태도는 중요하다. 이런 이미지는 추후 항공사 선정과 반복구매결정에 상당한 영향을 끼친다. 즉 항공사 종사자들은 고객에게 정보를 제공하여 창조적인 판매를 유도한다. 따라서 항공사 인적서비스의 질이 항공사의 성패를 좌우하기 때문에 인적서비스 개념을 마케팅하는 내부마케팅(Internal marketing)이 요구된다.

진실의 순간(MOT: Moment Of Truth)이란 용어는 스웨덴의 마케팅학자인 리더츠 노만(R. Norman)에 의해 처음 만들어졌다. 투우사와 소가 1:1로 대결하는 가장 중요한 시점을 진실의 순간이라 하는데 이것을 인용하여, 고객이 종업원과 처음 접촉하는 시점에서 서비스를 제공받아 서비스 품질에 대한 평가를 내리는 중요한 순간이라는 뜻을 가지고 있다. 따라서 고객과의 접점에 있는 종업원들은 진실의 순간을 파악하고 그 순간에 발생하는 영향을 깨닫고 대처 전략을 고민해야 할 것이다. 항공서비스의 진실의 순간들은 다음과 같다.

- 항공 운항 정보를 얻기 위해 콜센터에 전화를 한 순간
- 예약을 하는 순간
- 공항 발권 카운터에서 직원과 마주한 순간
- 순서를 기다리는 순간
- 티켓팅을 하고 항공 티켓을 받는 순간
- 출국장을 찾고 있는 순간

- 보안 검색대에서 통과하는 순간
- 출발 라운지에서 출발을 기다리는 순간
- 티켓을 건내고 탑승하는 순간
- 탑승하며 객실승무원의 인사를 받는 순간
- 좌석을 찾는 순간
- 짐을 정리하는 순간
- 기내 서비스를 받는 순간
- 서비스를 추가로 요청하는 순간
- 수하물 보관소를 찾는 순간

(6) 과정

지상 및 객실 서비스의 각각의 일관성 있는 진행 상태를 의미하며, 고객 요구에 대한 반응성, 개인 필요 요청방법의 편리성, 불편처리 신속하고 만족하는지에 대한 항목을 말한다.

(7) 물리적 근거

시설물 품격 여부, 직원용모·복장, 체크인 카운터 주변 정리, 기내시설, 기내 제공품, 탑승·하기 시의 음악 등의 연구에 대한 결과는 고객들이 항공여행 시 마주하게 되는 각종 시설물의 쾌적함, 직원들의 아름다움, 이용하게 되는 각종 용품들에 대하여 관심이 높다고 나왔다. 최근, 대한항공을 비롯한 대형 항공사들이 서비스 고급화를 통한 브랜드 차별화를 위해 A380과 같은 최고급 항공기를 도입하고 좌석 명품화 프로젝트를 통한 기내환경 업그레이드를 실시하고 있다. 1대당 5,700억 원이나 하는 A380과 같은 최고급 기종의 도입이나 기내환경 업그레이드에는 천문학적인 금액이 소요된다는 점을 고려할 때, 고급화를 통한 차별화를 추구하는 항공사들은 신규 제품·서비스의 도입을 통해 재성장 국면에 들어섰을 때를 대비한 항공사 브랜드 전략이라 할 수 있다. 항공사들의 이러한 노력은 물리적인 기내 서비스 시설이라는 기능적 속성을 향상시킨다는 점에서는 기능적 일치성을 통한 브랜드 차별화 전략으로 볼 수 있다.

그림 7.4 ▎ A380 전용기의 내부모습

2) STP 전략

STP(Segmentation, Targeting, Position)전략이란 시장을 먼저 몇 개의 기준들을 사용하여 다수의 시장으로 분류(Segmentation)하고, 세분화된 여러 시장 중에서 자사의 능력과 경쟁 등을 고려하여 가치가 있는 표적시장을 선택한(Targeting) 다음에, 그 선택된 시장에서 제품속성이나 다양한 마케팅믹스 요인을 이용하여 자사제품을 고객의 마음속에 심어 주는(Positioning) 과정을 말한다.

(1) 시장세분화

시장세분화란 비슷한 성향을 가진 사람들을 다른 성향을 가진 사람들의 집단과 분류하여 하나의 집단으로 묶는 과정을 말한다. 이 과정을 통해 나누어진 시장들을 세분시장이라고 하며 세분시장 상호간에는 이질성, 세분시장 내에서는 동질성이 극대화되어야 한다. 시장세분화에 사용되는 기준변수들은 다음과 같다.

- 인구통계적 변수 : 연령, 성별, 지역, 가족 구성단위, 가족 생활주기, 개인 또는 가족 소득, 직업, 학력
- 심리적 변수 : 사회계층, 라이프스타일, 개성

- 구매행동 변수 : 사용기회, 사용경험, 사용량, 브랜드충성도
- 사용상황 변수 : 제품에 따라 다름
- 추구효익 변수 : 기능적 효익, 심리적 효익

(2) 표적시장의 선정

표적시장은 세분시장 중에서 자사의 경쟁우위와 경쟁상황을 고려했을 때 자사에게 가장 좋은 시장기회를 제공해 줄 수 있는 특화된 시장을 의미한다. 세분시장의 매력도를 평가하는 요인들은 각 회사와 제품에 따라 가감되어 탄력적으로 사용되어져야 한다. 표적세분시장 요인은 다음과 같다.

- 세분시장 규모

시장의 성숙도와 수익은 반비례하는 것이 일반적인 현상이다. 규모가 큰 경쟁자들이 존재하고, 낮은 시장 성장률과 같은 성숙기시장의 특성을 보유한 큰 시장에서 가장 중요한 경쟁적 우위는 규모의 경제(Economy of scale)이다. 따라서 규모가 큰 시장에서 규모의 경제를 얻으려면 상당한 시장점유율을 획득하여야 하고, 시장점유율이 적을 경우에는 수익이 낮을 수밖에 없다.

- 세분시장 성장률

세분시장의 높은 성장률은 바람직한 세분시장의 특성으로 받아들여지고 있다. 그러나 동시에 세분시장의 높은 성장률은 산업 내의 모든 기업들에게 매력적인 요소로 작용하기 때문에 세분시장 내에서 치열한 경쟁이 일어나기 쉽다. 치열한 경쟁은 세분시장 내의 수익성을 악화시키기 때문에 성장률이 높은 시장이 반드시 좋은 것만은 아니다. 따라서 표적시장을 선택할 때에 세분시장의 성장률과 이에 따른 미래의 경쟁상황을 연관시켜 의사결정을 하여야 한다.

- 제품 수명주기

제품 수명주기는 시장성장률 및 시장점유율과 아주 밀접한 관계가 있으므로 이 또

한 고려해야 한다. 기업이 진입하려고 하는 세분시장이 제품 수명주기 상에서 도입기나 성장기라면 빠른 시장성장률과 상대적으로 작은 규모의 시장을 의미한다. 성숙기라면 낮은 시장성장률과 상대적으로 규모가 큰 시장을 의미하게 된다. 또한 쇠퇴기에는 시장의 규모가 작아진다. 따라서 기업은 제품수명주기를 고려하여 세분시장이 현재 어떤 단계에 있는가를 파악하여야 한다.

(3) 항공시장의 포지셔닝

선두 기업은 어떤 전략이 유효한지 알고 있다. 이런 선두 기업을 제거하려 하는 2위 기업이 있기 마련이다. 많은 마케팅 담당자가 간과하고 있지만 2위 기업은 선두기업에게 효과가 있는 프로그램과 정확히 반대되는 프로그램을 사용해야 한다. 광고회사에서 고객의 마음에 자리 잡기 위한 촉진노력의 일환으로 도입한 포지셔닝이란 '상대적인 위치, 상황, 입장' 이라는 의미를 갖고 있다. 항공사에서의 포지셔닝이란 항공사나 상표가 항공여행객의 마음속에 자리 잡는 것을 말한다. 헤스켓(Heskett)은 가장 성공한 서비스 기업은 경쟁자와 관련하여 독특한 위치를 얻기 위하여 그들로부터 자신을 분리해 낼 수 있는 기업이라 설명한다. 따라서 항공사가 포지셔닝 면에서 가장 성공적인 결과를 얻으려면 다른 기업이 모방하기 매우 어렵게 독특한 특징을 내세워야 한다. 항공·관광 환경이 변화하면서 소비자의 욕구는 점차 다양화되고 경쟁이 심화되면서 항공분야 포지셔닝은 더욱 강조되고 있다.

예를 들어 911테러 이후 대부분의 사람들이 비행기 여행을 기피하고 있을 무렵, 유나이트 에어라인은 2002년 "It's time to fly"라는 새로운 광고 캠페인을 시작했다. 항공사 광고에 비행기 사진이 나오지 않고 아주 감성적으로 그려진 일러스트레이션을 전면에 내세워 지면광고, TV광고, 공항 포스터, 옥외 광고, 웹사이트 등 모든 부분에 있어서 감싱적으로 소비자에게 다가갔나. 또한 퍼시픽 항공사는 더 싼 하늘은 없다고 하는 문구를 통해 비행기 그림 대신 항공에 대한 멋진 표현을 하는 광고를 하였다.

자료 : united.com, pacificairlines.com

그림 7.5 ▎ 항공사 광고

포지셔닝 과정은 다음과 같은 4단계로 진행된다.

- 1단계 : 목표로 하는 세분 시장의 분석을 통해 표적 고객의 성향과 욕구를 파악한다.
- 2단계 : 표적시장에 나와 있는 자사와 경쟁사의 포지션을 확인한다. 즉 자사와 경쟁사 상품이 표적 고객에게 어떻게 인식되고 평가받는지 확인한다.
- 3단계 : 자사상품의 목표 포지션을 세우고, 마케팅 믹스를 통한 포지셔닝으로 경쟁 상품에 비해 고객의 욕구를 더 잘 충족시킬 수 있는 경쟁우위를 창출한다.
- 4단계 : 포지셔닝 활동을 실행한 뒤 목표 위치에 자리 잡았는지 확인한다.

3) 항공사 SWOT 전략

SWOT분석은 특별한 의사결정에 영향을 미치는 요인의 환경 분석 또는 진단분석을 실시하는 편리한 분석기법으로 기업경영분석을 위한 장점을 가지고 있다. 기회와 위협은 외부분석이고 강점과 약점은 내부분석에 해당한다. 어떤 기업의 내부 환경을 분석하여 강점과 약점을 발견하고, 외부환경을 분석하여 기회와 위협을 찾아내어 이를 토대로 강점은 살리고 약점은 죽이고, 기회는 활용하고 위협은 억제하는 마케팅 전략을 수립하는 것을 말한다.

이때 사용되는 4요소를 강점·약점·기회·위협(SWOT)이라고 하는데, 강점은 경쟁기업과 비교하여 소비자로부터 강점으로 인식되는 것은 무엇인지, 약점은 경쟁기업과 비교하여 소비자로부터 약점으로 인식되는 것은 무엇인지, 기회는 외부환경에서 유리한 기회요인은 무엇인지, 위협은 외부환경에서 불리한 위협요인은 무엇인지를 찾아낸다. 기업 내부의 강점과 약점을, 기업 외부의 기회와 위협을 대응시켜 기업의 목표를 달성하려는 SWOT분석에 의한 마케팅 전략의 특성은 다음과 같다.

① SO전략(강점-기회전략) : 시장의 기회를 활용하기 위해 강점을 사용하는 전략
② ST전략(강점-위협전략) : 시장의 위협을 회피하기 위해 강점을 사용하는 전략
③ WO전략(약점-기회전략) : 약점을 극복함으로써 시장의 기회를 활용하는 전략
④ WT전략(약점-위협전략) : 시장의 위협을 회피하고 약점을 최소화하는 전략

External 요인	• Social (사회) • Competition (경쟁) • Economic (경세) • Poiltic (정치) • Technology (기술) • Information (정보) • Client (고객)	• Social (사회) • Competition (경쟁) • Economic (경제) • Poiltic (정치) • Technology (기술) • Information (정보) • Client (고객)
	Opportunities	Threats
Internal 요인	Strength	Weakness
	• Man (사람) • Material (물자) • Money (돈) • Information (정보) • Time (시간) • Image (이미지)	• Man (사람) • Material (물지) • Money (돈) • Information (정보) • Time (시간) • Image (이미지)

03 글로벌항공사의 마케팅전략

1) 신마케팅 전략

유형재 마케팅에서 종종 감정과 같이 무형적인 내용에 호소하는 마케팅 전략을 사용한다. 반면에 서비스와 같은 무형재의 마케팅을 위해 직원의 온화한 미소나 우수한 시설을 보여줌으로써 서비스를 유형화시키는 마케팅 전략을 사용하는 경우도 있다. 이 두가지 마케팅 모두가 역발상적인 사고에 기초하고 있다. 디지털시대에서는 기업의 입장에서 생각했던 모든 사고들을 고객의 입장으로 전환시켜야 한다. 신뢰가 바탕이 된 고객과의 장기적인 관계 구축이 매우 중요해졌기 때문에, 고객을 유지하고 고객 로열티를 구축하고 고객의 평생가치를 중요시하는 사고로 전환시켜야 한다.

신마케팅 패러다임은 과거의 마케팅에는 판매 접근과 마케팅 접근 두 가지 개념만이 존재하였다. 판매접근은 공장에서 만들어 판매하는 Make & Sell의 개념으로, 제품에 초점을 맞추고 있어 판매촉진, 시장점유율, 매출 증대를 통한 이윤에 관심을 가지고 있었다. 또한 마케팅 접근은 고객의 니즈, 4P 및 STP를 중요하게 생각하고 고객만족을 통한 이윤 창출에 관심을 가지고 있었다. 홀리스틱 접근 개념은 개별 고객 니즈의 감지와 반응을 중요시하는 Sense & Repond의 개념이다. 이는 고객의 평생가치, 기업의 핵심역량, 협력 네트워크라는 3C를 중요시하며 3C를 통해서 CRM을 실시한다. 추가로 협력자를 연결하는 가치사슬의 통합이 필요하고 시장 점유율이 아니라 마인드 점유율이 중요하여 고객애호도, 고객 평생가치의 성장을 통한 이윤 창출을 중요시 한다.

신마케팅 패러다임에서 중요시하는 3C에는 고객인지(Customer' s cognition), 핵심역량(Company' s competency), 협력 네트워크(Collaborator' s resourse network)가 있다. 고객인지는 고객 중심의 기업 운영, 고객 가치와 만족에 초점, 고객 선호에 맞는 유통경로 개발, 마케팅 점수를 이용한 개발과 관리, 고객 평생가치에 기초한 이윤 창출 활동이 포함된다. 핵심역량은 기업마다 모두 다르기 때문에 핵심 역량을 잘 활용하자는 것이다. 이를 위한 활동으로 비핵심 역량의 아웃소싱, 글로벌 초우량 사례 벤치마킹, 전사적 입장에서 고객의 가치 생각, 핵심역량의 지속적인 개발 등이 포함된다. 협력 네트워크는 마케팅과 관련된 협력 업체의 자원을 활용하자는 것이다. 이를 위해 유통업체, 공급업체, 하청업체 과 같은 사업 파트너들의 보상에 관심을 가지는 등 균형적인 시각으로 생각을 전환할 필요가 있다.

표 7-3 ▌신마케팅 패러다임

개념	출발	초점	수단	목적
판매 접근	공장	제품	판매와 촉진	매출증대를 통한 이윤
마케팅 접근	고객 니즈	마케팅 믹스	세분화, 타겟팅, 포지셔닝	고객만족을 통한 이윤
홀리스틱 접근	개별 고객의 니즈	고객인지 기업의 핵심역량 협력 네트워크	DB관리, 협력자를 연결하는 가치사슬의 통합	고객 점유율, 고객 애호도, 고객 평생가치의 성장을 통한 이윤

2) 주요 글로벌 LCC의 차별화된 경쟁적 마케팅 전략

가장 대표적인 측면공격의 형태는 저렴한 가격으로 승부하는 것이다. 이러한 접근방법의 장점은 항상 시장이 있다는 점이다. 누구나 돈을 아끼고 싶어 하기 때문이다. 그러나 가격을 내려서 돈을 번다는 것은 힘든 일이다. 성공의 비결은 소비자가 알아차리지 못하거나 별로 상관하지 않는 부분의 비용을 줄이는 데 있다. 즉, 필요 없는 장식을 없애는 접근법이다. 저비용 항공사의 마케팅 전략이 사례를 살펴보자.

(1) Southwest Airlines

사우스웨스트항공은 1971년 설립된 미국의 LCC로 총여객 운송 수 기준으로 아메리칸항공, 델타항공에 이어 세계 3위의 항공사이다. 사우스웨스트 항공은 일반항공사들의 관심밖에 있는 단거리, 저수요 노선에 저운임과 높은 운항회수의 전략을 내세워 미국 전체 항공시장에서 대표적인 저가항공사로 자리매김하고 있다. 사우스웨스트항공이 보유하고 있는 500여대 항공기의 평균기령은 약 9년으로 미국 주요 10대 항공사들 중 가장 낮은 수치이며 계속해서 신 기종과 신규항공기를 도입하고 있다. 또한 37년 동안 단 한건의 사망사고도 없는 놀라운 안전운항을 기록하였다.

사우스웨스트항공의 가장 큰 성공요인은 Herbert D. Kelleher회장의 독특한 리더쉽이다. 그는 사우스웨스트항공의 공동 설립자이면서 2008년 5월까지 사우스웨스트항공의 CEO를 역임하였고, "일은 재미있어야 하며 놀이가 될 수 있다. 따라서 여유를 가지고 일을 즐겨라" 라고 하였으며, 이를 핵심 경영철학과 가치로 삼았다(김규상, 2012). 1982년 CEO로 취임한 켈러허는 Southwest의 발전을 위해 몇 가지 특징적인 경영정책을 실시한다. 기본적으로 한번 취항한 노선은 철수하지 않고 착실하게 노선망을 확대해 갔다. 다른 항공사들이 시장 확대를 추진할 때 켈러허는 철저하게 이익을 중시한 경영정책을 실시하였다. Southwest의 성공 요인들은 향후 많은 저가항공사들의 경영모델이 되고 있다.

(2) Ryanair

대표적인 유럽 저비용항공사인 Ryanair는 미국의 LCC인 사우스웨스트 항공이 확립한 비즈니스 모델에 충실하게 진행하면서 인터넷에 의한 항공권 예약을 중심으로 판매 대리점을 두지 않는 등, 여러 가지 비용을 생략하는 것으로 저운임 전략을 구사하고 있다. 저비용 항공사들은 항공권의 예약과 구매가 90%이상 인터넷을 통해 이루어진다. 따라서 여행사에 제공되는 커미션이 없으므로 중간 마진으로 인한 요금

인상 요인이 자연히 소멸된다. 이와 함께 load factor를 최대화하고 기내서비스를 최소화함으로써 비용발생요소를 줄여 요금체계에 적용하는 것이다.

(3) Air Asia

시장 확대 전략으로 5년 연속 세계최고 저가 항공사로 선정(SKYTRAX)된 AirAsia는 지속적인 고성장을 유지하기 위해서 아시아 전역으로 시장을 확대하고 있다. 최근 한국시장 진출을 시도하고 있으며 막대한 인구를 보유한 중국과 인도 시장에 문을 두드리고 있다. 기종 단일화 전략으로 2006년도 이 후 주력 기종인 보잉 737-300을 2008년도 까지 순차적으로 에어버스 A320-200으로 교체했다. 장기적으로 에어 아시아 그룹 전체가 Airbus A320기종으로 단일화를 기하여 효율적인 경영을 추구하고 있다. 서비스 간소화 전략으로 전 좌석을 단일 class로 불필요한 기내서비스를 없애고 스낵은 유료로 판매하는 전략을 실시하고 있다. 프랜차이즈 전략으로 AirAsia는 2011년도에 3개 항공사(에어 아시아, 에어아시아X, 말레이시아 항공)간 CCF(Comprehensive Collaboration Framework)를 체결하여 독특한 프랜차이즈식 사업모델이 성공을 거두고 있다. Tony Fernandes의 경영 전략으로 혁신적인 비즈니스 전략과 뛰어난 아이디어로 조직의 문제 해결과 서비스, 생산, 창의적인 사고를 만드는데 동기를 제공하였으며, 혁신적인 리더쉽으로 조직을 운영하고 있다. 그 예로 기본적인 서비스 (no-frills)만 제공하는 항공사를 만들었으며, 'zero'요금 전략과 'Now everyone can fly'라는 슬로건으로 AirAsia을 경쟁력 있는 항공사로 만들었다.

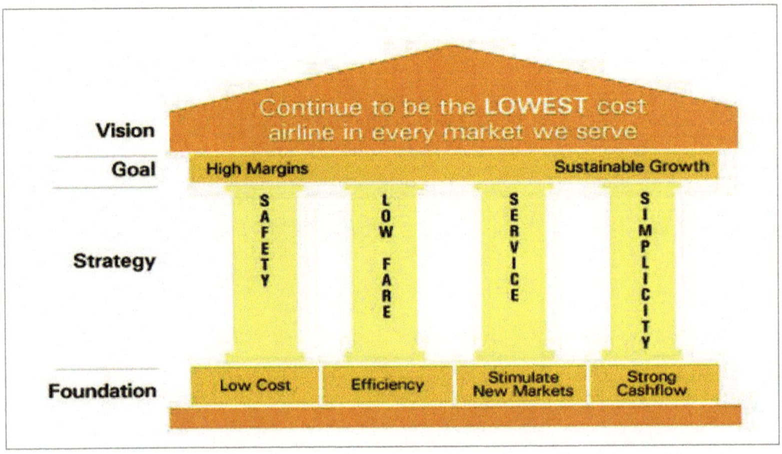

자료 : www.airasia.com

그림 7.6 ❙ AirAsia 주요 경영 전략

08

CHAPTER

항공사 전략경영

CHAPTER 08 항공사 전략경영

01 항공사 전략경영의 핵심요소

항공사의 전략경영은 변동성이 큰 글로벌 산업 환경 속에서 급변하는 시장 환경과 글로벌 경쟁속에서 지속적으로 성장하기 위한 전략의 방향을 수립하고 이를 실행하는 것이다. 단기적인 전략이 아닌 중장기적으로 비전을 설정하고 주변의 환경을 분석하여 조직의 자원과 역량을 효율적으로 운용할 수 있는 전략경영 체계를 구축해야 한다.

급변하는 항공시장에서 단순히 운송을 넘어 글로벌 네크워크 확대, 고객 중심의 서비스 혁신, 디지털 전환, 지속가능성과 친환경 경영, 전략적 제휴를 통한 경쟁력 확보, 수익 다각화와 유연한 사업구조 등 급변하는 시장 환경에 맞춰 지속적인 혁신을 추진하고 탄력적으로 자원을 배치하고 있다.

전통적인 운송 수익에 구조에서 벗어나 부가 수익을 확대하고, 화물 운송확대, 인터넷 플랫폼과 연계한 협력체계 등 수익을 다각화하기 위한 전략을 구사하고 있다. 또한 항공동맹, 코드쉐어, 공동운행 등을 통해 글로벌 네트워크를 확장하며, 경쟁력을 높이고 있다. 이러한 변화는 코로나19 팬데믹 이후 급감했던 수요를 회복하고 외부환경에 능동적으로 대처해서 리스크를 최대한 낮추기 위함이다.

또한 항공사들은 디지털 혁신으로 효율성 있는 운영방식을 선택하여 비용은 낮추고 수익을 증대하기 위한 노력을 하고 있다. 인공지능(AI)과 데이터 분석을 기반으로 한 맞춤형 마케팅, 수요 예측, 고객 응대 시스템, 예약발권 시스템, 인사관리시스템 등이 도입되어 고객의 편리성이 증대되고 있으며, 모바일 앱 기반의 자율 체크인, 생체 인식 탑승 시스템 등도 확산되고 있다.

항공사의 친환경 경영전략을 탄소 배출 저감 및 지속가능한 항공 연료(SAF) 사용, 고효율 항공기 도입, ESG(환경·사회·지배구조) 중심의 전략 수립 등도 강화하고 있다.

1) 환경 분석 전략

외부 환경의 변화와 내부 역량을 체계적으로 파악하고, 이를 기반으로 전략 방향과 실행 계획을 수립하는 핵심 과정이다. 이 전략은 항공사의 장기 생존과 경쟁력 확보를 위해 필수적이며, 빠르게 변화하는 글로벌 항공 시장에서 위험을 최소화하고 기회를 극대화하는 데 목적이 있다.

외부환경 분석으로는 유가 변동, 환율, 기후 변화 규제, 디지털 기술 발전, 팬데믹 등은 항공사 경영에 큰 영향을 미치기 때문에 미리 예측하고 대비가 필요하다. 내부 환경 분석으로는 항공사의 자산, 인력, 브랜드 가치, 기술력, 노선 네트워크, 재무 구조 등을 점검하여 자사가 보유한 강점과 약점을 파악한다. 이를 바탕으로 외부의 기회와 위협을 종합적으로 분석하여 현실적인 전략 수립한다.

특히 항공 산업은 규모의 경제, 네트워크 효과, 안전 규제, 고정비 비중이 높은 구조 등으로 환경 변화에 민감하기 때문에 데이터 기반의 분석 체계가 정기적으로 이루어져야 한다. 환경분석 전략은 단순한 정보 수집이 아니라, 항공사 경영의 방향성과 우선순위를 설정하는 출발점이며, 시장 진입, 노선 확대, 비용 구조 개선, 기술 투자 등 구체적인 전략을 실행하는 데 중요한 기준이 된다.

2) 비전과 목표 설정

항공사 경영에서 비전과 목표 설정은 기업이 나아갈 방향과 그 목적을 명확히 정립하여 실행의 기준과 동기를 제공하는 것이다.

비전과 목표는 항공사의 가치철학을 의미하며 내부 구성원에게는 동기를 부여하고, 외부인에게는 항공사의 방향성을 전달한다. 이러한 비전을 구체화하기 위하여 목표를 장·단기로 나누어 각 부서에 세부 실행 계획을 부여하여 항공사의 조직 전체가 일관된 방향으로 나아가게 한다. 비전과 목표 설정은 조직의 방향성과 정체성을 확립하고, 전략을 실행으로 이끄는 핵심 프레임워크로서 항공사의 지속가능한 성장과 경쟁력 확보에 중요한 역할을 한다. 성과 평가 시스템(KPI)과과 연동하여 목표 달성 여부를 체계적으로 관리하며, 필요한 경우 전략을 유연하게 조정한다.

저비용항공사(LCC)는 가격 경쟁력을 목표로 일반항공사(FSC)는 프리미엄 서비스로 시장 포지셔닝 전략을 명확히 설정한다. 이를 통해 고객에게 독자적인 가치를 전달하고 브랜드 충성도를 확보한다.

3) 핵심 역량 확보와 자원배분

항공사 경영에서 핵심 역량 확보와 자원배분은 조직의 경쟁력을 높이고, 급변하는 외부 환경 속에서 살아남기 위해 내부의 강점을 극대화하고, 한정된 자원을 전략적으로 분배하는 역량이 필수적이다. 이것은 곧 지속 가능한 성장을 실현하기 위한 핵심적인 요소이다.

항공사가 다른 경쟁사와 차별화할 수 있는 기술력, 조직 문화, 서비스 품질, 운영 효율성 등을 개발하여 이를 기반으로 항공사 브랜드 신뢰도와 수익성을 높일 수 있다. 또한 항공사가 보유한 인적 자원, 재무 자원, 기술 자원 등을 탄력적으로 적용하여 수익성이 높은 노선에 집중 배치, AI나 디지털 전환 기술 확대, 친환경 항공기 투자 등에 집중하면 수익을 극대화 할 수 있다.

항공산업은 고정비 비중이 매우 높은 구조이기에 항공사는 철저한 데이터 분석과 시뮬레이션 기반의 의사결정을 통해 자원 배분을 최적화해야 한다. 이것을 실패하면 경쟁력이 추락하고 손익에 치명적인 영향을 줄 수 있다.

4) 글로벌 제휴 및 네트워크 전략

항공사는 신규 노선 개척과 항공사 간 제휴, 항공동맹 등을 통해 전 세계 주요 거점 도시를 연결하는 광범위한 항공망을 구축하고 있다. 이를 통해 고객의 선택 폭을 넓히고 고객의 편의를 증대함으로써 국제 경쟁력을 강화하고 있다.

항공 동맹은 전 세계 주요 도시로 네트워크로 연결되어 노선을 확대하고 고객의 입장에서는 한 번의 예약으로 원하는 목적지까지 원스톱 서비스를 경험할 수 있어 고객의 충성도를 높일 수 있다.

코드쉐어는 항공사 간의 항공편을 공유하고 판매함으로써, 운항 비용은 절감하고 수익은 증가시키는 구조를 만들고 있다. 이러한 전략은 시장 진입이 어려운 지역이나 법적으로 제한이 있는 국가에도 운항을 할 수 있는 장점이 있다. 일부 항공사들은 합작 투자를 하여 공동 운항, 수익 분배, 마케팅 등을 하여 수익을 극대화하고 있다.

이러한 글로벌 네트워크 확대 전략은 고객에게는 향상된 서비스로 목적지까지 편리하게 환승할 수 있는 장점이 있고, 항공사는 시장 점유율을 확대하여 효율성이 증대되어 수익이 향상된다. 이런 결과로 고객의 만족도가 높아져 항공사 브랜드 가치가 상승하여 국제 경쟁력이 강화되고 있다.

5) 고객 중심 서비스 혁신

고객 만족은 항공사의 브랜드 가치를 높이고 고객 충성도를 높이는 직접적인 요소이다. 따라서 항공사마다 개인 맞춤형 예약 시스템, 프리미엄 서비스 강화, 모바일 및 디지털 플랫폼 확대 등 고객 경험(Customer Experience)을 중심으로 한 전략을 확대하고 있다.

항공사들의 다양한 형태의 서비스 혁신 전략은 단순한 기내 서비스를 넘어 고객이 항공권을 예약할 때부터 안전하게 도착하기 전까지의 모든 접점 과정에서 고객의 만족도를 높이는 서비스로 변화하고 있다. 자주 이용하는 고객에게 우선 탑승 서비스, 무료 수하물 혜택, 업그레이드 제안 등이 대표적인 사례이다.

최근에는 디지털 기술을 활용하여 모바일 체크인, 전자 탑승권, 수하물 추적 서비스, AI 챗봇 기반 고객 응대 등으로 출발속도나 대기시간을 낮춰 고객의 만족도를 높이고 있다. 기내 서비스에서도 고객 중심 전략으로 프리미엄 서비스 차별화, 기내 콘텐츠 다양화, 좌석 공간 개선, 웰빙 기내식 도입, 인터넷 연결 서비스 등 고객의 성향에 분석하여 맞춤형 서비스를 지향하고 있다. 저비용항공사(LCC)는 기본요금을 낮추고 고객의 니즈에 따라 선택형 유료 서비스를 지향하여 고객의 만족도와 수익성을 동시에 추구하고 있다.

6) 디지털 및 친환경 전략

항공 산업의 미래 경쟁력은 디지털 혁신과 지속가능성에 달려 있다고 할 정도로 수집된 데이터를 기반으로 항공의 전 분야에 특화된 시스템을 개발하여 지원하고 있다. 대표적인 디지털 전환은 AI 기반의 수요예측 시스템, 예약·발권 시스템, 인사관리시스템, 수익관리시스템, 정비시스템, 스케줄관리 시스템, 고객 맞춤형 마케팅 등이 있다. 친환경 전략으로 지속가능 항공유(SAF) 사용 확대, 고효율·저소음 항공기 도입(A350, B787 등), 기내 플라스틱 사용 감축, 탄소 배출량 모니터링 시스템 구축 등이 진행되고 있다.

이러한 변화는 항공사의 운영을 효율적으로 증대시키고 수익성을 확대하여 지속가능한 경영이 실현되도록 이끌고 있다. 또한 항공사의 불필요한 비용을 줄여주며 인력과 자원을 최적화하여 배분해주고 고객에게는 탑승수속을 단축하고 편의를 증대시켜 고객의 만족도를 높여주고 있다.

이처럼 디지털 및 친환경 전략은 단순한 기술적 변화가 아닌, 항공사의 지속가능한 성장을 위한 혁신의 일환이며 고객 신뢰의 신뢰와 브랜드 가치를 높여주는 역할을 하고 있다.

7) 유연한 사업전략

항공 산업은 수요 변동성, 외부 리스크, 규제 변화에 매우 민감한 구조를 가지고 있어 안정적으로 항공사를 경영하기 위해서는 유연한 사업전략이 필수적이다. 유연한 전략은 예상하지 못한 외부 환경 변화에 신속하게 대응할 수 있고, 자원을 탄력적으로 조정하고 배분하여 수익의 변동성을 최대한 줄일 수 있는 전략이다.

팬데믹과 같은 글로벌 위기가 발생했을 때 많은 항공사들이 여객운송 노선을 대폭 축소하고, 화물운송 노선으로 대체하여 손실을 최소화했다. 이는 위기상황이 발생했을 때 항공사가 생존하기 위해서 반드시 필요한 전략이다. 또한 수익이 많이 나는 노선은 확대하고, 그렇지 않은 노선은 축소하거나 폐지하는 노선 운영 조정, 성수기와 비수기의 운항 스케줄 최적화, 비상시 인력과 기재의 재배치 등 상황에 따라 자원을 효과적으로 활용할 수 있는 전략이다.

이러한 유연한 전략은 저비용항공사가 저비용구조에서 가파른 성장을 하는데 큰 동력이 되었다. 불확실하고 경쟁이 심한 환경에서 기회를 포착하고 재빠르게 전환하여 위기를 관리할 수 있는 대응책이다.

02 일반항공사와 저비용항공사의 전략 비교

일반항공사(FSC)와 저비용항공사(LCC)는 항공 산업 내에서 서로 다른 전략적 접근을 통해 각기 다른 시장 요구에 대응하고 있다. 두 모델은 운영 방식, 수익 구조, 고객 서비스, 노선 전략 등 다양한 측면에서 뚜렷한 차이를 보인다.

결국, LCC는 저비용 구조와 가격 경쟁력, FSC는 서비스 차별화와 네트워크 중심 전략이라는 명확한 방향성을 바탕으로 각자의 시장을 공략하고 있으며, 최근에는 FSC가 LCC 브랜드를 운영하거나, LCC가 장거리 노선에 진출하는 등 하이브리드 전략을 구현하고 있다.

먼저, 일반항공사(FSC)는 광범위한 노선망과 다양한 기내 서비스를 제공하는 고객 중심의 프리미엄 전략을 채택하고 있다. 일반적으로 비즈니스 클래스 및 퍼스트 클래스를 운영하고, 항공사를 이용하는 승객에게 마일리지 프로그램, 기내식 무료 제공, 수하물 포함 요금, 환승 연계성 확보 등 종합적인 서비스를 제공한다. 대부분 국제선이 주를 이루며 글로벌 항공 동맹에 가입하여 글로벌 네트워크를 확대하고 코드쉐어, 공동 마케팅, 노선 분담 등을 비용을 절감하여 수익을 높이고 있다.

반면, 저비용항공사(LCC)는 최소 비용으로 최대 수익을 추구하는 효율 중심의 전략을 추구한다. 기본요금은 낮추고 대신 기내식, 수하물, 좌석 선택 등 대부분의 부가 서비스를 유료화하여 수익을 확대한다. 단일 기종을 운영하고, 주로 직항 중심으로 빠른 회전율을 통해 운항횟수를 높여 단거리·중단거리 중심 노선에 집중한다. LCC는 빠른 의사결정과 유연한 운영 구조를 바탕으로 시장 변화에 민첩하게 대응하는 것이 특징이며, 가격에 민감한 일반 소비자가 주요 고객이다.

이처럼 FSC는 고부가가치 고객 유치와 브랜드 이미지 강화에 집중하는 반면, LCC는 비용 절감과 가격 경쟁력 확보를 통해 대중 시장을 선점하는 전략을 선택하고 있다. 두 모델은 상호 보완적 경쟁 관계 속에서, 각각의 차별화된 강점을 바탕으로 항공 시장의 다양한 수요층을 공략하고 있다.

1) 일반항공사(FSC)의 핵심 전략

일반항공사(FSC)의 전략은 고품질 서비스와 글로벌 네트워크를 바탕으로 한 프리미엄 중심의 차별화 전략을 중심으로 전개된다. 이 전략은 단순한 항공 운송을 넘어, 고객에게 종합적이고 고급스러운 여행 경험을 제공하고, 이를 통해 브랜드 충성도와 수익성을 동시에 확보하는 데 목적이 있다.

비즈니스·퍼스트 클래스, 기내식 제공, 수하물 무료 위탁, 마일리지 제도 등 다양한 고객 가치를 포함한 프리미엄 서비스를 제공하며, 장거리 국제선을 포함한 광범위한 노선망을 통해 글로벌 고객 수요에 대응한다. 또한, 자사 허브 공항을 중심으로 환승 시스템을 운영하여 장거리·연결 수요 확보에 강점을 갖는다.

수익 구조 면에서도 두 전략은 차이를 보인다. LCC는 항공권 외 부가수익이 핵심 수익원인 반면 일반항공사(FSC) 항공권 가격에 대부분의 서비스가 포함된 포괄적 수익 모델을 운영한다. 이러한 구조적 차이로 인해 LCC는 경기 침체기나 단거리 여행 수요가 많으며, 일반항공사(FSC) 글로벌 사업 확장, 법인 수요 확보 등에서 이점이 있다.

다양한 기종 운영으로 장거리 및 글로벌 네트워크를 구축하며, 비즈니스 클래스·퍼스트 클래스 등 다양한 좌석 등급과 기내식, 라운지 서비스 등 고부가가치 서비스를 제공하여 차별화한다. 주로 허브앤스포크(Hub-and-Spoke) 전략을 활용한다.

기내 서비스와 수하물, 환승 편의성 등을 포함한 포괄 운임 구조를 갖추며, 고정비 비중이 크지만 브랜드 가치와 서비스 품질로 가격 프리미엄을 확보한다. 비즈니스 고객, 프리미엄 여행객, 장거리 노선 고객을 대상으로 고객 충성도 프로그램(마일리지·프리미엄 서비스)을 중시하며, 브랜드 신뢰성과 네트워크 경쟁력을 강조한다. 고품질·종합 서비스 전략으로 고객 경험을 차별화하며, 환승 네트워크, 다양한 좌석 등급, 기내 엔터테인먼트, 라운지 등 부가가치를 제공한다.

여객운송수익과 화물운송수익이라는 다각화된 수익 구조를 갖추며, 고부가가치 수익인 프리미엄 고객이나 장거리노선 운항을 통해 안정적인 수익 기반을 확보한다.

(1) 다양한 클래스로 고객 세분화

다양한 클래스로 고객층을 세분화하여 일반석(Economy)뿐만 아니라 비즈니스석(Business), 퍼스트클래스(First) 등을 운용하여 비즈니스 고객과 고소득층을 겨냥한 프리미엄 서비스를 제공하여 고부가가치 수익을 창출한다. LCC와의 가격 경쟁이 아닌 서비스 차별화로 경쟁력을 확보한다.

(2) 차별화된 기내 서비스

기내 및 지상 서비스에서 차별화된 서비스는 중요한 전략이다. 무료 기내식, 넉넉

한 수하물 허용, 좌석 간격 확대, 엔터테인먼트 시스템, 기내 Wi-Fi 제공, 라운지 이용 혜택, 마일리지 제도, 온라인 체크인, 수하물 연결 탑승 등 고객 편의를 고려한 서비스가 기본적으로 제공되며, 고객 만족을 최우선 가치로 삼는다.

(3) 글로벌 항공 네트워크 구축

전세계에 광범위하게 글로벌 노선망을 구축하고, 국제선과 장거리 노선을 중심으로 환승 네트워크를 강화하고, 항공 동맹을 통해 항공 네트워크를 구축한다. 이를 통해 국제선 경쟁력을 확보하고, 환승객 유치 및 해외 제휴 확대로 추가 수익을 창출한다.

(4) 고객 충성도 제고 전략

정시 운항률, 최적의 고객 서비스, 안정적인 항공사 등을 중시하며, 프리미엄 브랜드 전략을 지속적으로 강화하여 브랜드 이미지와 신뢰성을 확보한다. 마일리지 제도(FFP)를 통해 반복 이용을 유도하며, 라운지 제공, 우선 탑승, 수하물 혜택 등 다양한 프리미엄 고객 경험을 통해 브랜드 충성도를 확보한다.

(5) 디지털 혁신과 친환경 경영(ESG)

사회의 환경 변화에 따라 다양한 업무가 디지털로 전환되고 있고, ESG 친환경 경영 전략도 다각화하고 있다. AI 기반 수익관리시스템, 디지털 예약발권시스템, 인사관리시스템, 항공기정비시스템, 모바일 탑승 서비스, 생체 인식 도입 등으로 디지털 전환을 가속화하고 있으며 탄소 감축, 친환경 항공기 도입, 지속가능한 항공유(SAF) 사용 등 친환경 전략도 강화하고 있다.

2) 저비용항공사(LCC)의 핵심 전략

저비용항공사(LCC)의 핵심 전략은 단순화된 운영 구조와 철저한 비용 절감을 바탕으로, 항공 운임을 낮춰 대중 시장을 공략하는 것이다. 이는 가격 민감도가 높은 소비자에게 항공운송을 이용할 수 있는 기회를 높여주며, 항공사는 규모의 경제를 활용한 수익 극대화를 도모하는 전략이다.

대부분의 저비용사항공사는 A320이나 B737과 같이 하나의 항공기 기종만을 운용함으로써, 정비 효율성, 승무원 교육의 단순화, 부품 재고 관리의 용이하게 한다. 또한 포인트 투 포인트(Point-to-Point) 운항 방식으로 직항 노선 중심의 단순한 노선체계를 구축하여 운영비용을 줄이고, 빠른 항공기 회전율을 확보할 수 있다. 공항을 이용할 때도 비혼잡 시간대를 활용하여 공항 사용료나 지상 조업 비용을 절감한다. 주요 허브공항보다 지방공항이나 저비용 터미널을 활용하고, 야간 운항이나 비수요 시간대를 적극 활용하여 원가를 낮춘다.

저비용항공사의 부가서비스 유료화는 가장 중요한 핵심전략이다. 기본 운임은 낮게 책정하고, 기내식, 수하물, 좌석 지정, 우선 탑승 등 부가서비스는 고객이 선택하여 유료로 구매하게 함으로써, 항공사는 부가수익을 고객은 필요한 서비스만 이용할 수 있는 선택적 소비 구조를 형성하고 있다.

저비용항공사의 판매 비중은 디지털 중심의 직접판매이다. 항공권은 여행사보다 자체 홈페이지나 모바일 앱을 통해 직접 판매되며, 이를 통해 유통 수수료를 줄이고 고객 데이터를 수집하여 타깃 마케팅과 CRM에 활용한다. 시장 수요에 따라 노선을 신설하거나 철수하고, 비수익 노선을 과감히 정리하는 등 빠른 의사결정으로 유연한 전환이 가능하다.

따라서 저비용항공사의 핵심 전략은 낮은 운임과 효율적인 운영을 통해 시장 점유율을 확대하고, 부가서비스를 통한 수익 다변화를 통해 수익성을 안정적으로 확보하는 것이다. 이 전략은 항공의 대중화를 견인하며, 항공 산업 내에서 독자적인 경쟁력을 확보하는 기반이 되고 있다.

(1) 단일 기종 운영

일반적으로 항공기 중에 단일기종인 B737, A320만을 운영하고 있어 정비 효율성이 향상되며 정비인력의 숙련도가 높아진다. 따라서 정비비용과 재고관리 부담이 줄어들어 전반적으로 운영비가 낮아진다. 단순하게 직항 위주의 운항 전략을 구축하여, 스케줄 유연성과 비용 절감을 동시에 실현한다. 다만 노선의 다양성이 제한되고 전체 항공기종의 문제가 생기면 리스크가 항공사 전체에 영향을 받는다.

(2) 부가서비스의 유료화

기본요금은 낮추고 부가서비스인 기내식, 수하물, 좌석 지정, 우선 탑승, 기내 Wi-Fi 등을 기본요금에 포함하지 않고, 고객이 원하는 만큼만 선택하여 비용을 지불하게 하는 선택형 유료 모델(unbundling)을 사용한다. 이로 인해 기본 운임은 낮추면서도 총 수익은 확보할 수 있다. 이는 가격에 민감한 소비자의 니즈를 충족시키는 핵심 전략이다.

(3) 중단거리 노선 중심의 운영

중단거리 노선은 장거리 운항에 비해 회전율이 높고, 연료비나 조종사 숙박비 등의 운영비용이 적기 때문에 수익성이 높다. 또한 빠른 지상 조업을 통해 항공기의 운항 횟수를 극대화하여 생산성을 향상시키고, 수익성 높은 노선에 집중하여 연료비 및 인건비 부담을 최소화한다. 또한 공항도 주요 공항이 아닌 저렴한 지방 공항을 활용하여 공항 사용료를 절감하고 수익을 확대한다.

(4) 마케팅 및 판매 전략

저렴한 가격을 전면에 내세운 프로모션 전략이 핵심이며 온라인 중심 예약 시스템을 운영하고, 홈페이지, 모바일 앱, 인스타그램, 유튜브, 카카오톡 채널 등 저비용·고효율 온라인 채널을 적극 활용한다. 고객 데이터를 CRM(고객관계관리)에 활용하여 타깃 마케팅, 이메일·SMS 쿠폰 발송, 생일 맞춤 혜택을 제공한다. 시즌 특가, 휴가철 타깃 마케팅, 지역 축제 연계 항공권 할인 등 트렌드에 민감하게 반응하는 마케팅 전략을 구사하고, 여행사나 대리점의 중간 유통마진을 줄여 비용을 최소화한다.

표 8-1 ┃ LCC vs FSC 전략 비교표

항목	일반항공사(FSC)	저비용항공사(LCC)
대표 항공사	대한항공, 아시아나, Singapore Airlines, Lufthansa	제주항공, 진에어, AirAsia, Ryanair
운임 구조	포괄요금 포함 (수하물, 기내식 등 기본 제공)	기본요금 저렴, 부가서비스 유료화 (수하물, 좌석지정 등)
운항 노선	단거리~장거리 포함한 글로벌 네트워크	단거리·중단거리 위주
기종 운용	다양한 기종 운용(노선별 최적화)	단일 기종 위주(정비·운항 효율화)
공항 이용	대형 허브 공항 중심 운항	중소형 공항 선호(공항료↓, 회전율↑)
서비스 수준	고급 서비스 제공(라운지, 마일리지 등)	기본적 서비스, 유료로 업그레이드 가능
승객 대상	비즈니스/장거리 여행객, 프리미엄 수요층	가격 민감 고객층(자유여행객, 청년층 등)
수익 모델	항공권+마일리지+제휴 수익	부가 수익 의존도 높음(광고, 기내판매 등)
운항 전략	짧은 지상 대기시간, 빠른 회전	시간표 기반 정시성, 연결성 중시
브랜드 전략	프리미엄, 신뢰 이미지 강조	실용적, 합리적 이미지
비용 구조	고정비 높음, 다각적 비용 구조	운영비 낮음, 인건비·유지비 절감
비즈니스 모델	종합 서비스 제공 중심	저비용·고효율 중심

03 항공사간 전략적 제휴

항공산업은 고정비 비중이 높고 국제 경쟁이 치열하기 때문에 항공사 간 전략적 제휴는 경쟁 대신 협력을 통해 노선 확대, 비용 절감, 서비스 향상, 브랜드 강화 등을 동시에 실현하기 위한 협력 방식으로 항공사들이 상호 보완적인 강점을 활용하여 시너지 효과를 창출하고자 하기 위함이다. 이는 인수합병(M&A)과 달리 법적 통합 없이 독립성을 유지하면서 공동의 이익을 추구한다는 점에서 유연하면서 실용적인 협력 방식이다.

가장 핵심적인 목적은 노선망 확대 및 항공 연결성 강화이다. 항공사는 제휴를 통해 자사가 취항하지 않는 지역까지도 고객에게 서비스를 제공할 수 있으며, 코드쉐어(Code-share) 협정을 통해 하나의 항공권으로 다양한 구간을 연계 운항할 수 있게 된다. 이를 통해 승객은 편리한 환승과 목적지 선택의 다양성을 경험할 수 있고, 항공사는 시장 접근성을 높이며 수익 기반을 확대할 수 있다. 또한, 제휴를 통해 운영 효율성과 비용 절감을 도모할 수 있다. 공동 구매, 공동 마케팅, 정비 협력, 공동 운항 등의 방식으로 중복 투자를 줄이고 운영 자원을 공유함으로써, 비용 구조를 최적화하고 수익성을 높일 수 있다.

서비스 측면에서는 마일리지 프로그램 및 라운지 이용 혜택 공유를 통해 고객 충성도와 만족도 향상을 꾀할 수 있다. 이를 통해 고객은 제휴 항공사 간에도 마일리지 적립 및 사용이 가능하며, 보다 폭넓은 프리미엄 서비스를 누릴 수 있다.

항공사 간 제휴는 항공 동맹체(Alliance) 형성의 기반이 되며, 스카이팀(SkyTeam), 스타얼라이언스(Star Alliance), 원월드(Oneworld)와 같은 글로벌 동맹체를 통해 세계 항공 시장에서의 경쟁력 강화와 브랜드 이미지 제고를 실현할 수 있다.

이러한 전략적 제휴는 항공사 입장에서 비용 부담 없이 시장을 확대하고, 고객 유지율을 높이며, 브랜드 신뢰성과 글로벌 이미지를 강화할 수 있다는 점에서 매우 효과적인 성장 전략이다.

1) 전략적 제휴의 효과

항공산업은 막대한 고정비와 규제, 유가 변동, 환율 등 외부 변수에 크게 영향을 받는다. 그러다 보니 글로벌 시장에서의 경쟁 심화와 고객의 다양한 서비스 요구에 대응하기 위해 개별 항공사만의 역량으로는 한계가 존재해서 항공사들 간에 자본 투자 없이도 시장을 확대하고 경쟁력을 강화할 수 있는 전략적 제휴를 선택하게 되었다. 고객의 입장에서는 노선을 다양하게 선택할 수 있고, 원스톱 서비스와 마일리지 활용 범위가 많아졌다. 항공사는 네트워크가 확장되어 노선이 늘어나고, 비용 절감 효과와 글로벌 인지도가 상승하여 경쟁력이 높아져 글로벌 항공산업에서 중요한 경쟁 전략으로 자리 잡고 있다.

하지만 제휴 항공사 간 운영 철학 차이로 갈등이 발생할 수 있고, 제휴 관계가 균형을 이루지 못하면 한쪽에 유리하게 작용하는 불평등 구조가 발생할 위험이 존재한다. 규제 당국의 반독점 심사가 필요할 수도 있다. 이렇게 항공사 간 관리해야 할 리스크가 존재하므로, 신뢰 구축과 균형 잡힌 협력 관계가 요구된다.

(1) 노선망 확대

항공사는 항공기 도입, 인력 확보, 공항 슬롯(slots) 확보 등 막대한 자본과 규제 제약으로 자체 노선망으로는 전 세계 모든 지역을 운항하기는 현실적으로 불가능한데 전략적 제휴를 통해 자사 노선이 없는 지역에도 진입이 가능하여 고객 선택권이 확대된다. 고객 입장에서도 한 항공사 예약만으로도 제휴 파트너 공항을 통한 원활한 환승을 제공받아 편리하다. 항공사는 코드쉐어와 글로벌 동맹을 통해 전 세계 수천 개 도시로 연결되는 거대한 항공 네트워크를 확보하게 되었다.

따라서 노선망 확대는 고객에게 광범위한 연결성과 편리성을 제공하고, 항공사는 시장 점유율 확대와 비용 절감 효과를 동시에 제공하는 핵심적 가치가 되었다. 이는 항공사들이 글로벌 경쟁에서 살아남기 위해 제휴를 추진하는 가장 큰 이유 중 하나이며, 궁극적으로는 항공사 브랜드 가치 상승과 고객 충성도 확보로 이어진다.

대한항공은 델타항공과의 전략적 제휴로 태평양 횡단 노선을 공동운항하여 미국 내 290개 도시와 아시아 80개 도시 연결망을 구축하였고, 에어프랑스-KLM과는 유럽과 아시아의 노선망을 통합하였다. ANA항공과 유나이티드항공은 북미와 아시아 노선망을 공유하고 있다.

(2) 비용 절감

항공산업은 항공기 도입·정비, 인건비, 공항 사용료, 연료비 등 고정비 비중이 매우 높은 산업이라 글로벌 경쟁이 심화되고, 유가 변동, 경기 침체 등의 외부 요인이 발생하면 수익성이 악화된다.

전략적 제휴에서 비용 절감은 항공사 간 협력을 통해 운영 효율성을 높이고 중복 투자를 최소화함으로써 경영 부담을 완화하는 핵심 효과 중 하나이다. 제휴 항공사 간에는 노선 중복을 최소화하고, 각 제휴사가 강점을 가진 허브 공항을 중심으로 네트워크를 재편하여 운항 효율성을 확보하고, 제휴 항공사가 동일 터미널과 라운지, 수하물 시스템을 공유해 공항 운영비를 절감한다. 연료, 항공기 부품, 기내 서비스 물품 등을 제휴사와 함께 대량 구매하고, 정비·훈련·예약·발권 시스템 등을 공동으로 활용해 중복 투자를 방지한다.

환승 수요를 공유함으로써 탑승률을 높이고 단위당 운송 비용(CASK)을 절감하고, 공동 마케팅, 통합 마일리지 프로그램 운영, 공동 판매 채널 구축으로 광고와 홍보 비용을 절약하여 판매 효율성도 높인다.

전략적 제휴에서 비용 절감은 단순한 지출 축소가 아니라, 운영 효율성 개선과 재무 안정성 확보를 동시에 확보해 항공사의 경쟁력을 강화하는 전략적 수단이다

대한항공과 델타항공의 조인트벤처(JV)는 태평양 노선의 운영 효율화를 통해 연료비와 마케팅비 절감 효과를 거두었고, 에어프랑스-KLM도 합병과 제휴를 통해 정비 시스템과 예약·발권 시스템을 공동 활용하여 비용 절감 효과를 달성했다.

(3) 고객 편의성 향상

제휴 항공사 간에는 마일리지 호환, 공항 라운지 공동 사용, 수하물 연결, 공동 체크인, 환승 편리성 증가 등 일관된 서비스 제공이 가능하여 고객 충성도와 만족도를 높일 수 있다.

코드셰어(Code Share) 및 조인트벤처(Joint Venture) 운영으로 고객은 한 항공사만 이용해도 환승이 편리하고, 복잡한 예약 절차 없이 단일 여정으로 연계 운항 서비스를 이용할 수 있다.

제휴 항공사 간 좌석 등급, 수하물 허용량, 체크인 절차 등을 유사하게 맞춤으로써 서비스 품질의 격차를 줄이고, 마일리지 적립 및 사용 범위를 상호 확대하여 고객의

혜택을 극대화한다. 같은 항공 동맹에 소속된 항공사에서도 마일리지 적립과 사용이 가능하고, 라운지 혜택도 공유된다. 공동 체크인 카운터, 수하물 처리 시스템 및 탑승 절차 간소화를 통해 환승 시간을 단축하여 편리하다.

이러한 편리함은 고객 만족도를 높이고 충성 고객을 확보하는 데 중요한 요소이며, 장기적으로 항공사의 브랜드 가치와 경쟁력 강화로 이어진다.

(4) 경쟁력 강화

세계적인 항공 동맹에 가입하면 국제 브랜드 연계 효과로 인해 브랜드 가치가 상승하여 글로벌 시장에서의 입지가 강화된다.

제휴 항공사 간 노선망을 공유하거나 공동운항(Code Share)을 운영함으로써 광범위한 글로벌 네트워크를 제공할 수 있어 단일 항공사가 진출하기 어려운 시장에도 간접 진입이 가능해져 시장 점유율을 확대할 수 있다. 어느 항공사를 이용하더라도 일관된 품질의 서비스를 경험할 수 있어 브랜드 이미지가 높아지고, 비용 절감을 통해 확보한 재원은 가격 경쟁력 확보와 신규 서비스 개발에 재투자할 수 있다.

단순히 노선망 확대나 비용 절감을 넘어, 시장 접근성, 서비스 품질, 브랜드 가치, 위기 대응력까지 포괄적으로 향상시킨다. 이를 통해 항공사는 단독으로 달성하기 어려운 규모의 경제와 시너지 효과를 확보하며, 글로벌 항공시장에서 지속 가능한 경쟁우위를 구축할 수 있다.

결과적으로 항공사가 제휴를 통해 시장 지위 향상, 서비스 품질 개선, 비용 효율화를 실현함으로써 글로벌 경쟁 환경에서 우위를 확보할 수 있다.

(5) 위험 분산

항공사들이 서로 협력함으로써 시장 경쟁과 재무상태, 운영 관리 측면에서 발생할 수 있는 위험을 최소화하고 안정성을 확보하는 것이다. 항공산업은 경기 변동, 유가 상승, 자연재해, 전염병, 지정학적 리스크 등 다양한 외부 변수에 취약하므로, 제휴를 통한 위험 분산 효과는 매우 중요하다.

항공사는 특정 노선이나 특정 시장에 지나치게 의존할 경우, 경기 침체나 지역적 이슈(정치 불안, 자연재해 등)가 발생 시 큰 타격을 입게 되는 약점이 있으나 제휴사 네트워크를 활용하면 다양한 지역에 노선을 분산할 수 있어 수요 변동 리스크를 줄일 수 있다.

제휴를 통한 공동 운항(Code Share) 또는 조인트벤처(Joint Venture)는 단일 항공사 운항 중단 시에도 대체편 제공이 가능해, 고객 불편과 매출 손실을 최소화할 수 있고, 정비, 지상조업, 예약·발권 시스템 등 운영 인프라를 공유하여 효율성을 높이고, 단일 시스템에 의존하는 리스크를 줄인다.

공동 구매나 공동 마케팅으로 비용 절감하고 제휴 네트워크 내 수익·비용 분담 구조를 활용하면 특정 노선의 손실 위험을 여러 제휴사와 공유할 수 있다. 팬데믹이나 자연재해가 발생했을 때에도 대체 항공편이나 자원 재배치가 가능하여 어려운 위기 대응 능력을 확보할 수 있다. 단순히 리스크를 공유하는 수준을 넘어 항공사 경영에서 전방위적으로 안정성을 확보할 수 있어 위기 상황에서의 회복력을 높일 수 있는 중요한 전략적 효과이다.

2) 전략적 제휴의 주요 형태

항공사 간 전략적 제휴(Strategic Alliance)는 상호 경쟁력을 높이기 위해 법적 통합 없이 협력하는 방식으로, 운영 효율을 높이고 고객 편의성을 증대시키는 데 목적이 있다. 제휴는 다양한 형태로 구분되며, 각각의 형태는 협력 수준과 범위에 따라 차별화된다. 다음은 항공사 전략적 제휴의 주요 형태이다.

(1) 코드셰어(Code Share)

가장 기본적이고 널리 사용되는 제휴 방식으로, 두 항공사가 하나의 항공편을 공동으로 판매하는 구조이다. 실제 항공편은 한 항공사가 운항하지만, 상대 항공사의 항공편 번호가 함께 표시되어 양사 모두 해당 좌석을 판매할 수 있다.

예를 들어, 대한항공이 실제 운항하는 인천-뉴욕 노선에 델타항공의 항공편 번호가 함께 부여된다면, 승객은 델타항공 홈페이지에서 예매하더라도 실제 항공기는 대한항공 소속으로 운항하게 된다. 이처럼 코드쉐어는 여러 항공사가 서로의 항공편을 공유해 판매하는 형태로, 항공사와 승객 모두에게 다양한 이점을 제공한다.

고객은 단일 예약만 하여도 여러 항공편을 이용하는 것이 가능하고, 마일리지 적립, 라운지 이용 등 제휴 혜택이 확대된다. 항공사는 신규 시장 진입 장벽이 완화되고 확보하지 못한 노선망을 보완할 수 있으며, 항공기, 인력, 운항 비용의 증가 없이 판매량을 높일 수 있다.

다만 서비스 품질이 제휴 항공사 간 동일하지 않을 경우에는 고객이 불만으로 이어질 수 있고, 지연이나 결항 등 운영하면서 발생한 문제의 책임 소재가 복잡해질 수 있다.

(2) 합작 투자(Joint Venture, JV)

합작 투자는 코드쉐어나 단순 제휴보다 협력이 강화된 형태로, 특정 노선이나 지역에 대해 운항, 마케팅, 수익까지 공동 운영하는 구조이다. 항공사들은 마치 한 회사처럼 협업하며, 수익을 공유하고 전략을 공동 수립한다.

치열한 글로벌 항공 시장에서 단일 항공사가 모든 노선에서 경쟁력을 확보하기 어렵기 때문에, 자원과 노선망, 전문성을 결합하여 경쟁력을 강화하고 효율적인 운영과 고객의 편의성을 확대하여 위험분산을 줄일 수 있는 전략이다.

하지만 제휴사 간 수익 배분이나 서비스 품질 차이로 인한 브랜드 이미지의 혼선과 반독점 면제 승인 과정의 복잡성은 가지고 있기는 하지만 인수나 합병을 대신하여 선택하기도 한다. 성공적인 합작 투자를 위해서는 명확한 역할 분담과 상호간의 신뢰 구축, 장기적 비전 공유가 필수적이다.

대표적인 예로는 대한항공과 델타항공의 태평양 횡단 노선, ANA와 유나이티드항공의 미주-아시아 노선. JAL과 아메리칸항공의 미주-일본 노선, 에어프랑스-KLM과 델타항공과 버진애틀랜틱의 대서양 노선 등이 있다.

(3) 글로벌 항공 동맹

글로벌 항공동맹(Global Airline Alliances)은 세계 각국의 항공사들이 전략적 파트너십을 통해 하나의 거대한 연합체를 구성하여, 전 세계 노선망 확대와 고객 서비스 통합을 추구하는 협력 체계이다. 항공사는 각자 독립적인 경영을 유지하면서도, 공동의 브랜드, 서비스 표준, 운영 효율성을 공유함으로써 경쟁력을 강화하고 수익성을 높이기 위한 글로벌 협력 구조를 구축한다.

글로벌 항공동맹의 대표적인 목적은 전 세계를 하나의 항공 네트워크로 연결하여, 승객에게 더 많은 목적지를 편리하게 환승하여 도착할 수 있도록 통합 서비스를 제공하고, 항공사 입장에서는 비용 절감과 시장 확장의 효과를 얻을 수 있다.

하지만 회원사 간 서비스 품질 차이, 운영 철학 차이로 고객 경험의 불균형이 발생할 가능성이 있고 노선 배분이나 수익 분담 등의 문제가 발생할 수도 있다. 따라서 항공동맹 내부의 조정 문제와 규제 이슈 관리가 필요하고 지속 가능한 협력 구조와 서비스 체계를 표준화하는 것이 필요하다.

대표적인 글로벌 동맹으로는 스타얼라이언스(Star Alliance), 스카이팀(SkyTeam), 원월드(Oneworld) 등이 있다.

- **스타얼라이언스**(Star Alliance)

1997년에 창설된 세계 최초이자 최대 규모의 글로벌 항공 동맹체로, "The Way the Earth Connects"라는 슬로건 아래 전 세계 주요 항공사들이 협력하여 글로벌 네트워크 확대와 고객 서비스 향상을 목표로 운영되고 있다.

스타얼라이언스는 전 세계 25개 이상의 주요 항공사로 구성되어 있으며, 전 세계 190여 개국, 1,200개 이상의 도시를 연결하는 방대한 항공 네트워크를 구축하고 있다. 대표적인 회원사로는 루프트한자(Lufthansa), 유나이티드항공(United Airlines), 아나항공(ANA), 싱가포르항공(Singapore Airlines), 아시아나항공(Asiana Airlines) 등이 있다.

스타얼라이언스(Star Alliance)는 세계 최초이자 최대 규모의 글로벌 항공 동맹체로, 회원사 간 긴밀한 협력을 통해 광범위한 노선망, 고객 서비스 표준화, 운영 효율화를 실현하는 것을 핵심 목표로 한다.

스타얼라이언스의 핵심은 세계 최대 규모의 글로벌 네트워크, 표준화된 고객 서비스, 마일리지 및 프리미엄 혜택을 통합하는 것에 있다. 이를 통해 고객은 편리하고 일관성 있는 글로벌 항공 서비스를 이용할 수 있으며, 회원사들은 시장 경쟁력 강화와 비용 절감이라는 공동 목표를 달성할 수 있다.

스타얼라이언스는 글로벌 항공사 협력 모델의 표준을 제시하여, 이후 스카이팀(SkyTeam), 원월드(Oneworld) 등 다른 글로벌 얼라이언스 결성에 큰 영향을 미쳤다. 전 세계 항공사의 연합 네트워크 개념을 확립하여 고객 편의성, 경쟁력 강화, 운영 효율화를 동시에 달성하는 글로벌 협력 모델로 자리매김 하였다.

그림 8.1 ❙ 스타 얼라이언스 회원사

- **스카이팀**(SkyTeam)

2000년도에 출범한 스카이팀(SkyTeam)은 세계 3대 글로벌 항공 동맹체 중 하나로, 회원 항공사 간 광범위한 노선망 공유, 고객 서비스 표준화, 마일리지 혜택 통합 등을 통해 전 세계 연결성과 경쟁력을 제공하는 것을 핵심 목표로 하고 있다.

델타항공(Delta Air Lines), 에어프랑스(Air France), 대한항공(Korean Air), 아에로멕시코

(Aeroméxico)가 창립회원사이며 회원사 수(2025 기준)는 19개 항공사이다.

스카이팀은 "Caring More About You"라는 슬로건을 가지고 글로벌 네트워크 확대, 고객 서비스 품질 표준화, 마일리지 혜택 공유, 운영 효율성 강화를 핵심 가치로 삼고 있다. 이를 통해 고객은 전 세계 어디서나 편리하고 통합된 서비스를 누릴 수 있으며, 회원사는 비용 절감과 시장 경쟁력 강화라는 이점을 동시에 확보하고 있다.

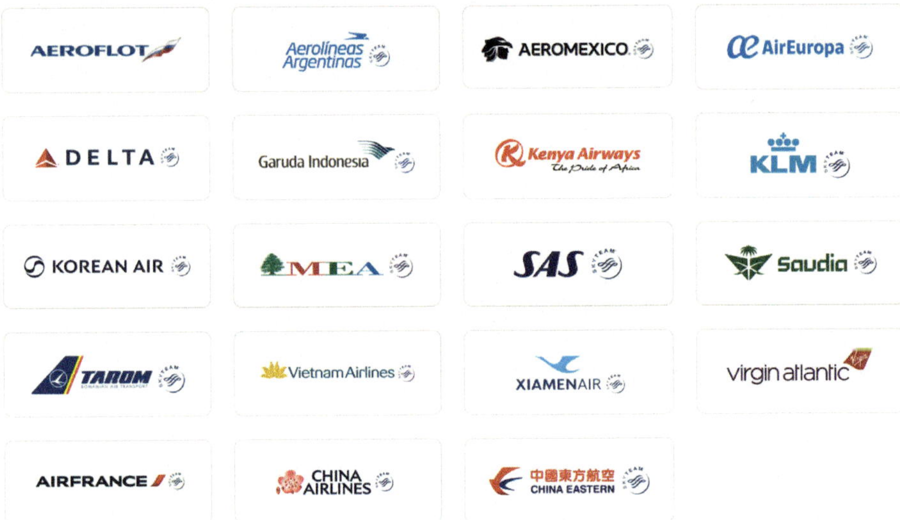

그림 8.2 ❙ 스카이팀 회원사

- **원월드**(Oneworld)

원월드(Oneworld)는 1999년에 출범한 세계 3대 글로벌 항공 동맹체 중 하나로, 회원 항공사 간 노선망 공유, 서비스 표준화, 마일리지 혜택 통합 등을 통해 고객 편의성과 회원사의 글로벌 경쟁력 강화를 목표로 하는 협력체이다.

회원사 수(2025 기준)는 아메리칸항공과 브리티시 항공 등 13개 항공사이며, 글로벌 네트워크, 서비스 표준화, 프리미엄 고객 혜택을 핵심으로 하여, 고객에게는 광범위하고 품질 높은 항공 서비스를 제공하고, 회원사에게는 운영 효율성과 시장 경쟁력을 강화할 기회를 제공한다. 특히 원월드는 프리미엄 서비스 강화와 고객 경험 중심 전략으로 비즈니스·고급 여행 시장에서 차별화된 입지를 확보한 글로벌 항공 동맹체로 평가된다. 특징은 프리미엄 서비스 품질과 고객 경험을 중시하며, 특히 비즈니스 고객층을 타깃으로 한 고급 서비스 제공에 강점을 가진다.

그림 8.3 ▌ 원월드 회원사

04 항공사 인수합병 사례

1) 델타항공과 노스웨스트항공

2008년 델타항공(Delta Air Lines)은 노스웨스트항공(Northwest Airlines)과 완전 합병을 추진하였다. 미국역사상 가장 규모의 큰 합병으로 미국 항공 산업의 구조를 재편하며 세계 최대 항공사로 부상을 하였다. 델타항공과 노스웨스트항공의 합병은 항공사 간 통합의 대표적인 성공 사례로 여겨지며 여러 가지 측면에서 실질적인 효과와 성과를 창출했다.

합병 당시 두 항공사는 재정적으로 적자가 누적된 상태였는데 합병으로 재무건전성을 확보하였고, 이것을 기반으로 투자를 확대하고, 신형 항공기를 도입하여 서비스를 개선하면서 장기적인 성장의 동력을 마련하게 되었다.

합병 이후에는 연간 순이익이 흑자로 전환하였고, 신용 등급이 개선되었으며, 고객 충성도가 높아지는 등 글로벌 항공시장에서 델타가 선도적 위치를 차지하며 항공업계의 리더로 자리매김하게 되었다.

결과적으로 이 합병은 항공사 M&A 역사상 가장 성공적인 사례 중 하나로 꼽히며 델타항공은 세계 최대 항공사로 도약했고, 이후 미국 항공산업을 재편하는 촉매제가 되어 유나이티드-콘티넨탈, 아메리칸-US에어웨이즈 등 대규모 항공사간의 통합으로 이어지는 계기가 되었다. 미국 및 글로벌 항공시장의 구조 변화를 이끈 상징적 합병 사례가 되었다.

(1) 글로벌 네트워크 통합 강화

델타는 미국 동부와 남부, 중남미 노선에 강점을 가진 반면, 노스웨스트는 아시아 및 북태평양 노선에 강한 경쟁력을 보유하고 있어 합병을 통해 미국내 국내선 노선과 국제선 노선을 유기적으로 연결하는 글로벌 네트워크를 구축하고, 세계 최대 항공 연결망을 확보했다. 이러한 결과는 상호 보완적으로 글로벌 시장을 확대하고 환승 네트워크를 통합함으로써 노선 중복이 없어 수익성과 연결성을 동시에 확보할 수 있었다.

(2) 허브 공항의 전략적 보완

델타항공의 주요 허브 거점인 애틀랜타, 신시내티 공항과 노스웨스트의 허브인 미니애폴리스, 디트로이트를 보유하고 있어 미국 내 지역별 거점을 확보한 상태에서 도쿄 나리타와의 아시아 시장 진출 거점을 강화함으로써 노선 운영의 지리적 효율성과 환승 연결성을 크게 향상시켰다.

(3) 운영 효율성 및 비용 절감

이러한 합병으로 인해 항공기 운영, 인력, 정비, IT 시스템 등 전반적으로 중복된 자산을 유연하게 배분하여 연간 수억 달러 규모의 비용 절감을 할 수 있었다. 특히 예약발권 시스템을 통합하여 서비스 효율성을 일관되게 유지하였고, 이러한 비용절감 효과는 수익성을 높이고 투자할 수 있는 자원을 확보하게 되었다.

(4) 스카이팀(SkyTeam) 동맹 기반의 시너지 확대

두 항공사는 스카이팀(SkyTeam)의 동맹항공사 회원사였기 때문에 동맹관계에서 진행하고 있었던 공동 마케팅, 라운지 공유, 마일리지 연동, 수하물 연결 등 고객 서비스 통합이 원활하게 이루어지면서 고객 충성도를 유지할 수 있어 통합 효과를 극대화할 수 있었다.

(5) 브랜드 통합과 고객 충성도 유지

합병한 이후에는 모든 시스템을 델타항공으로 단일화하여 기존의 노스웨스트 고객의 마일리지와 프리미엄 혜택을 그대로 유지하여 고객이 이탈하는 것을 최소화하였다. 이러한 전략은 브랜드 일관성과 고객 신뢰 유지라는 두 가지 목표를 다 확보할 수 있었다.

(6) 조직 통합과 노사 갈등의 최소화

항공사 합병에서는 흔히 발생하는 노조 갈등과 조직문화 충돌을 효과적으로 관리했다. 델타항공은 공정한 인사정책과 점진적인 통합, 커뮤니케이션 강화로 내부의 반발을 최소화하였다.

(7) 위기 상황 속 기회 포착

2008년에는 글로벌 금융위기로 인해 대부분의 항공사들이 어려움을 겪고 있었다. 이런 불확실한 상태에서 과감하게 합병을 시도하여 항공시장을 재편하는 선두 주자로 나섰고, 이후 항공업계 대형화 흐름을 선도했다.

2) 아메리칸항공과 US 에어웨이즈

2013년에 합병한 아메리칸항공(American Airlines)과 US 에어웨이즈(US Airways)는 아메리칸항공이 파산 보호 상태에서 성사되었다. 이 합병은 양사의 자산을 결합해 규모의 경제를 실현하고, 미국 내 경쟁력과 글로벌 네트워크를 동시에 강화하여 세계 최대 항공사를 탄생시켰다. 특히 위기 상황에서 전략적 제휴를 통해 세계 최대 항공사로 도약한 대표적인 성공사례로 평가된다.

에어웨이즈의 적극적인 인수 전략은 양사 간의 시너지 효과를 분석하여 통합 후 빠른 조직 안정과 수익성 회복을 실현했고, 위기 상황이던 아메리칸항공은 재도약의 전환점이 되었다.

(1) 규모의 경제 실현과 미국 내 시장 점유율 확대

아메리칸항공은 중남미와 장거리 국제선, US 에어웨이즈는 미국 동부와 중부 내륙 중심의 국내선에 강점을 가지고 있었다. 합병으로 미국 내 주요 허브 공항인 댈러스, 시카고, 필라델피아, 샬럿 등을 모두 확보하였고, 중복 노선이 적어 미국 전역에 노선망을 확대하여 시장 지배력을 강화하였다.

이 두 항공사는 미국내 항공 시장에서 세계 최대 규모의 항공사인 델타항공, 유나이티드 에어라인과 어깨를 나란히 하는 항공사로 발돋움 하였다.

(2) 네트워크 상호보완 및 글로벌 연결성 강화

아메리칸항공은 중남미 및 장거리 국제선을 운항을 하였고, US 에어웨이즈는 미국 동부와 국내선 허브 네트워크에 특화되어 있었다. 이 두 네트워크의 결합으로 국내-국제 환승 연결성이 강화되었고, 원월드(Oneworld) 항공동맹을 통해 기존의 국제선 네트워크와 마일리지 제도, 제휴 항공사 협력관계를 안정적으로 유지함으로써 고객 이탈을 최소화하고 브랜드 신뢰도를 유지했다.

(3) 노선 중복 최소화와 효율적 허브 운영

양사는 노선 중복이 크지 않았고, 허브 공항의 역할을 지역별로 분담하여 운영 효율성을 높이는 전략을 채택했다. 이를 통해 미국 전역을 고르게 커버하는 광역 항공망이 형성되었다. 또한 수익성이 낮은 노선은 정리하고, 핵심 노선을 강화하여 효율적인 허브 체계를 구축했다.

(4) 인력 및 운영 통합을 통한 비용 절감

항공사의 조직과 전반적인 시스템을 통합하고, 규모의 확대를 통한 항공기 구매·정비 계약 등 협상력을 강화하였고 운영 효율화를 통해 연간 수천억 원 규모의 비용 절감할 수 있었다.

(5) 브랜드 통합과 고객 신뢰 유지

합병을 한 후 아메리칸항공(American Airlines)으로 브랜드를 통합하여 US 에어웨이즈 고객들에 대한 서비스 혜택과 마일리지를 그대로 승계하여 유지하면서 고객의 이탈을 방지하였다.

(6) 파산 보호에서의 전략적 탈출

아메리칸항공은 파산 보호 상태였으나 US 에어웨이즈가 적극적으로 인수하면서 구조조정 없이 성장 중심의 회복을 달성한 점은 이 합병의 가장 독특하고 전략적인 면으로 평가된다.

(7) 리더십과 노사 관계의 안정적 관리

합병 과정에서 미국 내 항공사 노사 갈등은 노조와의 투명한 협상과 단계적 통합 전략을 통해 안정적으로 해결하였다.

3) 대한항공과 아시아나항공

대한항공과 아시아나항공의 합병은 2020년 코로나19 팬데믹 상황에서 본격 추진된 국내 항공산업 구조의 재편 전략으로, 대한민국을 대표하는 글로벌 항공사 육성이라는 정책적 의미가 있다. 이번 합병은 중복 경쟁을 줄이고, 글로벌 경쟁력을 강화하여 경영 효율성과 생존 가능성을 높이는 것에 기반하고 있다.

(1) 국내 항공산업 구조조정 및 공급 과잉 해소

팬데믹 이후 급감한 항공 수요와 두 항공사 간의 중복 운영으로 수익성이 악화되어 합병을 통해 비효율적인 경쟁을 해소하고 공급을 조절함으로써 시장 안정화와 재무 건전성을 확보하였다. 단순한 민간 합병이 아니라 정부와 산업은행의 주도아래 아시아나항공의 재무위기를 해결하고 항공산업 전체의 안정화를 주 목적으로 하였다.

(2) 글로벌 경쟁력 강화를 통한 글로벌 항공사 육성

두 항공사의 합병은 인천공항을 글로벌 허브 공항로서의 기능을 강화하여 동북아 중심 항공시장 내 영향력을 확대하여 세계 10위권 이내의 글로벌 항공사로 성장할 수 있는 기틀을 마련했다.

(3) 노선망 통합을 통한 네트워크 시너지 창출

대한항공은 미주, 유럽 등 장거리 노선을 중심으로 운영을 하였고, 아시아나항공은 중국, 동남아 등 중단거리 노선에 주로 운항을 하였다. 합병은 중복 노선을 제거하고 공항을 국내외 환승을 원활하게 하여 시너지 효과를 창출할 수 있다.

(4) 운영 효율성 극대화 및 비용 절감

항공기 운영, 정비, 인력, IT 시스템 등 전반적인 조직을 통합하여 규모의 경제효과와 중복 자원 제거에 따른 비용을 절감하여 수익을 창출한다. 마일리지, 수하물, 고객 서비스 등도 일원화 하여 일관성 있는 운영을 지향하여 고객의 편의성을 높인다.

(5) 항공업계 회복과 고용 안정 도모

두 항공사의 통합은 유동성 위기를 해소할 수 있는 근거가 마련되어 장기적으로는 협력업체, 공항 근무 인력 등 항공관련 산업 생태계의 고용 안정과 재도약에 기여할 수 있다.

(6) 글로벌 항공 동맹 전환 전략

대한항공은 항공동맹인 스카이팀(SkyTeam), 아시아나 항공은 스타얼라이언스(Star Alliance) 소속인 것을 대한항공 중심의 스카이팀 체제로 일원화하여 글로벌 네트워크와 마일리지 제도, 고객 서비스 일관성 확보에 성공했다.

(7) 고객 서비스의 연속성과 통합 브랜드 전략

통합 과정에서 아시아나항공의 기존 고객의 기존 서비스 등급이나 체계를 동일한 조건으로 이월하여 고객 이탈을 최소화하였다.

4) 에어프랑스와 KLM

2004년 에어프랑스와 KLM의 합병(2004년)은 유럽 항공업계 최초의 국경 간 항공사 합병으로, 양사가 독립적인 브랜드와 허브를 유지하면서도 운영 효율성과 시너지를 추구하는 모델로 주목받았다. 이는 단순한 흡수가 아닌 전략적 제휴형 합병으로서, 유럽 항공산업 통합의 선도적 사례로 평가된다.

(1) 이중 허브 전략(Dual-Hub Strategy)

에어프랑스는 파리 샤를 드골공항(CDG)을 KLM은 암스테르담 스키폴공항(AMS)을 허브 공항으로 유지함으로써 노선 중복 없이 유럽 내 환승 연결성과 글로벌 커버리지를 극대화하였다. 이러한 이중 허브 체계는 고객의 선택폭을 넓히고 유럽 전역에서의 시장 점유율 확대하는 계기가 마련되어 수익을 극대화 하였다.

(2) 브랜드 독립 유지 전략

합병 이후에도 에어프랑스와 KLM의 항공사 이름을 개별 브랜드로 유지하면서 고객의 지역적 정체성과 브랜드 충성도를 보호하였다. 이는 현지 정체성을 존중하면서도 조직 통합을 이룬 유연한 경영 방식으로 기존 고객 기반의 이탈을 방지하고, 문화적 통합 부담을 최소화하는 데 중요한 전략이었다.

(3) 스카이팀(SkyTeam) 동맹 기반의 글로벌 네트워크 확대

양사는 항공동맹 스카이팀(SkyTeam) 소속이어서 합병을 통해 항공 동맹 내 위치를 강화하고, 제휴망, 마일리지, 코드셰어, 라운지 서비스 등이 이미 연계되어 있어 고객 서비스 통합이 매우 자연스럽고 효율적으로 진행될 수 있었다.

(4) 운영 효율화 및 비용 절감

구매, 정비, IT 시스템, 인사 등 공통 부문의 통합 운영을 통해 운영비용 절감을 도모했다. 스케줄, 항공기 운용, 연료 구매 등의 공동 조달을 통해 규모의 경제 효과를 실현하면서 각 브랜드의 독립성을 유지하는 성과를 냈다.

(5) 정부 및 노조와의 협력 기반 마련

에어프랑스와 KLM 모두 국가 소유 비율이 높았던 항공사이기 때문에 합병 과정에서 양국 정부의 승인과 지원, 노조와의 장기 협상 전략이 매우 중요했다. 노조와의 사전 조율을 통해 대규모 반발 없이 인력 통합과 단계적 통합을 진행해 내부 갈등을 최소화했다.

(6) 다국적 경영 체제 구축

합병 후에도 KLM은 네덜란드 법에 따라 운영되는 독립 회사로 유지되며, Air France-KLM 그룹 아래 이중 본사·이중 경영 체제를 도입했다. 이는 문화적 차이를 고려한 현지화 경영과 유연한 의사결정 구조를 가능하게 했다. 합병 후 이사회, 경영진, 의사결정 구조 등에서 양국 인사 간의 균형 있는 분산과 협업 체계를 구축하였다. 이를 통해 한쪽 국가로의 권력 집중을 방지하고 상호 신뢰 기반의 글로벌 경영 체제를 유지했다.

(7) 단계적 통합 전략으로 리스크 분산

양사는 'Air France-KLM Group'이라는 지주회사 형태로 통합하고, 각 항공사는 독립 운영을 유지하는 점진적 통합 방식을 택했다. 이는 법률·노동법·회계 기준이 다른 두 국가 간 합병에서 발생할 수 있는 제도적 충돌을 최소화하는 데 효과적이었다.

09

CHAPTER

저비용 항공사의 경영방식

CHAPTER 09

저비용항공사의 경영방식

01 저비용항공사의 탄생

1) 개요

저비용항공사(低價航空社, Low Cost Carrier, LCC)는 기내 서비스가 적은 대신 적은 운임으로 운행하는 항공사이다. 이 개념은 미국에서 처음 고안되어 1990년대 초에 유럽으로 퍼져 나갔으며 마침내 세계 전역까지 퍼져 나갔다. 저비용항공사란 기존의 항공운송 시장에 형성되어 있는 항공운임에 비하여 상당히 저렴한 수준으로 운송서비스를 제공하는 항공사를 총칭한다.

저비용항공사는 항공수요가 적어 중형항공기 이상을 투입할 경우에는 좌석이용률이 낮아 일반항공사(FSC)들이 운항을 꺼리는 항공노선에 주로 항공기 공급좌석 200석 이하의 항공기로 운항을 하였다. 저비용항공사는 운항비용이 적게 소요되는 소형 항공기를 운항하도록 하여 좌석이용률을 높여 운송효율을 높이고, 기내서비스를 축소하여 인건비와 부대경비를 줄이는 것이 특징이다. 항공기 가격이 비교적 낮기 때문에 감가상각비가 줄어드는 이점을 이용하여 수지타산을 맞추어 나가는 소규모의 항공사를 의미한다.

국제민간항공기구인 ICAO의 사업모델 특성에 따라 항공사 분류 기준은 크게 전통항공사인 일반항공사(FSC)와 저비용항공사로 구분하고 있다.

표 9-1 ▌ICAO의 항공사 분류

분류기준	분류명	설명
사업모델 특성	Full-Service Carrier	전형적인 국적항공사 또는 일반항공사 광범위한, 전세계적인 노선망 운영항공사에서 제공할 수 있는 거의 모든 서비스 제공(다양한 좌석등급, 기내 엔터테인먼트, 기내식, 기내 면세품 판매, 프리미엄등급 회원을 위한 라운지 제공 등)
	No-Frills Carrier	간단하고 제한적인 기내서비스의 제공 등으로 비용절감 저비용항공 운송 서비스의 제공에 초점을 맞춘 항공사
	Low-Cost Carrier	저비용 구조의 항공사로 낮은 운임을 제공하는 항공사, 독립항공사 또는 일반항공사의 자회사

2) 저비용항공사와 일반항공사의 차이

저비용항공사의 일반항공사에 대비한 경영상의 특성은 8가지로 구분된다(Mckinsey Company, 2002; 백영신, 2012).

일반항공사(FSC)와 저비용항공사를 항목별로 비교하면 다음과 같다.

- 저비용항공사는 조직 및 전통에 근거해서 의사결정을 하는 전통항공사에 비해 비교적 빠른 의사결정과 비용절감에 대한 역량을 집중한다.
- 다양한 항공기종으로 지상회전시간(turn-around time)이 긴 전통항공사에 비해 보유기종을 단순화하고 항공기 가동률을 높이고 짧은 지상 회전시간을 통해 효율성을 높이고 있다.
- 저비용항공사는 가격구조를 단순화한데 비해 전통항공사는 최대 이익 창출을 위한 수입관리시스템(YMS: yield management system)활용으로 복잡한 가격구조로 시장이 수용 가능한 최대의 가격정책을 운용한다.
- 저비용항공사는 높은 직무수행능력에 단순화된 운용을 통해 비용 증가요인을 철저히 관리한다.

• 일반항공사(FSC)가 근무규정에 의거해 인건비가 높은데 비해 저비용항공사는 개인의 생산성에 기초한 비교적 낮은 인건비를 책정한다.

표 9-2 ┃ FSC와 LCC간의 항목별 비교

항목	일반항공사(FSC)	저비용항공사(LCC)
가격 정책	최대 이익창출을 위한 복잡한 가격구조 (시장이 수용할 수 있는 수준의 가격정책 수립)	새로운 수요창출을 위한 차별화된 가격정책 (소비자의 관심을 끄는 기획성 가격정책) 및 단순한 가격 구조
노선 운영	단·중장거리등 다양한 노선운영 편리한 스케쥴 출·도착의 정시성	단거리, point to point, 노선 운영
노선구조 및 주 이용공항	대형 허브공항이용(주요도시) 높은 단위 비용에 따른 높은 수익	보조 공항이용, 비수익 노선, 과감히 철수
상품 특성	복수 클래스 정책, LCC대비 다양한 부가서비스, 제공(기내식/음료, 오락시설, 면세품판매 인터넷 등)	좌석 단일 등급, 좌석배정 폐지 및 식/음료 유료 서비스, 기타 부가서비스 폐지
유통 채널	예약 시스템(CRS), 여행사 및 인터넷 등 다양한 판매 유통망, 직접 판매	직판 위주의 판매 (인터넷, 여행사, 콜센터)
자산 효율성	다양한 기종, 저조한 항공기 회전률	단기기종보유를 통한 전세 항공기 보유로 비용절감, 높은 항공기 가동률, 짧은 항공기 회전 시간
체크인	키오스크, 페이퍼 티켓, e-티켓	키오스크, 페이퍼 티켓, e-티켓
네트워크	허브 앤 스포크	포인트 투 포인트
기내 서비스	기내식과 음료, 엔터테인먼트 장비 이용	부가서비스 없음. 유료화
운항 빈도	적음, 복잡하고 혼잡	30분, 빈번함
고객 서비스	full-service(인적, 물리적)	service(객실승무원의 인적서비스에 비중을 두고 있음)
공항	일차공항	이차공항
경영 운영	여객과 화물	여객운송의 핵심 사업에만 치중함
목표 고객	비즈니스, 레저 고객	가격에 민감한 여행객
기타 서비스	마일리지 프로그램, 라운지 제공	마일리지 프로그램, 라운지 없음

자료 : O'connell, J. F. & Williams, G.(2005).

- 주요도시의 주요 공항을 기점으로 운항하는 전통항공사에 비해 저비용항공사는 도심외곽 공항을 이용하고 부진한 노선은 운영하지 않고 수익을 중심으로 효율적인 노선관리를 한다.
- 전통항공사가 기내식, 음료수, 잡지 · 신문제공 등 다양한 기내 서비스와 일등석, 비즈니스석, 일반석 등 복수의 좌석등급을 운영하는데 비해 저비용항공사는 주로 일반석의 단일 좌석등급을 유지하고 부가 서비스 제공을 최소화 또는 유료화 한다.
- 저비용항공사는 자사 홈페이지를 통한 상품판매로 전통항공사가 글로벌 예약 시스템(GDS: global distribution system)이나 여행사 등 다양한 채널의 판매망에 수수료를 지급하지 않는다.

3) 저비용항공사의 시장전략

(1) 원가절감으로 운임인하

저비용항공사는 동일한 노선에서 항공운임을 기존항공사의 운임보다 30% 이상 저렴하게 판매한다. 이처럼 운임을 낮추기 위해서는 결국 운송원가를 절감하는 방법과 항공기의 탑승률을 높이는 방법이다.

표 9-3 ▎LCC의 비용 절감 요소

비용 요소	비용 절감 효과	주요 요인
인건비	33%	높은 인적 요소를 활용, 새로운 보상 시스템, 서비스 최소화 개념
판매 및 관리비	16%	직접 판매, 인터넷 사용, 낮은 GDS(Global Distribution System) 이용료
유지/ 보수비	13%	단일기종 구성, 경쟁 입찰에 의한 업체 공모
지상조업시	12%	빠른 항공기 회전율, 신속한 여객처리
착륙료	9%	낮은 착륙료, 보조공항 이용
기타	18%	부가서비스 비제공 등

운송원가를 절감하는 방법으로는 대형항공기에 비하여 소형기는 항공기좌석 당 구입단가가 낮아 감가상각비가 대형항공기에 비하여 상대적으로 낮기 때문에 자본비용을 절감할 수 있다. 기내서비스를 대폭 축소하여 인건비 및 부대경비를 줄인다. 자사 홈페이지를 통한 예약 및 발권으로 인건비와 발권비용을 절감할 수 있다. 항공사의 조직규모가 작아 상대적으로 인건비 수준이 낮을 뿐만 아니라 불필요한 지출을 막을 수 있다.

(2) 틈새시장 개발로 경쟁회피

저비용항공사는 국내선의 경우에는 성수기와 비수기에 따라 계절적 항공수요를 찾아 부정기로 운항을 하거나 수요부족으로 대형기운항이 부적합한 틈새시장을 개발한다. 국제선의 경우에도 중소도시에서 근거리 외국의 관광도시를 직접 연결하는 항공노선에서 전세기 또는 계절적으로 운항하는 방법 등으로 수요를 개발한다.

(3) 시장개척의 우선권 확보

저비용항공사가 개발하는 틈새시장의 항공노선은 수요가 적기 때문에 대형항공기가 쉽게 진입하지 못한다. 결국, 그 항공노선에 대하여 독점적 지위에서 항공기를 운항하게 된다.

(4) 시장세분화로 고객욕구충족

저비용항공사는 항공여행시장을 세분화하여 고객의 욕구를 맞추어 나가는 전략으로 항공수요를 창출할 수 있다. 항공운송시장의 세분화는 고객의 입장에서 보면 맞춤형 서비스가 되어 고객의 높은 호응도를 이끌어낼 수 있다.

4) 저비용항공사의 특징과 전략

저비용항공사는 항공노선의 수, 항공기보유대수, 종사원의 수 및 고객서비스 등에서 기존 항공사와는 상당히 다른 특징을 보이고 있는데, 저비용항공사의 특징과 전략을 살펴보면 다음과 같이 정리할 수 있다.

(1) 소규모 조직운영

저비용항공사는 기존의 일반항공사에 비하여 항공기 보유대수가 많지 않을 뿐만 아니라 항공기의 기종도 단일기종으로서 매우 단순하기 때문에 정비조직 등이 비교적 소규모의 조직으로 운영되는 것이 보통이다. 기존의 일반항공사들은 비교적 다양한 항공기를 보유하고 있어 조종사나 정비사를 항공기의 기종별로 확보하여야 한다.

교육훈련도 기종별로 하여야 하는데 비하여 저비용항공사는 기종이 단순하므로 조종사나 정비사를 기종별로 확보하지 않아도 되고, 기종별 교육훈련도 필요하지 않기 때문에 항공사의 조직규모가 작아져 인건비 지출이 줄어든다. 소규모 조직이므로 본사 중심의 영업이 가능하고, 적극적인 아웃소싱 등을 통하여 조직을 단순화하고 슬림화 하는 특징이 있다.

(2) 고객서비스의 축소

저비용항공사는 낮은 항공운임의 실현을 위하여 기존 항공사들이 여객에게 제공하는 서비스 중에서 필수불가결한 서비스만 제한적으로 제공하는 특징이 있다. 기존의 일반항공사들이 승객에게 제공하는 기내식음료서비스의 생략 내지는 대폭 축소, 마일리지의 누적과 같은 상용고객우대제도의 생략, 공항라운지 이용과 같은 공항서비스의 생략 또는 대폭축소, 좌석등급제의 폐지할 수 있다.

좌석배정업무를 생략하거나 좋은 좌석은 추가요금을 받고 판매하는 경우도 있다. 항공사 서비스의 생략에도 불구하고 저비용항공사를 이용하는 승객의 입장에서 보면 국내선의 경우에 대부분의 항공노선이 항공기의 운항시간이 1시간 미만인데 운임은 30% 이상이 저렴하므로 서비스의 생략에 따른 다소의 불편은 감수하더라도 저비용항공사를 이용한다.

(3) 높은 탑승률과 가동률

저비용항공사를 경영하는 특징 중의 하나는 항공기의 가동률을 높여 자본투자 대비 수익효과를 높일 수 있는 것이다. 영업비용을 최소화하는 경영전략과 항공기의 좌석탑승률을 대형항공기보다 높게 유지하여 단위좌석 당 수익률을 높이는 것이다.

항공기의 가동률을 높이는 문제는 항공기의 안전운항과 직결되어 장거리운항에서는 규제를 두어 운항횟수를 제한한다. 하지만 저비용항공사는 단거리를 직항으로 운항할 수 있어 운항횟수를 1회 이상 늘릴 수 있는 이점이 있다. 이렇게 운항횟수를 늘리면 대형항공기편으로 탑승률이 50% 미만의 저조한 항공노선이 탑승률이 70% 이상 상승되는 효과가 발생한다.

(4) 단위생산원가의 절감

저비용항공사가 기존의 일반항공사들보다 항공운임을 30% 정도 저렴한 가격으로 판매가 가능한 것은 저비용항공기가 대형항공기에 비하여 항공기의 단위좌석 당 구입가격이 낮아 투자비를 절감할 수 있기 때문이다. 항공기의 기종이 단일화되어 있기 때문에 운항승무원의 교육훈련비와 장비 및 부품구입에 따른 비용을 최소화할 수 있다. 직원들의 인건비 또한 일반항공사들보다 낮게 책정되고, 항공사의 규모가 작기 때문에 조직이 단순하여 전체적인 영업 관리를 직접 할 수 있다.

(5) 마케팅의 차별화

저비용항공사는 운항하는 항공노선이 많지 않을 뿐 아니라 특정한 노선은 성수기에만 운항하는 전략을 취하고 있고, 특정 고객집단을 대상으로 노선별, 좌석등급별, 요일별로 다양한 운임전략을 세우고 있다. 항공권의 판매도 자사가 직접 판매하거나 인터넷판매 위주의 유통채널을 이용하여 마케팅을 방법을 차별화할 수 있다. 저비용항공사는 계절별 탄력운임을 적용하여 가격탄력성이 비교적 높은 여행자를 대상으로 하는 마케팅에 집중을 하고 있다.

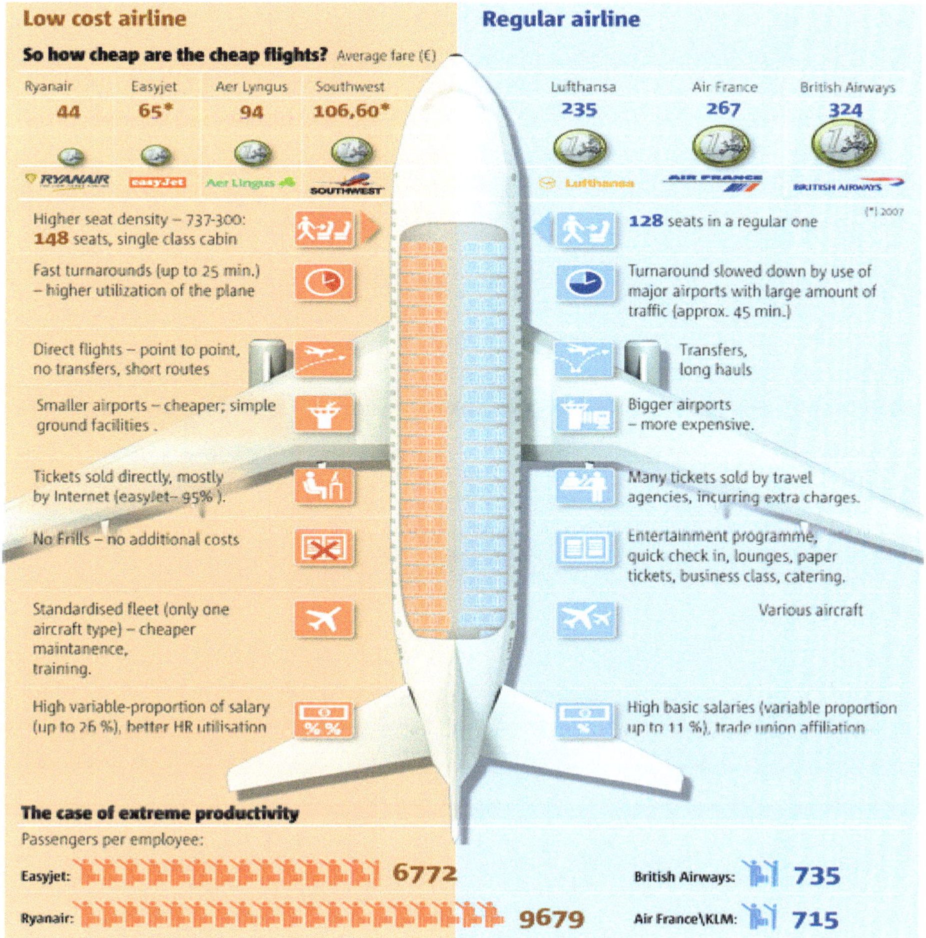

자료 : https://www.flickr.com

그림 9.1 ❙ LCC와 FSC 항공사 마케팅의 차이점

02 국내 저비용항공사 현황

우리나라의 국내 및 국제항공운송 사업은 두 개의 일반항공사 중심에서 2005년부

터 저비용항공사가 진입하기 시작하였다. 저비용항공사의 생성과 항공산업의 변화는 국제적인 변화에서 먼저 시작되었다고 볼 수 있다. 현재, 우리나라 저비용항공사는 제주항공, 진에어, 에어부산, 이스타항공, 티웨이항공, 에어서울 등이 있다.

표 9-4 ▌국내 항공사(FSC/LCC)의 현황

구분	대한항공	아시아나	제주항공	진에어	에어부산	이스타항공	티웨이항공
면허(등록)일	1969.03	1988.02	2005.01	2008.01	2007.08	2007.10	2005.04
최초 취항일	1969. 03.01	1988. 12.23	2006. 06.05	2008. 07.17	2008. 10.27	2009. 01.07	2010. 09.08.
노선망 -국내선 -국제선	18개노선 142노선	12개노선 99개노선	4개노선 17개노선	1개노선 16개노선	3개노선 12개노선	3개노선 13개노선	4개노선 8개노선
항공기보유	161대	81대	20대	31대	21대	15대	38대
자본금	3,698억	9,755억	1,100억	270억	500억	278억	169억
항공조종사(외국인)	2,853 (186)	1,365 (14)	669	504	273	210	716
항공정비사	2,791	1,247	309	298	199	196	427
운항관리사	169	109	52	57	32	25	57
객실승무원(외국인)	6,158 (90)	3,390 (158)	1,165	889	620	400	1,453

주 : 조종사 수는 외국인 조종사를 포함.

자료 : 국토교통부 항공산업과(2025)

1988년 이후 우리나라 항공운송은 대한항공과 아시아나항공을 중심으로 크게 발전해왔다. 그러나 2005년부터 최근 수년간 저비용항공사가 추가적으로 진입하면서 현재 대한항공과 아시아나 항공의 합병으로 1개의 일반항공사 외에 6개의 저비용항공사가 운항 중에 있다. 우리나라 최초의 저비용항공사는 한성항공으로써 2005년 8월 청주~제주 노선을 취항하면서 운항이 시작되었다. 다음해인 2006년 6월에는 제주항공이 김포~제주 노선을 취항하였다. 진에어가 2008년 7월 김포~제주 노선으로 운항을 시작하였고, 에어부산이 2008년 10월 김포~김해 노선을 운항하였다. 이후 이스타항공이 저비용항공사 시장에 진입하여 2009년 1월 김포~제주 노선을 취항하였다.

이밖에도 영남을 기반으로 하는 영남에어가 2008년 7월부터 일부 국내선 노선을 운항하였으나 같은 해 12월 운항이 중단된 바 있고, 한성항공의 경우 2008년 10월 운항이 중단되었으나 티웨이항공으로 2010년 9월부터 김포~제주 노선을 시작으로 운항하고 있다.

1) 제주항공

제주항공은 제주특별자치도와 애경그룹이 공동 설립한 민, 관 합작기업이다. 제주도의 항공교통을 개선하여 제주도민과 제주도 관광객의 편의도모가 설립 목적이며, 2005년 1월 25일에 설립되었다. 제주국제공항에 기반을 두어 2006년 6월 5일 제주-김포노선에 취항하였다.

그림 9.2 ❙ 제주항공 항공기

제주항공이 LCC로는 한성항공에 이은 대한민국 2번째이지만, 부정기 항공운송사업면허를 받은 한성항공과 달리 처음부터 정기 항공운송사업 면허를 받은 정기 항공사로 출범하였다. 정기 항공운송사업 면허는 대한항공과 아시아나항공에 이어 제주항공이 3번째로, LCC 최초로 획득하였다. 현재 국내 LCC 항공사 중 가장 많은 국제 정기편을 취항하고 있다.

제주항공의 특징으로 2008년 7월 제주항공이 일본에 첫 전세기를 취항하였고, 2009년 3월 인천~오사카, 인천~키타큐슈, 4월 인천~방콕, 11월 김포~오사카 정기노선을 취항하면서 2009년 1년 동안 약 16만 명을 운송하였다. 2010년에는 김포~나고야, 인천~홍콩, 인천~마닐라, 부산~세부 노선이 추가되었고 연간 약 49만 명을 운송하였다. 2011년 부산~홍콩, 부산~방콕, 제주~오사카 노선이 추가되면서 현재 국제선 정기 노선을 운항을 계속적으로 확장하고 있다.

그림 9.3 ❙ 제주항공 취항노선(2020)

2) 진에어

대한항공에서 100% 출자해 설립한 저비용항공사로, 한진그룹과 대한항공의 계열사이다. 2008년 7월 17일 김포-제주간 노선의 취항을 시작하면서 본격적인 항공운송산업을 시작하였다. 일본, 중국, 그리고 동남아시아 지역을 취항중이며, 국내 저비용항공사중 최초이자 유일하게 미국령 괌에 취항하였다.

진에어는 애초 에어코리아라는 이름으로 취항을 준비하였으나, Ci선포시기에 맞추어 진에어로 사명이 바뀌었다(이후 에어코리아는 한진그룹 계열의 항공 여객운송전문회사의 사명으로 승계되었다). 진(眞, Jean)이라는 사명과 걸맞게 모든 현장 직원의 유니폼이 파격적으로 청바지와 티셔츠를 착용하여 항공업계에 새로운 반향을 일으켰다. 또한 국내선의 경우 지정좌석제가 아닌 사우스웨스트항공이나 에어아시아가 도입하고 있는 자유좌석제를 국내에서 유일하게 도입하여 운영 중(구역지정에 의한 자유좌석제)인 실용성을 강조한 항공사이다.

진에어는 주력 항공기는 737-800 기종으로 국내선 11개 노선, 국제선 737-800을 이용하며 일본 10개 노선, 중국 5개 노선, 동남아시아 15개 노선, 괌을 운항하고 있다.

대한항공이 아시아나와 합병됨에 따라 진에어와 에어서울, 에어부산은 조만간 하나의 저비용항공사로 운영될 예정이다.

그림 9.4 ▎ 진에어 항공기

그림 9.5 ▌ 진에어 취항노선(2025)

3) 이스타 항공

이스타항공그룹(舊 Kic 그룹)과 군산시의 10억원을 투자하였다. 이후 메리츠종합금융증권과의 합작으로 설립되었다. 2008년 8월 7일 국토해양부로부터 부정기 항공운송 사업면허를 취득하였으며, 2009년에 보잉 737-600 항공기 1대, 보잉 737-700 5대를 임대하여 도입했다.

2009년 12월 국내, 국제선 정기항공운송면허(Aoc)를 얻어 2009년 12월 인천~말레이시아 부정기 노선으로 국제선 운항을 시작하여 2010년 인천~코타키나발루 노선과 2011년 인천~치토세, 인천~나리타, 인천~방콕 노선을 운항하였다.

2023년 1월 사모펀드인 VIG파트너스로 최대주주지분이 이전되면서 같은 해 3월 26일부터 운항을 재개하였다. 현재는 활발하게 영업전략을 구사하고 있다.

그림 9.6 ▎ 이스타 항공기

그림 9.7 ▎ 이스타항공 취항노선(2025)

4) 에어부산

2007년 부산국제항공이라는 이름으로 처음 설립되었으나 2008년 지금의 사명으로 변경하고 아시아나항공의 737-400, 737-500을 인계받아 운항을 시작하였다. 아시아나항공, 부산광역시가 대주주이고, 2008년 10월 27일 김해국제공항을 거점으로 해서 부산~김포 노선에 첫 운항을 시작한 항공사이다. 2007년 부산국제항공으로 설립하였다.

2010년 3월 부산~후쿠오카 노선과 4월 부산~오사카 노선을 취항하였고 2011년 1월 부산~타이베이노선과 5월 부산~홍콩노선, 6월 부산~나리타노선을 취항하였다. 3월에는 부산~세부 노선을 정기노선으로 재취항 하여 총 6개 정기 노선을 운항하고 있다. 2025년 3개의 국내선과 동북아 29개 노선, 동남아 14개의 국제선을 확장하여 운항하고 있다.

대한항공이 아시아나항공을 인수하면서 에어부산도 대한항공의 자회사가 되어 합병 후 마지막 재정비를 하고 있다.

그림 9.8 ▌ 에어부산 항공기

그림 9.9 ▌ 에어부산 취항노선(2015)

5) 티웨이항공

한성항공은 2005년 대한민국의 최초의 저비용항공사로서 첫 비행을 시작하여 한때 제트기 도입과 국제선 취항을 추진하였으나, 2008년 10월 18일 부로 고유가, 고환율 및 그로 인한 자금난으로 인해 운항을 중단하였다.

2009년 3월 31일 정기 주주총회에서 5월 말에 국내선 재취항, 7월 초에 국제선 취항으로 재운항을 합의하였으나 투자유치 실패로 부정기 운송면허 취소 처분을 받을 위기까지 있었다. 한성항공은 영업을 재개하면서 티웨이항공으로 사명을 발급받아 2011년 10월에 변경하였다. 2010년 9월 운항 중순부터 인천~방콕노선을 시작으로 국제선 노선을 확대하면서 운항하고 있다.

국내선은 5개 도시를 운항하고 있으며, 국제선은 중국 7개 노선, 일본 7개 노선, 동남아시아 7개 노선, 유럽직항노선 로마, 바르셀로나, 파리, 프랑크푸르트 4개 노선, 그 밖의 5개 노선을 운항하고 있다.

그림 9.10 ▌ 티웨이항공 취항노선(2025)

그림 9.11 ▌ 티웨이항공 항공기

6) 에어서울

아시아나항공이 100% 자본금(150억)을 출자하여 출범한 항공사이다. 지금은 대한항공과 아시아나 합병으로 대한항공의 자회사이다. 에어서울은 먼저 만들어진 아시아나계 항공사인 에어부산에 대응해 서울 지역을 기반으로 한다는 뜻에서 지어졌다. 에어서울은 2016년 7월 11일부터 국내선을 운항하였으며, 10월 11일부터 국제선 운항을 시작하였다. 특히 좌석마다 개인 모니터를 장착하여 영상 시청이 가능하도록 한 점은 다른 LCC와 차별화 전략이다.`

항공기는 A320 시리즈 위주로 운항하고 있으며, 에어서울은 아시아나항공 보유 항공기 중 가능한 기령이 짧은 최신예 제트 항공기를 도입한다.

2016년 3대를 도입한 이후 2017년 2대의 항공기를 추가 도입한다. 현재 국내선은 김포, 인천, 제주를 운항하고 있으며, 일본 노선으로 도쿄, 오사카, 다카마쓰, 요나고, 후쿠오카 등 5개 노선을 운항하고 있으며, 동남아시아에선 베트남 다낭, 나트랑, 필리핀의 보홀 등 3개 노선을 운항하고 있다.

그림 9.12 ▌ 에어서울 항공기

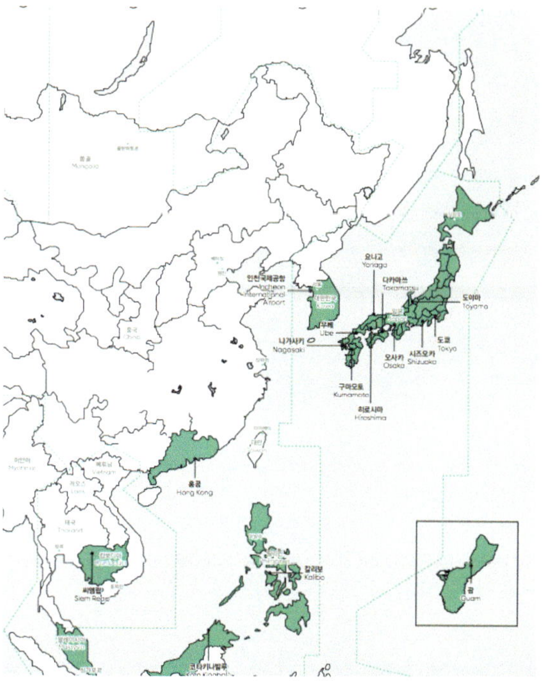

그림 9.13 ▌ 에어서울 취항노선(2019)

03 세계 저비용항공사의 현황

최근 전 세계적으로 저비용항공사의 실적 증가에 따라 세계항공사 실적 상위권내에 저비용항공사가 상당수 포함되어 있다. 국제적으로 대표하는 저비용항공사는 Southwest Airlines, Ryanair, Easyjet, Airasia 등이 있다.

자료 : star2.com

그림 9.14 ▍ Travel Around The World On Low-Cost Airlines

1) Southwest Airlines

사우스웨스트 항공(Southwest Airlines)은 댈러스에 본사가 있는 저비용항공사로 사람 중심의 문화와 고객 중심 서비스를 핵심으로 운항하고 있다. 설립당시 보잉 737기 3대로 시작하였고, 지금은 보잉 737 단일기종으로 약 810대가 운영 중이다. 미국에서만 100개 이상 지역의 노선을 운항하고 있으며, 중남미로 노선을 확장하고 있다. 현재는 저비용항공사 수익기준 1위의 항공사이다.

그림 9.15 ❙ Southwest Airlines 항공기

2) Ryanair

라이언에어(Ryanair)는 1985년에 설립한 아일랜드의 저비용항공사로 더블린에 본사가 있으며 더블린 공항과 런던 스탠스테드 공항을 허브 공항으로 사용한다. 유럽의 40개국을 운항하고 있으며 항공기는 현재 600대 이상 보유하고 있다. 유럽에서 연간 여객수송량 1위를 기록하고 있으며 세계 최대 저비용항공사 중 하나이다. 현재는 대형항공기를 도입하여 노선확장을 검토하고 있다.

그림 9.16 ❙ Ryanair 항공기

3) Easyjet

이지젯(Easyjet)은 1995년에 설립된 영국의 저비용항공사이다. 라이언에어와 함께 유럽시장을 양분하고 있다. 주력 항공기 기종은 에어버스의 A319와 보잉의 B737-700이다. 현재 에어버스 A320 단일기종을 약 340대 가량 운항하고 있으며 저비용항공사이면서 주요국제공항을 중심으로 운항하여 고객을 확보하고 있다.

저가운임과 대도시 비즈니스 수요를 흡수하는 전략이 성공하여 수익 기준이나 시장의 영향력이 상위권에 위치한 항공사이다.

그림 9.17 ❙ Easyjet 항공기

4) Jetblue Airways

제트블루 항공(Jetblue Airways)은 1998년에 미국에서 설립한 저비용항공사로 최고의 서비스 품질과 프리미엄 요소를 겸비하여 무료 서비스를 없애고 유료 서비스를 강화하는 정책을 펴왔다. 일반항공사의 서비스와 저비용항공사의 정책을 접목한 하이브리드 항공사로 운항 항공기는 약 280대로 미국 전역 100여개 도시에 취항하고 있다. 현재 장거리 노선도 진출하여 경쟁력을 강화시키고 있다.

그림 9.18 ▌ Jetblue Airways 항공기

5) Virgin Blue Airlines

버진 오스트레일리아(Virgin Australia)는 2000년 8월 31일 버진블루라는 이름으로 2대의 항공기와 200명의 종업원으로 영업을 시작하여 오스트레일리아 국내선 및 오세아니아 지역 주요 도시의 국제선을 운항하는, 버진 브랜드 중 최대의 항공기를 소유한 회사인 동시에 오스트레일리아의 두 번째로 큰 저비용항공사이다.

브리스번 공항을 허브 공항으로 하며, 오스트레일리아의 28개 도시에 취항하고 있다. 리처드 브랜슨 경이 소유한 버진 그룹이 창립하였으며, 본사는 오스트레일리아 퀸즐랜드 주의 브리즈번에 위치하고 있다. 일부 국제선 항공기의 경우 '퍼시픽블루', '폴리네시안블루'라는 이름도 사용하고 있다. 2011년 5월 4일에는 버진 오스트레일리아로 사명을 바꾸고 일반항공사(FSC)로 전환하였다.

그림 9.19 ▌ Virgin Blue Airlines 항공기

6) Airasia

에어아시아(Airasia)는 1993년에 설립한 말레이시아의 저가 항공사이다. 쿠알라룸푸르 국제공항을 허브공항으로 하며, 준 허브공항은 코타키나발루 국제공항과 세나이 국제공항이다. 아시아에서 광범위한 노선망을 확보하고 있으며 아시아시장을 선도하는 항공사이다. 코로나19 팬데믹을 거치며 심각한 경영난을 겪었지만 현재는 여객 수요가 폭발하여 스카이트렉스가 선정한 16년 연속 최고의 저비용항공사로 선정되었다.

그림 9.20 ▎ Airasia 항공기

10

CHAPTER

항공안전과 보안

CHAPTER 10

항공안전과 보안

01 항공안전의 개념

항공안전의 국제적 개념은 국제민간항공기구(ICAO)에 따르면 “안전이란 위해요인 식별 및 안전 위험 관리의 지속적인 과정을 통해 사람에게 위해 또는 재산에 대한 손해의 가능성이 축소되고, 허용수준 또는 허용수준 아래로 유지되는 상태이다.” 라고 정의되어 있다. 항공안전 분야는 항공기와 조종사 그리고 운항과 관계있는 기후 등 자연적 요인과 복합적으로 밀접한 관련이 있다.

항공안전의 특수성은 다음과 같다. 항공기 사고는 우리에게 막대한 손실과 위협을 더해준다. 항공기 그 자체가 고가인 동시에 고도의 기술을 요하는 분야이기 때문에 사고 발생 시 높은 경제적인 손실을 안겨준다. 또한 항공기 사고는 대부분 조종자의 사망과 폭발이 일어나기 때문에 충분히 원인을 밝혀내지 못하고 조종사 과실로 처리해 버리는 경우가 많다. 비행 사고의 원인은 단일 원인인 경우보다 복합적인 이유로 발생하기 때문에 사고조사 시 고도의 과학성이 요구된다.

항공여객의 치사율은 항공기가 1억 여객 킬로미터를 비행하는 데 대하여 0.05명의 비율이었으며, 이는 15억 4천만 킬러미터마다 1명의 사망사고를 낸다는 것이다. 이것은 즉 항공기가 적도를 따라 비행하여 지구를 3,850회 회전할 때 1명의 사망자가 발생하는 정도의 사망사고율에 지나지 않는다. 최근에는 항공기 자체의 안전성 향상, 조종사 기량의 향상, 항공 정비의 기술로 항공수송의 안전성이 확보되고 있다. 또한 ICAO는 항공기에 관한 감항기준, 운항을 위한 운항기준, 기타 필요한 제 기준을 규정하고 있고, 각국은 법률로 이를 규제하고 있다.

자료 : wikipedia.org

그림 10.1 ▌ 불에 탄 항공기 사고

02 항공기 사고의 원인과 유형

항공기 사고는 대부분 이륙 및 착륙 시에 발생한다. 항공기 사망사고의 발생 원인을 기초로 ICAO와 정부당국 및 항공산업계 리더의 모임인 CAST(Commercial Aviation Safety Team)가 공동으로 분석한 사고유형을 살펴보면 다음과 같다.

- CFIT(Controlled Flight Into Terrain)
- 비행 중의 조종능력 상실(LOC-I: Loss of Control-In Flight)
- 지상에서의 조종능력 상실(LOC-G: Loss of Control-Ground)
- 충돌의 경우가 아닌 화재/연기(Fire/ Smoke-non impact)
- 엔진시스템 또는 부품 고장

  (SCF-PP: System/Comp. Failure or Malfunction-power plant)
- 엔진을 제외한 시스템/ 부품 고장

(SCF-NP:System/Comp. Failure or Malfunction-Nonpower plant)

- 결빙(ICE; Icing)
- 공중충돌/근접조우(Midair collision/Midair near)
- 활주로 이탈(RE: Runway Excursion)
- 활주로 미달 및 초과(USOS: Undershoot/ Overshoot)
- 활주로 침범(RI: Runway Incursion)
- 비정상적 활주로 접촉(ARC: Abnormal Runway Contact)
- 비행장(ADRM: Aerodrome)
- 연료이상(FURL: Fuel Related)
- 돌풍 또는 뇌우(WSTRW: Wind Shear of Thunderstorm)
- 원인미상(UNK: Unknown or Undetermined)
- 기타(Other)

자료 : huffingtonpost.com

그림 10.2 ▌ 추락한 항공기 사고

03 항공기 사고 조사와 사고 수습

1) 항공기 사고 조사

항공기 사고 조사의 목적은 비난이나 문책이 아니라 사고 및 준사고의 방지에 있다. 항공기 사고가 발생하면 국제민간항공조약 부속서 13조 제5장 1항에 의거, 사고가 발생한 국가의 사고조사기구가 사고조사의 책임을 지고 사고조사를 수행한다.

자료 : techholic.co.kr

그림 10.3 ▌ 비행기록장치(블랙박스, Flight ecorders)

블랙박스는 사고원인을 어떻게 해명할까? 이 비행기록 장치는 크게 장비 2개로 이뤄져 있다. 블랙박스는 조종석 음성 기록 장치 CVR(Cockpit Voice Recorder)와 비행 데이터 리코더 FDR(Flight Data Recorder)로 이뤄져 있다. 이 중 CVR는 기내의 주요 음성을 기록하는 장치다. 현재 널리 쓰이는 CVR는 사고 발생 2시간 전까지의 음성을 기록할 수 있다. CVR은 조종사 2명이 말하는 내용과 운전석 실내 음성 등 4개 채널을 기록한다. 나중에 개별적으로 재생해 사태를 파악할 수 있게 해준다. 또 블랙박스라는 이름과는 달리 실제로는 선명한 오렌지색으로 칠해져 있다. 이는 사고가 발생하면 현장에서 발견하기 쉬운 색상을 선택한 것. 블랙박스라는 명칭은 엄격하게 보호, 봉인되어 외부로부터 접근이 거의 불가능한 상태라는 이유로 명명한 것이다. 이것은 항공기 사고 발생 시 가장 충격을 적게 받는 부분인 항공기 후방에 장착되어 있다. 사고조사위원회는 이런 데이터를 바탕으로 사고가 발생하면 기체 조작과 움직임을 컴퓨터로 재현하는 것이다. 이를 통해 기체에 무슨 일이 있었는지 파악하는 것이다.

2) 항공기 사고 수습

공항 내에서 항공기 사고가 발생한 경우 사고항공기의 지휘는 기장이 담당하고, 객실승무원은 승객들을 대피시킨다. 소방차가 도착한 이후에 공항운영관이 재난현장의 지휘를 담당하도록 되어있다. 승객을 대피시키는 장소는 사고현장에서 바람이 불어오는 쪽으로 최소한 100미터 이상 떨어져 있어야 한다.

아시아나항공 보잉 777-200 여객기는 2013년 7월 6일 샌프란시스코 국제공항에 착륙하던 중 활주로 앞 방파제에 충돌하는 사고를 냈다. 이로 인해 승객과 승무원 307명 가운데 중국인 10대 승객 3명이 숨지고 180여 명이 부상했다. 미국 국가교통안전위원회(NTSB)는 주 원인이 조종사 과실이라고 밝혔으며 항공기의 오토스로틀과 자동 조종장치의 복잡성도 사고 원인으로 지목했다

미국 연방항공청(FAA)은 비상착륙 때 한쪽 출입구만 열고 1분 30초 안에 승객을 모두 탈출시킬 수 있어야 한다는 규제를 운용하고 있다. 이 기준은 세계 각지에서 준용되고 있으며 항공사들도 이에 맞춰 승무원들의 비상착륙 훈련을 진행하고 있다. 승무원들은 평소 훈련받은 대로 비상탈출을 실시하여 승객들을 구출해내었고, 화재를 빨리 진압하여 인명피해를 줄일 수 있었다.

자료 : 데이비드 은 트위터

자료 : 미 연방교통안전 위원회 트위터

그림 10.4 ❙ 추락한 항공기의 사고현장

04 항공보안 업무

항공 보안은 항공기나 승객, 화물을 대상으로 위협하는 행위로부터 안전을 확보하기 위한 활동이나 제도이다. 이러한 비상상황이 발생했을 때 항공기나 승객의 안전을 보장하고 예방하기 위해 관련 승무원은 정기적으로 비상대비훈련 시뮬레이션을 교육받아야 한다. 특히 객실승무원은 항공 기내 보안을 위협하는 사람들을 다루는 중요한 역할을 한다. 가해자를 억제하고 부상이나 사망을 최소화하기 위한 방법과 가해자를 막기 위한 각종 예방 보안 조치를 습득하고 있어야 한다.

1) 불법적으로 방해 행위 하는 사람들

항공의 초기에는 항공기를 포함한 불법적인 방해 행위는 극히 드문 일이었다. 그러나 대형항공기의 도입으로 많은 승객들이 수송이 되면서, 항공기는 테러의 대상이 되어 승객의 목숨을 담보로 거래를 하는 행위가 발생하기 시작했다. 항공기를 표적으로 납치 또는 폭발, 911 같은 폭탄테러, 사이버 테러 등 범죄행위가 갈수록 격화하고 있다. 항공기를 이용한 범죄는 세계적으로 이슈가 되기 때문에 개인보다는 정치적이나 경제적 이유로 범행을 시도하는 범죄가 늘고 있다.

(1) 범죄 그룹

일반적으로 경제적 이익의 수단으로 항공기를 납치하는 그룹은 인질의 목숨을 대가로 해당국가에 돈을 요구하는 경우, 범죄행위로 수배대상인 경우, 또는 자신들의 요구사항을 관철시키기 위해 불법적인 행위를 하기도 한다.

(2) 정치적인 행위

이 그룹은 그들의 사건을 홍보하기 위해 불법적인 방해 행위를 수행한다. 1961년 초기 세계적인 납치사건 중 하나인, 국가를 지배하는 독재에 항의하여 포루투갈 리스본을 통해 전단지를 삭제하기 위해 항공기를 납치했다. 그들의 전단지를 삭제한 후, 납치범은 비행승무원들에게 모로코로 그들을 안전하게 데려다 달라고 요청했다. 그런 납치 사건은 21세기에는 거의 드물었지만, 다른 정치적인 그룹은 성명을 발표하고 그들의 사건에 대한 지지를 얻고자 시도하고, 당국에 의해 포로의 석방 협상을 시도하기 위해 항공기를 납치했다.

(3) 난민

이러한 경우는 조직적으로 행동하지는 않는다. 다른 나라로 망명이나 도움을 요청해야 하기 위해 항공기에 대한 불법 행위를 시도한다. 1993년 러시아 아에로폴로 항공기가 perm에서 공중 납치되어 두 명의 이란 납치범의 요청으로 노르웨이로 방향을 바꿨다. 착륙 후 납치범은 항복하면서 인질을 풀어주고 노르웨이에서 망명을 부여받았다.

(4) 불건전한 정신적 문제

다른 사람의 행위를 모방하여 자신의 행동에 평판을 얻고자 하여 발생하는 경우이다. 그들은 종종 자신의 행위에 대한 어떤 결과가 나올지 예측하지 않고 돌발적으로 행동하는 폭력이다.

(5) 테러리스트

가장 위험하고 잔인한 테러의 전형적인 유형이며 대부분 정치적, 종교적 이유 등 다양한 이유로 행동한다. 이 그룹은 사건이 확대하며 이슈를 만들어 다른 사람들에게 최대한 홍보가 되기를 원한다. 테러리스트들은 조직화되어 관련단체로부터 많은 지원을 받아 훈련된 자들이다. 가장 잘 알려진 조직의 납치사건은 2001년 9월 11일 미국에서 일어난 사건이었다.

9.11테러에 4대의 여객기가 고도로 훈련을 받은 테러리스트 단체에 동시에 납치

가 되었다. 4개의 테러리스트 단체는 항공기를 운항하고 그들에게 저항하는 승객과 승무원을 제압하도록 훈련 받았다. 납치된 항공기는 뉴욕의 세계 무역 센터(World Trade Center), 워싱턴에 위치한 미국의 국방부를 포함한 미국의 랜드마크로 의도적으로 비행하여 충돌을 하였으며, 네 번째 항공기는 타겟 대상으로 정해졌던 워싱턴에 위치한 의사당 건물과 충돌하는 대신 펜실베니아의 지역에 떨어졌다. 이 사건이 발생하기 전에는, 납치범 혹은 범법자들이 그들의 대의를 위하여 자신들의 목숨을 희생할 것이라고는 상상하지 못하였으며 인간은 대의를 위해 죽는 것보다 살아남고자 하는 의지가 더 크다고 여겨졌었다.

2002년 2월 20일에, 국제민간항공기구의 가입국은 911 테러에 대응하고자 국제민간항공기구 본부가 있는 몬트리올에서 이틀 동안 열린 장관급 회의에서 전 세계 항공 보안을 강화하기 위한 국제 전략에 서명하였다. 본 전력의 주요 사안은 국제민간항공기구의 "항공 보안 계획 행동강령(Aviation Security Plan of Action)"이었으며 이에는 정기적, 의무적, 체계적 및 조화로운 감찰이 포함되어 있으며 이를 통해 국제민간항공기구에 가입한 187개의 가입국의 항공 보안 진화가 이뤄질 수 있도록 하는 것이었다. 이 외에도, 본 행동강령에는 새롭게 나타나는 위협에 대처하기 위한 효과적인 국제 대응의 식별, 분석 및 개발이 포함되어 있다.

자료 : NEWSIS

그림 10.5 ▌ 미국의 911 테러

2) 항공 보안 대책의 증가

항공 업계는 보안을 위해 선제적인 접근법을 취한다. 잠재적인 위협에 대비한 보안 정책을 위한 지속적인 연구가 꾸준하게 진행되고 있다. 위협을 방지하기 위한 노력으로, 현재 항공 보안 정책은 다음과 같은 사안에 초점을 맞추었다.

(1) 공항 보안

공항 전체가 공격으로부터 안전할 수 있도록 한다. 이러한 사항에는 감시, 공항 주변에 접근 차단 울타리 설치, 그 경계 지역의 규칙적인 순찰, 출국 게이트 안쪽의 안전 확인, 공격자의 진입 차단 및 일부 상황에서 공항 터미널 건물을 폐쇄함으로써 공항 관계자와 여행객 외의 출입을 막는 것이 포함될 수 있다.

(2) 공항기 보안

항공기가 사용되지 않을 시 항공기를 감시 관찰하고 항공기가 지상에 더 오랜 시간 머물게 될 때 및 항공기 내부의 정기 보안 검색이 이뤄질 때마다 문을 닫아 둔다.

(3) 승객 및 기내 수하물

승객들이 기내로 무기 혹은 폭발물을 반입하지 않도록 하기 위하여 그들을 대상으로 보안 검색이 이루어진다. 위험 요소가 많은 지역에서 온 승객의 정보를 수집하고 이들의 기본 정보를 검색하고 안보 정보에 반하는 국제 통관 확인한다.

(4) 기내 수하물

소지한 모든 수하물을 심사하고 검색하며, 그 수하물이 승객이 타는 항공기에 잘 탑재되었는지 확인한다.

(5) 화물 및 우편

운송이 될 모든 화물과 우편을 확인하고 심사하며 이들 화물의 전세계적인 이동 경로를 추적하고 발송인과 수신인의 신원정보를 확인한다.

(6) 객실 및 공항 물품

엄격한 보안 대책은 항공기 내 적재되는 모든 캐이터링(catering) 장비 및 항공기 내 물품에도 적용이 되며, 본 물품을 운반하는 취급자의 경로를 추적한다.

(7) 객실 안전 대책

승객들이 항공기 혹은 승무원을 공격할 수 있는 기회를 낮추기 위하여 비행 중 객실 안전 대책 절차가 이뤄진다.

(8) 직원 채용 및 훈련

기내 및 항공 승무원 사이의 주의의 단계를 높게 유지하고, 의심스러운 모든 것들을 보고하도록 장려하며 보안 사건이 나타났을 시 조치를 취할 수 있도록 한다. 제한구역 출입을 위해 필요한 공항 신분증을 신청한 모든 직원에게 기본 보안 검사를 실시한다.

(9) 보안 장비

위험을 줄이기 위하여 보안 사건이 발생할 경우를 대비하는데 필요한 승무원이 사용할 수 있는 물품이 설치된다. 이러한 모든 대책은 정기적으로 검토되고 시험되며, 이는 항공 안보를 위협할 수 있는 장치 혹은 장소의 출입을 범법자들로부터 막을 수 있는 전반적인 시스템이 잘 자리 잡혀 있는지 확인하기 위함이다. 이와 같은 다층적인 접근 방식을 통해 항공 안전과 승객에 위험을 일으킬 수 있는 모든 방해에 대하여 항공 관계자들의 관심과 주의를 모을 수 있다.

05 위험물

일상생활에서 널리 사용되는 물체와 물질들은 비행 중에 상당한 안전 위험을 제기할 수 있다. 항공운송 중에 진동, 압력, 온도의 변화는 물질의 특성에 영향을 미치고, 물질이 들어있는 용기를 손상시킬 수 있다. 비행기가 운항중일 때는 폐쇄된 환경이기 때문에 위험은 매우 심각하다. 따라서 국제 및 국내 항공 당국은 위험을 제거하는 방법으로 이러한 물질을 수송하는 방법을 학습하는 데 많은 자원에 투자하고 있다.

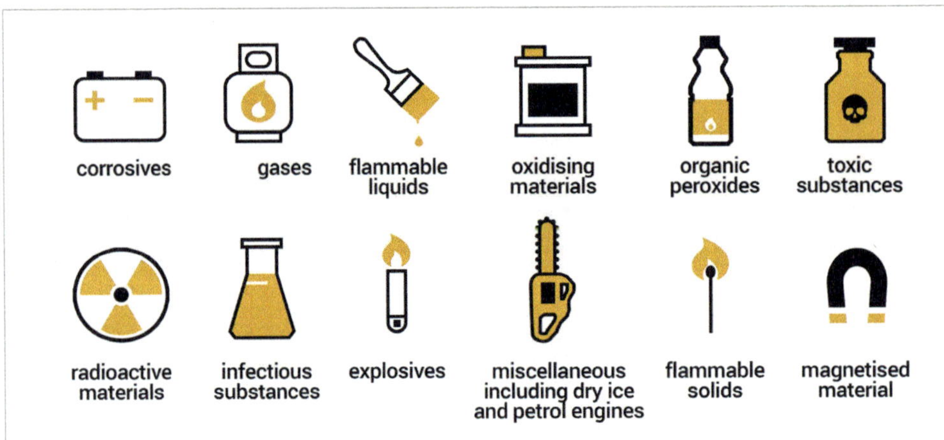

자료 : http://www.allianceairlines.com.au

그림 10.6 ▌ 항공기 탑승시 위험한 물건

"위험한 물건"으로 인한 사고 혹은 사건은 반드시 보고해야 하며, 관련 당국의 조사가 실시되어 원인을 찾고 올바른 조치가 실행될 수 있도록 한다. 이러한 위험물 규제는 국제민간항공기구(ICAO)에서 채택되어 각 국가는 "위험한 물건" 운송을 규제하는 법을 강제하고 있다. 국제항공운송협회(IATA)의 위험한 물건 규제(Dangerous Goods Regulations) 매뉴얼은 국제민간항공기구에서 발행한 규제는 항공업계 내 모든 항공사가 매뉴얼로 참고하여 정확한 지침을 준수하고 있다. 국제항공운송협회는 "위험한 물건" 분야에서 활발하게 활동하며 항공기로 "위험한 물건"을 운송하기 위해 항공사에서 필요한 정보를 제공한다. 이러한 자료는 전반적인 훈련 자료, 코스, 표식, 지침서 및 매뉴얼이 있다.

1) 위험한 물건이 기내에서 발견 시, 행동 수칙

객실 내 위험한 물건이 발견되면 승무원은 훈련받은 대로 위험성을 줄이는 처리를 해야 한다. 이때 가장 우선적으로 고려할 부분은 이 물품이 다른 어떤 것들과 혼합이 되지 않고, 파손되지 않도록 격리시키는 것이다. 어떤 물품의 종류인가에 따라 비닐백에 넣어 밀봉한 후 승무원들이 자주 감시할 수 있는 곳에 보관해야 한다. 기내에서 아래의 물품은 기내를 통해 운송될 수 없는 금지 물품들이기 때문에 발견되면 위험한 물품을 취급하는 방법으로 처리해야 한다.

- 폭발물질 : 불꽃놀이용 폭죽, 신호탄, 장난감 총 화약
- 압축 가스 : 삼수용 호흡기 실린더를 채우기 위한 용도로(캠핑 가스 실린더도 포함)
- 인화성 액체 및 고체 : 라이터 연료, 안전성냥으로 분류되지 않은 성냥(non-safety matches), 페인트, 페인트 희석제, 불쏘시개
- 산화제 : 일부 표백 파우더
- 유기 과산화물 : 일부 종류의 고체 과산화수소
- 독성 물질 : 비소, 시안화물 및 잡초 제거제
- 자극 물질 : 최루 가스 장치
- 전염 물질 : 생 바이러스 물질
- 방사성 물질 : 방사성 원료가 포함된 의료 혹은 연구용 샘플
- 폭발물질 : 산, 알칼리, 습전지 타입 배터리, 가성 소다
- 자성 물질 : 자석을 포함한 기구

국제민간항공기구에서는 모든 항공사에 긴급 상황 대응 지침서(Emergency Response Guide)를 발행하였고 이 지침서는 비행 시 조종실에서 행해지는 대부분의 상황에 필

요한 내용이 설명되어 있다. 항공사는 만약 “위험한 물건”이 기내에서 발견이 된다면 국제민간항공기구의 긴급 상황 대응 지침서를 바탕으로 절차를 따르고 인화성 액체나 부식을 일으키는 물질이 유출되는 경우를 가상하여 대응 시나리오를 생각해 보아야 한다. 이 절차를 위험한 물건 훈련(Dangerous Goods Drill) 이라고 한다.

기내에서 사건이 발생할 경우, 승무원은 상황에 따라 위 훈련을 선택해야 할 수 있다. 국제민간항공 지침서에는 위험한 물건과 관련 있는 사건이 발생했을 시, 승무원이 유출된 것들을 닦을 때 도움이 되는 키트를 사용하도록 권고하고 있다. 본 키트에는 큰 고무장갑, 강력한 폴리에틸렌 봉지 및 사용 후 봉지를 봉할 수 있는 끈이 들어 있어야 한다. 이는 권고사항이기 때문에, 많은 항공사들은 승무원들이 서비스를 위해 기내에 일반적으로 구비된 비슷한 물품을 임시방편으로 사용하도록 하고 있다.

승객이 이상한 냄새를 느껴서 이에 대해 불만을 표시하거나 기내 승객의 수하물에서 무언가 누설이 되거나 파손, 또는 화재의 징후가 나타나게 되면, 객실 내 “위험한 물건”을 찾아내야 한다. 만약 승무원이 “위험한 물건”이 있다고 의심이 되면 이들은 다음과 같은 조치를 취하도록 한다.

(1) 물품을 확인하고 항공 승무원에게 알림

승무원은 그 물건 근처의 승객에게 수하물 안에 어떤 물품이 있는지, 어디서 물품을 가져 온 것인지 혹은 어디에 사용할 것인지를 확인해야 한다. 승무원은 그 물품을 살펴보고 혹은 위험한 물건이라고 적혀있을 수 있는 포장에 부착된 표식을 살펴본다. “위험한 물건”라고 확인되면 가능한 한 빨리 이를 항공 승무원에게 알려야 한다. 이는 항공승무원이 항공기를 안전하게 운항하는데 필요한 즉각적인 조치가 이루어져야 하기 때문이다.

(2) 승무원 자신, 다른 승무원 및 승객 보호하기

승무원은 그 물품으로 인해 생겨난 위험으로부터 자신을 보호하기 위한 조치를 취하도록 한다. 예를 들어, 만약 흘러나온 부식액을 처리할 시, 승무원은 이 물품을 집어 들기 전에 반드시 자신의 손을 보호해야 한다. 만약 연기가 발생하게 되면, 승무원은 반드시 보호용 호흡 장비를 착용하도록 한다. 승객을 그 어떤 모든 위험 혹은 연기에서 멀리 떨어지도록 한다. 필요하다면 젖은 헝겊을 배포하여 숨을 쉴 수 있도록 한다.

(3) 물품 격리하기

새고 있거나 파손된 위험한 물건은 폴리에틸렌 봉지에 담는다. 가능하다면 새어 나온 것은 닦도록 한다. 만약 승무원이 새어 나온 화학물질을 처리해야 한다면, 이때 물은 사용하지 않도록 하는데, 이유는 물로 인해 화학 반응이 일어날 수 있고 그 결과 상황이 더 악화될 수 있기 때문이다. 만약 바닥이나 카펫 위에 유출된 것을 닦기 어렵다면, 그 부위를 덮어두도록 한다. 좌석 쿠션 혹은 의류와 같이 오염이 된 물품들은 폴리에틸렌 봉지에 담아둔다. 폴리에틸렌 봉지를 봉하고 사람들이 접근이 없는 안전한 곳에 이를 보관한다. 승무원은 주변의 변화를 살펴보고 더 발생된 여지가 없는 지 수시로 확인한다. 화장실 칸은 방출되는 모든 연기가 기내에서 이뤄지고 있는 공기 순환 내부로 바로 빠져나갈 수 있도록 조치한다.

2) 사건 보고하기

항공 안전 보고서(Air Safety Report)를 작성한다. 항공사에서 본 사건을 국가 항공 당국(National Aviation Authority)에 72시간 내에 보고하는 것은 의무사항이며 그렇기 때문에 승무원이 조사 협조에 필요한 모든 정보와 상세사항이 담긴 보고서를 작성하는 일은 매우 중요하다. 본 보고서에는 승객의 연락처를 반드시 표기하고 차후에 정확한 원인이 파악하는데 필요하다면 승객과 연락을 취할 수 있어야 한다.

항공일지를 작성하도록 하고 이 작성일지에는 유출의 장소 및 파손을 일으킨 물품의 상세과정을 표기해야 한다. 담당 승무원은 항공기의 다음 스케줄로 운항되기 전에 추가적인 파손이 일어나진 않았는지 확인해야 한다. 그래야 관련 직원들이 항공기의 안전을 확보한 뒤 다음 계획을 세울 수 있다. 착륙을 한 이후, 지상 직원에게 위험한 물건의 위치와 이들의 이동경로에 대하여 상세하게 알려 주어야 한다.

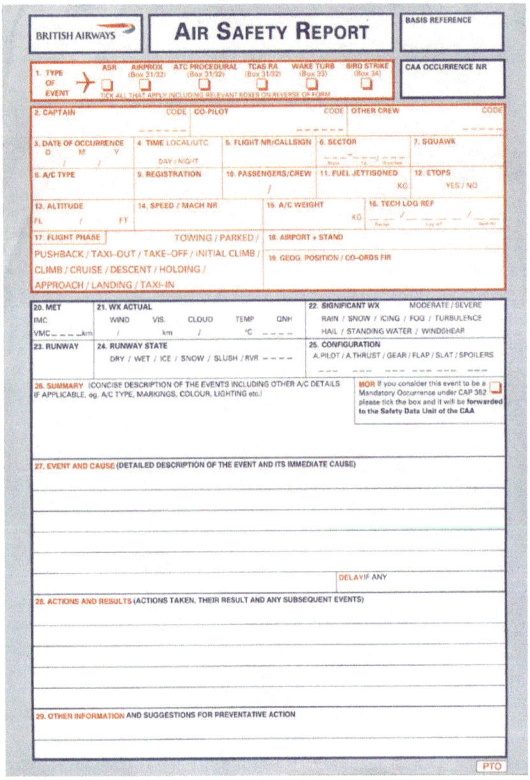
BRITISH AIRWAYS
AIR SAFETY REPORT
BASIS REFERENCE
1. TYPE OF EVENT — ASR / AIRPROX (Box 31/32) / ATC PROCEDURAL (Box 31/32) / TCAS RA (Box 31/32) / WAKE TURB (Box 33) / BIRD STRIKE (Box 34)
TICK ALL THAT APPLY INCLUDING RELEVANT BOXES ON REVERSE OF FORM
CAA OCCURRENCE NR
2. CAPTAIN — CODE / CO-PILOT — CODE / OTHER CREW — CODE
3. DATE OF OCCURRENCE D M Y / 4. TIME LOCAL/UTC DAY / NIGHT / 5. FLIGHT NR/CALLSIGN / 6. SECTOR / 7. SQUAWK
8. A/C TYPE / 9. REGISTRATION / 10. PASSENGERS/CREW / 11. FUEL JETTISONED KG / 12. ETOPS YES / NO
13. ALTITUDE FL / FT / 14. SPEED / MACH NR / 15. A/C WEIGHT KG / 16. TECH LOG REF
17. FLIGHT PHASE — TOWING / PARKED / PUSHBACK / TAXI-OUT / TAKE-OFF / INITIAL CLIMB / CLIMB / CRUISE / DESCENT / HOLDING / APPROACH / LANDING / TAXI-IN
18. AIRPORT + STAND
19. GEOG. POSITION / CO-ORDS FIR
20. MET IMC VMC km / 21. WX ACTUAL WIND VIS CLOUD TEMP QNH / 22. SIGNIFICANT WX MODERATE / SEVERE RAIN / SNOW / ICING / FOG / TURBULENCE HAIL / STANDING WATER / WINDSHEAR
23. RUNWAY / 24. RUNWAY STATE DRY / WET / ICE / SNOW / SLUSH / RVR / 25. CONFIGURATION A.PILOT / A.THRUST / GEAR / FLAP / SLAT / SPOILERS
26. SUMMARY (CONCISE DESCRIPTION OF THE EVENTS INCLUDING OTHER A/C DETAILS IF APPLICABLE, eg. A/C TYPE, MARKINGS, COLOUR, LIGHTING etc.)
MOR If you consider this event to be a Mandatory Occurrence under CAP 382 please tick the box and it will be forwarded to the Safety Data Unit of the CAA
27. EVENT AND CAUSE (DETAILED DESCRIPTION OF THE EVENT AND ITS IMMEDIATE CAUSE)
DELAY IF ANY
28. ACTIONS AND RESULTS (ACTIONS TAKEN, THEIR RESULT AND ANY SUBSEQUENT EVENTS)
29. OTHER INFORMATION AND SUGGESTIONS FOR PREVENTATIVE ACTION
PTO

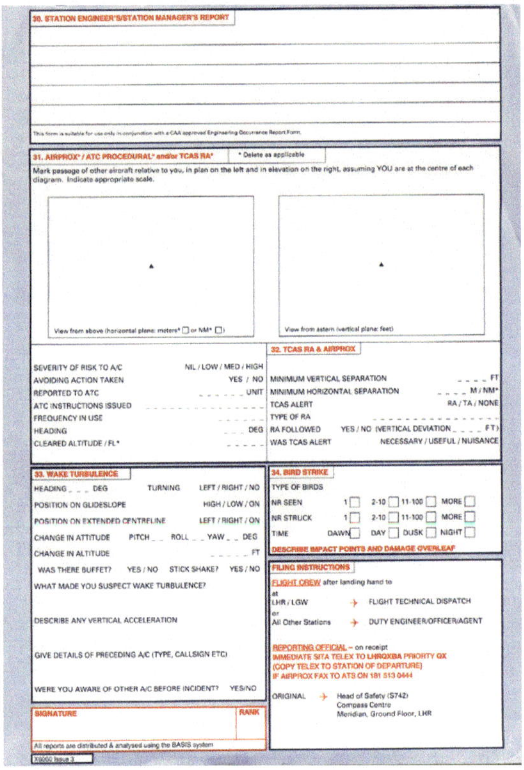
30. STATION ENGINEER'S/STATION MANAGER'S REPORT
31. AIRPROX* / ATC PROCEDURAL* and/or TCAS RA* — * Delete as applicable
Mark passage of other aircraft relative to you, in plan on the left and in elevation on the right, assuming YOU are at the centre of each diagram. Indicate appropriate scale.
View from above (horizontal plane: meters* or NM*) / View from astern (vertical plane: feet)
SEVERITY OF RISK TO A/C NIL / LOW / MED / HIGH
AVOIDING ACTION TAKEN YES / NO
REPORTED TO ATC UNIT
ATC INSTRUCTIONS ISSUED
FREQUENCY IN USE
HEADING DEG
CLEARED ALTITUDE / FL*
32. TCAS RA & AIRPROX
MINIMUM VERTICAL SEPARATION FT
MINIMUM HORIZONTAL SEPARATION M / NM*
TCAS ALERT RA / TA / NONE
TYPE OF RA
RA FOLLOWED YES / NO (VERTICAL DEVIATION FT)
WAS TCAS ALERT NECESSARY / USEFUL / NUISANCE
33. WAKE TURBULENCE
HEADING DEG / TURNING LEFT / RIGHT / NO
POSITION ON GLIDESLOPE HIGH / LOW / ON
POSITION ON EXTENDED CENTRELINE LEFT / RIGHT / ON
CHANGE IN ATTITUDE PITCH ROLL YAW DEG
CHANGE IN ALTITUDE FT
WAS THERE BUFFET? YES / NO STICK SHAKE? YES / NO
WHAT MADE YOU SUSPECT WAKE TURBULENCE?
DESCRIBE ANY VERTICAL ACCELERATION
GIVE DETAILS OF PRECEDING A/C (TYPE, CALLSIGN ETC)
WERE YOU AWARE OF OTHER A/C BEFORE INCIDENT? YES/NO
34. BIRD STRIKE
TYPE OF BIRDS
NR SEEN 1 2-10 11-100 MORE
NR STRUCK 1 2-10 11-100 MORE
TIME DAWN DAY DUSK NIGHT
DESCRIBE IMPACT POINTS AND DAMAGE OVERLEAF
FILING INSTRUCTIONS
FLIGHT CREW after landing hand to
at LHR / LGW → FLIGHT TECHNICAL DISPATCH
or All Other Stations → DUTY ENGINEER/OFFICER/AGENT
REPORTING OFFICIAL – on receipt
IMMEDIATE SITA TELEX TO LHRQXBA PRIORITY QX
(COPY TELEX TO STATION OF DEPARTURE)
IF AIRPROX FAX TO ATS ON 181 513 0444
ORIGINAL → Head of Safety (S742) Compass Centre Meridian, Ground Floor, LHR
SIGNATURE / RANK
All reports are distributed & analysed using the BASIS system

그림 10.7 ▌ Air Safety Report

06 위험물의 분류

항공사의 카고에서 위험물 품목이나 물질로 규정에 따라 9가지 Class로 분류한다.

1) 폭발성 물질(Explosives)

폭발성 물질, 6개의 Division으로 구분, Division 1.4는 제한적으로 항공기로 운송하며 대부분 운송 금지

Explosive Division
1.1 Rex

다량 폭발성 물질

2) 가스(Gases)

가스류를 3개의 Division으로 구분, Division 2.3의 경우 독성가스로 대부분 항공 운송 금지

Toxic Gas
Division 2.3
Rpg

사람에게 독성과 부식성을 가지고 건강을 위협할 수 있는 가스

3) 발화성 액체(Flammable Liquid)

인화성 액체, Division 구별은 없으며 Packing Group로 구분, 항공기로 운송되는 위험물의 약 70% 차지

Flammable
Liquid
Class 3
Rfl

Closed-Cup 조건에서
발화점이 섭씨 60.5도
이하인 액체물질
(인화성 액체)

4) 발화성 고체(Flammable Solids)

인화성 고체, 자연발화성 물질, 물과 접촉시 인화성 가스를 방출하는 물질, 3개의 Division으로 구분

Flammable
Solid
Division 4.1
Rfs

쉽게 발화되거나 발화를
야기시키는 고체물질과
마찰시 화염을 발생시킬
수 있는 고체물질
(인화성 고체)

5) 산화성 물질 및 유기 과산화물(Oxidizing Substances and Organic Peroxides)

산화물질, 유기과산화물, 2개의 Division으로 구분

Organic
Peroxide
Division 5.2
Rop

유기(탄소를 함유한)물질, 일부 물실은 나른 물실과 위험한 화학 반응을 일으킴(과산화 유기물질)

6) 독성 및 전염성 물질(Toxic and Infectious Substances)

독성물질, 전염성물질, 2개의 Division으로 구분

Infectious
Substance
Division 6.2
Ris

인간이나 동물에게 병을 야기시키거나 병원균을 포함하고 있다는 것이 알려져 있는 물질

7) 방사능 물질(Radioactive Material)

방사능 물질, Division은 없으며 3개의 Category로 구분

Radioactive
Class 7
Category Ⅰ
Rrw

Usv/H ≤ 5 & Ti = 0

8) 부식성 물질(Corrosive)

부식성 물질, Division은 없음, 접촉시 피부조직을 파괴하거나 다른 물질에 부식을 야기하는 물질

Corrosive
Material
Class 8
Rcm

인간의 피부조직을 완전히 파괴하거나 물질이나 다른 물질에 심각한 부식을 야기시키는 액체나 고체물질

9) 기타 위험물질(Miscellaneous Dangerous Goods)

기타 위험 물질/DGR 분류상 다른 Class에 분류되지 않으나 위험성을 가지고 있는 물질

Magnetized
Material
Class 9
Mag

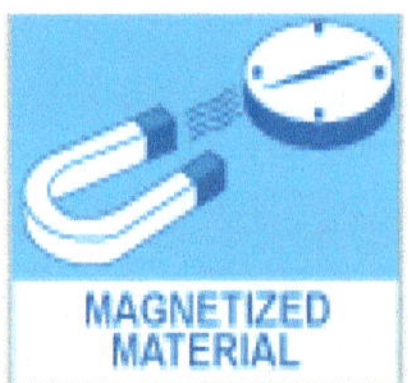

상대적으로 높은 자성을 가지고 있는 자성물질

라벨(Labelling) 및 마킹(Marking) 위험물의 종류와 취급방법에 따라 위험성 라벨(Hazard Label) 및 취급성 라벨(Handling Label)로 구분할 수 있다. 위험물 포장표시는 위험물 관련 규정을 충족할 수 있어야 하며, 이는 화주의 책임사항이다. 모든 공항에 위험물을 운송할 수는 없다. 위험물 운송 금지 및 제한 노선은 다음과 같다.

표 10-1 ❙ 위험물 운송금지 및 제한노선

구분	노선
미주지역	SPN, HNL
일본지역	HND, AKJ, FSZ, HIJ, KMI, MYJ, OKA, SDJ, TAK, TOY, YGJ
동남아지역	DAD, HKT, ROR, TPE, BKI, CEB, CRK, PNH, REP, SGN, DPS, JKT, RGN
C.I.S 지역	ALA, KHV, TAS, UUS, VVO
중국지역	CGQ, CTU, DLC, HGH, HRB, KWL, SHE, SZX, TAO, YNJ, WEH, YNZ, TSN, CAN, CSX,
구주지역	IST, ROM

액체위험물 Overpack 규정이 존재한다. 액체성 위험물을 포함하고 있는 Single Packaging 및 Composite Packaging은 Strong Wooden Crate를 이용하여 해당 위험물을 보호할 수 있는 Overpack 작업을 실시한다. 단, 일부 위험물 순량이 20L가 넘지 않는 것은 Strong Wooden Crate를 이용하여 Overpack을 실시하고, 위험물 순량이 20L가 넘는 것은 상·하단에 목재 및 플라스틱 보호판 또는 서포트를 이용하여 Overpack 작업을 실시할 수 있다.

▲ Strong Wooden Crate

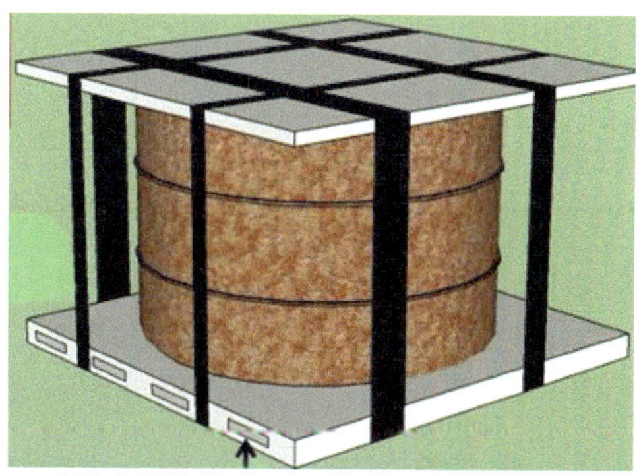

▲ 상/하단 목재 및 플라스틱 보호판

그림 10.8 Overpack 작업 사례

11

CHAPTER

항공산업의 환경변화

01. 항공사 운항형태의 변화

02. 항공사 요금체계의 다양화

03. 인터넷시대의 환경변화

04. 포스트코로나 이후의 변화

05. 항공사 규제완화

CHAPTER 11

항공산업의 환경변화

01 항공사 운항형태의 변화

1) 항공사 운항형태의 변화

항공사의 운항형태는 시대적 변화와 기술의 발전, 수요변화, 글로벌 경쟁환경에 따라 끊임없이 진화해 왔다. 과거에는 국가가 주도하여 일반항공사(FSC) 중심으로 허브 앤 스포크(Hub and Spoke) 방식의 장거리 운항체계가 일반적이었지만, 저비용항공사(LCC)의 등장으로 중·단거리 노선은 목적지 까지 직항으로 운항하는 포인트 투 포인트(Point-to-Point) 방식으로 점차 변화하고 있다. 해외 여행객이 증가하면서 항공수요가 다양해지고 항공 자유화와 IT 기술의 발전, 디지털 기반의 네트워크 운영 등으로 항공사의 경쟁이 심화되면서 고객의 편의를 중시한 운항형태로 개편되고 있다.

최근에는 디지털 기술과 데이터 분석을 기반으로 수요를 예측하여 최적화된 운항 스케줄과 정시성 향상, 소비자의 요구 변화, 환경 규제 등 탄력적으로 운용되고 있어 앞으로는 항공 운항의 형태가 더욱 다변화될 것으로 예측된다.

(1) 국가 중심 항공사에서 민영화·다양화로

초기의 항공산업은 국가 주도의 전략산업이었기 때문에 대부분의 항공사가 국영항공사로 운영되었다. 하지만 1980년대 이후, 신자유주의 경제정책이 확산되면서 많은 나라의 항공사가 민영화로 전환되기 시작했다. 민영화된 항공사와 더불어 신규 항공사들이 대거 등장하면서 항공시장은 경쟁 중심의 체제로 변화되면서 항공시장은 점차 다양화 되었다. 2000년대는 저비용항공사(LCC)가 급부상하며 항공시장의 경쟁력은 더욱 심화되었고, 항공사들은 생존하기 위한 다양한 전략들을 모색하기 시작했다.

이러한 변화는 항공 서비스의 질과 선택의 폭을 넓히고, 항공사의 자율성과 책임성 강화, 수익 중심의 경영, 시장 변화에 대한 민첩한 대응을 가능하게 했다. 글로벌 항공사 간 전략적 제휴와 합병도 활발해지면서 항공 산업은 더욱 복합적이고 역동적인 구조로 발전하였다.

(2) 허브 앤 스포크에서 포인트 투 포인트로 다변화

일반항공사는 대형 허브공항을 중심으로 다양한 지역을 연결하는 허브앤스포크(Hub & Spoke) 운항이 기본이었다. 하지만 저비용항공사가 등장하면서 허브공항을 거치지 않고 주요 도시 간을 직접 연결하는 직항노선인 Point-to-Point 운항형태를 확대시켰다. 이러한 운항형태는 노선의 효율성을 높이고, 고객의 만족도도 높아져 전체 운항체계를 더욱 유연하게 만들었다.

오늘날의 항공 산업은 허브 앤 스포크와 포인트 투 포인트가 혼재된 하이브리드 구조로 점차 진화하고 있으며, 다양한 운항 형태를 통해 고객 편의와 운영 효율성을 동시에 추구하고 있다.

(3) 장거리 운항의 확대와 초장거리 노선 개발

항공기 기술의 비약적인 발전으로 보잉 787 드림라이너나 에어버스 A350 같은 차세대 중대형 장거리 항공기가 개발되어 연료 효율을 유지하면서도 초장거리 직항 노선을 운항할 수 있게 되었다.

기존에는 환승이 불가피했던 초장거리 도시 간에도 논스톱 직항 노선이 신설되어 항공사에게 고수익을 보장하는 프리미엄 노선이 되었고, 승객은 환승 없이 논스톱으로 목적지에 도착할 수 있어 편리함을 제공한다.

따라서 장거리 운항의 확대와 초장거리 노선 개발은 항공사들의 차별화된 경쟁 전략, 기술력 기반의 시장 확장, 그리고 고객 중심의 서비스 혁신을 반영하는 흐름이라 할 수 있다.

(4) 하이브리드 운항 전략의 등장

최근 항공 산업에서는 전통적인 허브 앤 스포크(Hub & Spoke) 방식과 포인트 투 포인트(Point-to-Point) 방식을 결합한 하이브리드 운항 전략이 등장하였다. 각 운항 방식의 장점을 활용하여 효율적인 운항과 고객에게 편의성을 동시에 추구하려는 전략이다. 대도시 간 장거리 노선은 허브 기반으로 운영하고, 중·단거리 수요가 있는 지역은 직항 노선을 운영함으로써 노선망을 다양화하고 수익성을 확보하고 있다. 이 방식은 탄력적으로 운항 계획을 설계할 수 있어 항공사의 경쟁력을 높이는 중요한 수단이 되고 있다.

(5) 계절형·전세기·신규노선 개발을 통한 탄력 운항 확대

최근 항공 산업은 기존의 전통적 운항 방식에서 벗어나, 수요 변화에 유연하게 대응할 수 있는 탄력 운항 전략을 적극적으로 도입하고 있다.

계절형 노선은 휴가철이나 공휴일 등 특정 시기에 수요가 집중되는 지역을 중심으로 항공사는 한시적으로 운항한다. 전세기 운항은 특정한 목적이 있는 단체의 수요에 맞게 운항한다. 여행 패턴 변화에 맞춘 신규노선을 개발하여 중소도시나 신흥 관광지, 신산업 거점 도시로의 운항을 확대한다.

이처럼 계절형, 전세기, 신규노선 개발 등으로 운항을 확대하는 탄력 운항 전략은 수익성을 향상시키고, 고객 맞춤형 서비스를 제공할 수 있으며 신규 수요를 창출할 수 있는 항공사의 경영 전략이다.

(6) 팬데믹 이후 변화: 화물 운항 확대 및 탄력 운항 체계 구축

코로나19 팬데믹은 항공산업 전반에 큰 충격을 주었고, 국제 여객 수요가 급감하면서 항공사의 생존이 위태롭게 되었다. 많은 항공사들이 생존과 수익성 확보를 위해 여객 중심 운영에서 탈피해 화물 운항을 확대하고 탄력적인 운항 체계를 구축하게 되었다.

이를 계기로 항공사들은 여객기를 화물기로 전환하거나 전용 화물기 운항을 확대하며 새로운 수익원을 만들면서 대한항공이나 루프트한자 항공사는 화물 수익으로 경영 위기를 극복한 대표적 사례가 되었다.

이러한 변화는 단기적인 위기 대응 전략을 넘어, 항공사의 장기적인 경영 전략과 체질 개선으로 이어지고 있다. 특히 화물 운송이 새로운 수익원으로 재조명되었고, 고정적인 운항 방식을 벗어난 탄력적인 운항 방식은 효율성을 높여주고, 디지털 기반의 수요 예측 등은 비용절감과 수익을 확보할 수 있는 새로운 표준이 되었다.

2) 산업화에 따른 운항 형태

산업화는 항공기의 운항 형태에 많은 변화를 주었다. 산업화 초기에는 항공기술과 공항 인프라가 미비하여 제한된 지역의 단거리 노선을 중심으로 비정기적 운항이 주가 되었다. 산업화로 인해 제조업과 무역업이 급성장하였고, 다양한 형태의 대도시가 형성되면서 도시간의 인구 이동이 급속도로 증가하였다.

항공사는 증가하는 수요에 대응하기 위해 대도시 간 연결을 중심으로 하는 허브 앤 스포크(Hub & Spoke) 운항 방식의 정규노선을 도입하게 되었다. 이는 산업화로 인해 집중된 인구와 경제 활동을 효율적으로 연결하는 데 매우 효과적이었고, 장거리 운항의 경제성도 확보할 수 있었다.

또한, 산업화로 인해 공항의 인프라를 구축하기 위해 대규모 개발이 진행되었고, 항공기 기술이 발전하면서 장거리 운항이 가능한 대형항공기가 등장하게 되었다. 이를 통해 대륙 간 도시 간 이동이 자유로워졌고, 국가 간 무역과 관광이 활발해졌다.

또한 산업화가 고도화되면서 항공기 분야에도 최첨단 기술이 도입되어 항공사는 수요 분석을 통한 운항 스케줄 최적화, 화물과 여객의 혼합운송, 전세기 및 계절형 운항 등 다양한 운항 형태를 도입하게 되었다.

결국 산업화는 항공 운송을 단순한 이동 수단에서 국가 간 경제·문화 교류를 연결하는 글로벌 네트워크 산업으로 성장시켰고, 이에 따라 항공 운항 형태도 다양한 형태로 발전해 왔다.

표 11-1 ▎항공사 운항형태 변화

년도	주요 운항 형태
1980년대 이전	국영 항공 중심, 허브 기반 정기노선 위주
1990~2000년대	민영화 확대, 허브앤스포크 체계 고도화
2010년대 이후	LCC 확산, P2P 운항 증가, 하이브리드 전략
팬데믹 이후	화물 전환, 초장거리 직항, 탄력 운항 시스템 강화

(1) 초기 항공 운항기

1930~1960년대는 전 세계 항공 운항의 태동기이자 성장기로, 항공이 본격적인 교통수단으로 자리 잡기 시작하였으며, 이 시기의 운항은 기술적, 제도적, 사회적 기반이 점차 마련되며 현대 항공산업의 기초가 형성된 시기라고 할 수 있다.

초기에는 정부주도의 우편물이나 군수물자 수송 등이 주류였으며 민간 여객 수송은 제한적이었다. 그러나 제2차 세계대전 이후 군용 항공기 기술이 민간 부문으로 전환되면서, 대형 항공기와 장거리 운항이 가능해졌고, 여객 중심의 정기 항공 노선이 확대되기 시작했다.

이 시기에는 국가마다 국영항공사를 설립하여 외교·안보·경제 분야에 활용되었고, 프로펠러기에서 제트 항공기로 전환되어, 대서양을 횡단하며 대륙 간 운항이 가능해졌다. 정기운항을 실시하고 여객과 화물의 이원화 운항이 시작되었다. 항공운항이 확대되면서 공항 인프라에 투자를 하여 국제공항을 개발하였고 아직은 대중화가 되기 전 기반을 갖춰가는 시기였다

(2) 산업화 진행기

항공 산업의 산업화가 본격화된 시기, 즉 1950년대~1970년대는 항공 운송이 단순한 이동 수단을 넘어 국가 경제의 필수 기반 인프라로 성장하던 시기였다. 이 시기에는 정기편 중심의 운항 체계가 정착되었으며, 동시에 항공사의 운항 효율성을 극대화하기 위한 허브 앤 스포크(Hub-and-Spoke) 모델이 등장하였다.

정기편 운항은 특정 노선을 일정한 시간표에 따라 운영하는 방식으로, 운항의 안정성과 정시성으로 고객의 신뢰를 구축하였으며 항공 여객 운송의 표준화가 되었다. 표준화는 항공사들에게 승객 확보와 화물 운송을 체계적으로 운영할 수 있는 바탕이 되었고, 고객들도 항공기를 편리한 운송수단으로 신뢰하기 시작했다.

산업하로 인한 도시 집중화가 지속되면서 국가 간, 도시 간 장거리 수요가 증가하여 이를 해결하기 위해 대형 허브공항을 중심으로, 인근 도시를 연결하는 방식인 허브 앤 스포크 운항 구조를 설계하였다. 이런 구조는 항공사에게는 노선을 효율화하고 좌석 점유율을 극대화 할 수 있어 비용 절감을 할 수 있었다.

이 모델을 선호하면서 대표적인 허브공항인 시카고 오헤어, 애틀랜타, 유럽의 프랑크푸르트, 일본의 동경, 대한민국의 인천 등이 등장하게 되었다.

이렇게 정기편으로 운항된 허브 앤 스포크 구조는 항공사에게 글로벌 노선망을 확대해주며, 국가 간 교류가 활성화되면서 무역과 관광업이 발전하고 공항 인프라도 크게 발전하기 시작했다. 이 시기는 항공산업을 대중화 하면서 글로벌 네트워크화를 구축하는 계기가 되었다.

(3) 항공 자유화 이후

1978년, 미국에서 제정된 항공 규제 완화법(Airline Deregulation Act)은 세계 항공산업의 흐름을 근본적으로 바꾸는 전환점이 되었다. 이 법은 정부가 항공사의 노선, 운임, 시장 진입을 직접 통제에서 시장 경쟁을 기반으로 자율 운영 체계로 전환하는 계기가 되었다.

자율 운영 체계는 미국 내 항공사들이 자유롭게 노선을 개설하고, 항공 운임을 결정할 수 있게 되면서 항공사 간 경쟁이 심화되고 항공 운임이 자율화 되었으며 고객 서비스가 차별화되기 시작했다. 또한 다양한 신규 항공사들이 설립되고, 기존 항공사들도 경영 효율화로 수익구조를 개선할 수 있는 경영전략을 구사하기 시작했다.

항공사의 운항 형태도 저비용항공사(LCC)의 등장으로 허브 앤 스포크 모델이 발전하고, 포인트 투 포인트 모델의 직항 운항이 확대되면서 다양하고 탄력적인 구조로 전환하였다.

전세계의 항공정책은 이에 대응하여 양자·다자간 항공 자유화 협정을 체결하며 항공시장을 개방하기 시작했다. 전통적인 국영항공사 중심에서 민영화로 전환되는 경쟁구조의 시장이 빠르게 재편되었다. 항공시장을 대중화하여 여행 수요를 확대시켰으며 공항 인프라의 개발, 항공사 간 전략적 제휴 등 글로벌 경쟁 시대가 도래했다.

(4) 저비용항공사(LCC) 등장과 분화

1990년대 이후 항공산업은 시장 자유화와 자율 경쟁 체계로 급격한 변화를 맞이하게 되는데 바로 저비용항공사(LCC, Low-Cost Carrier)의 등장이다. 저비용항공사(LCC)는 기존의 일반항공사(FSC)와 운임체계를 다르게 설계하여 기본운임을 낮게 책정하고 추가된 부가 서비스를 유료화하여 새로운 수요층을 창출하며 급성장하게 된 것이다.

대표적으로 미국의 사우스웨스트항공(Southwest Airlines)과 유럽의 라이언에어(Ryanair), 이지젯(EasyJet) 등이 설립되었고, 이 항공사들의 성공으로 인하여 저비용항공사(LCC)는 전세계로 확산되었다. 이들의 성공적인 경영전략은 단일 기종을 운항하고, 단거리 직항 노선을 개설하고, 기내 서비스를 최소화하고 필요한 서비스는 요금을 부과한다. 마케팅과 유통의 수수료를 줄이기 위해 온라인 중심의 예약 시스템을 구축하고, 단거리 중심으로 빠른 회전율 등을 통해 수익을 극대화하였다.

2000년대 들어 저비용항공사(LCC)는 항공사의 수익 다각화의 모델로 자리잡게 되었다. 따라서 일부 저비용항공사(LCC)는 프리미엄 좌석, 유료 부가서비스, 중장거리 노선 진출 등을 시도하며 하이브리드 저비용항공사(LCC)로도 확대하고, 반면에 일반

항공사(FSC)는 LCC 계열사를 설립하거나 협력하게 되었다.

한국의 저비용항공사(LCC)도 2005년 제주항공을 비롯하여 에어부산, 진에어, 티웨이항공, 에어서울, 이스타항공 등이 설립되었다. 결과적으로 저비용항공사의 등장은 항공산업 내 경쟁 구도를 변화시키고, 운항 형태를 다변화하였으며 소비자 중심으로 시장을 확대하였다.

(5) 코로나19 이후

2020년대 초 코로나19 팬데믹이 발생해 전 세계 항공산업에 비상상황에 직면하게 되었다. 국가 간 국경이 폐쇄되어 국제선 여객 운항이 대부분 중단되어 수요가 급감하면서 항공사들의 수익은 추락하기 시작했다 이런 현상은 항공사의 사업 구조 전반을 재정비해야 했고, 항공운항형태는 탄력적인 구조로 변화하는 계기가 되었다.

대부분 여객기 운항이 줄면서 반면에 긴급의료물자, 전자상거래, 긴급 수송 화물에 대한 수요가 늘어나면서 화물 운항으로 눈을 돌리게 되었다. 따라서 항공사들은 전용 화물기를 투입하거나 여객기를 화물기로 개조하여 위기를 보완하였다. 대표적인으로 대한항공과 루프트한자 등이 성공한 사례이다.

또한, 사업 구조를 재정비하여 탄력적인 운항 체계(Flexible Operation System)를 구축하는 계기가 되었다. 디지털 기반의 시스템으로 시장 수요를 예측하여 노선과 운항 횟수를 조정하고, 수요가 몰리는 계절형 노선이나 전세기, 노선 개척 운항, 국내노선, 지방공항 사용 등 다양한 운항형태에 따라 관리하게 되었다.

공항과 항공사에서는 징보기술의 빌달로 자동화서비스가 증가하여 예악발권 시스템, 무인 체크인 시스템, 자동차 출입국 시스템, 비접촉 서비스 시스템 등의 도입이 가속화되어 입출국 시간이 단축되고, 고객의 불편을 최소화하는 전략을 경쟁적으로 도입하고 있다,

코로나19 팬데믹 이후 항공 운항은 미래지향적 전환을 위한 전략으로 수익의 다각화를 위한 혼합운영체제와 친환경 중심의 경영체제로 변하고 있다.

02 항공사 요금체계의 다양화

항공사의 요금체계는 과거 단순한 거리 기반 운임 구조에서 벗어나, 오늘날에는 고객의 니즈, 구매 시점, 서비스 수준, 항공사 전략에 따라 세분화된 형태로 발전하고 있다. 이러한 요금체계의 다양화는 항공사의 수익을 극대화 할 뿐 아니라, 고객에게 다양한 선택권과 가격 옵션을 제공함으로써 시장 경쟁력도 동시에 강화하는 전략이다.

과거 항공사의 요금체계는 정부 규제를 기반으로 한 고정 요금제 중심이었다. 대부분의 항공사는 노선 거리와 클래스(좌석 등급)에 따라 획일적인 요금을 적용했고, 할인이나 유동적인 운임 조정이 어려웠다. 그러나 1978년 미국의 항공 자유화(Deregulation)를 시작으로 항공 시장이 경쟁 체제로 전환되면서, 항공사들은 수익 극대화와 시장 점유율 확보를 위해 요금체계의 다양화를 적극 도입하게 되었다.

가장 대표적인 변화는 수익관리(Revenue Management) 시스템의 도입이다. 이 시스템은 탑승 시점, 예약 시기, 좌석 수요 예측 등에 따라 요금을 탄력적으로 조정하는 방식으로 같은 항공편에서도 승객마다 다른 요금을 지불하게 되는 구조를 만들었다.

항공사들은 기본적으로 다음과 같은 다양한 요금 체계를 운영하고 있다.

- 운임 클래스(Fare Class) 분화 : 이코노미 클래스 내에서도 세부 운임 조건(환불 가능·불가능, 위탁 수하물 포함 여부 등)에 따라 여러 개의 요금이 존재한다.
- 조기 예약 할인·특가 운임 : 특정 시점 이전에 예약하면 할인 혜택을 주는 방식으로, 수요를 조기에 확보하는 전략이다.
- 유연한 요금제 vs 제약 있는 저가 요금제 : 더 높은 요금에는 변경·환불이 자유로운 조건이 부여되고, 저가 요금은 변경·환불이 제한되는 구조로 차등화 된다.
- 부가서비스 유료화 : 기내식, 좌석 선택, 수하물 등은 기본요금에서 제외하고, 승객이 선택한 항목에 따라 요금을 추가하는 방식이다. 특히 저비용항공사(LCC)에서 활

발히 도입되었다.

- 동적 운임(Dynamic Pricing) : 실시간으로 수요와 공급, 경쟁사 가격, 계절성 등을 분석하여 요금을 자동으로 조정하는 방식이다. AI와 빅데이터를 기반으로 하여 실시간으로 운임이 계산된다.

이처럼 항공사의 요금체계는 고정적이고 일률적이었던 구조에서 고객 맞춤형, 세분화하는 구조로 변화되어 왔다. 이는 항공사의 수익을 다각화하고 고객을 세분화 전략을 취해 노선의 수익성을 관리하는 등 핵심적인 역할을 하고 있다.

최근 항공산업에서는 시장 경쟁이 심화되고 소비자 요구가 다양해졌으며, 디지털 혁신체제로 빠르게 전환되고 있고, 팬데믹 이후 항공수요를 회복하기 위한 전략 등 다양한 요인에 따라 항공사 요금체계가 더욱 탄력적으로 세분화되고 있다.

과거에는 좌석 등급은 이코노미, 비즈니스, 퍼스트에 따른 단순한 가격 구분이 주를 이뤘다면, 최근에는 같은 클래스 내에서도 서비스 수준과 조건에 따라 세부 요금제를 나누는 구조가 확산되고 있다. 대표적인 운임의 변화는 다음과 같다.

1) 브랜디드 페어 도입 확대

브랜디드 페어(Branded Fare)는 동일한 좌석 등급 내에서 서비스 수준과 조건에 따라 요금을 차등화한 운임 구조를 의미한다. 항공사에서 운영하고 있는 상품이나 서비스를 항공 운임과 함께 패키지로 제공하여 타 항공사와 차별화를 추구하는 번들 운임이다. 단순히 최저가 요금이 아닌 유료 좌석, 추가 항공 마일리지, 추가 수하물, 라운지 이용, 리무진 서비스 등 다양한 혜택을 함께 제공함으로써 여행자에게 선택의 폭을 넓혀준다.

항공사들은 하나의 좌석 등급 안에서도 다양한 서비스 조합을 패키지화해 가격대를 세분화하고 있다. 소비자가 필요한 서비스만 선택해 요금을 지불할 수 있도록 하여, 만족도와 수익성을 동시에 추구한다.

최근 항공사들은 기존의 단순한 좌석 등급 체계에서 벗어나, 고객의 다양한 수요에 맞춘 브랜디드 페어(Branded Fare) 시스템을 도입하며 요금 체계를 세분화하고 있다. 저비용항공사(LCC) 뿐 아니라, 대한항공 등 일반항공사(FSC)들도 이 시스템을 적극 도입하고 있다.

항공사별 요금제를 비교해 보면 아래와 같은 여러 요금제가 운영된다.

표 11-2 ▌항공사별 이코노미 클래스 요금제(2024년 기준)

항공사	요금제 종류	수하물 포함	좌석 선택	환불/변경	특징
대한항공 (FSC)	Saver	×	×	×	최저가, 제한 많음
	Standard	(23kg)	기본 좌석 가능	변경 일부 가능	일반적인 표준 요금
	Flex	(23kg)	우선 좌석 선택 가능	환불 가능	마일리지 적립률
진에어 (LCC)	Lite	×	×	×	기본 탑승권
	Basic	(15kg)	×	×	가장 일반적인 선택
	Premium	(20kg)			부가 혜택 제공
제주항공 (LCC)	General	×	×	×	순수 운임, 아무것도 포함 안 됨
	Smart	(15kg)	×	×	실속형 요금제
	Smart Plus	(20kg)			프리미엄 요금
에어아시아 (LCC)	Low Fare	×	×	×	초저가 운임
	Value Pack	(20kg)		×	식사, 수하물, 좌석 포함
	Premium Flex	(25kg)			비즈니스 고객용, 빠른 탑승 + 무료 변경

이처럼 브랜디드 페어는 항공사의 수익 구조 혁신과 고객 중심 서비스 전략을 동시에 반영한 중요한 변화이며, 최근 항공 요금체계의 핵심적인 트렌드 중 하나로 자리 잡고 있다.

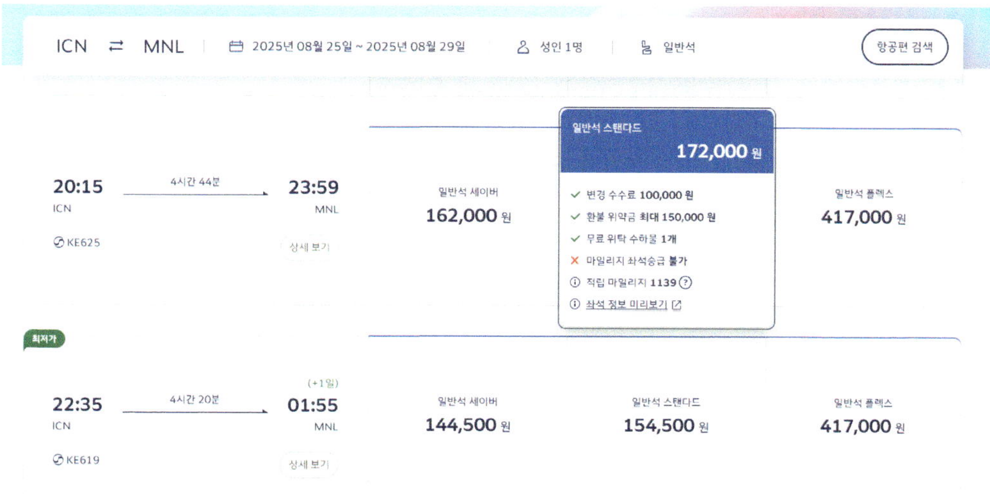

그림 11.1 ▌ 대한항공의 브랜디드 페어 요금체계

2) 부가서비스 유료화 확대(Ancillary Revenue)

저비용항공사의 부가서비스 유료화가 안정적인 수익을 확보할 수 있게 되자 일반 항공사들도 기본적인 운임에 포함되어 있는 서비스 외에도 부가서비스를 유료화하여 수익을 다각화하려는 전략을 적극적으로 도입하고 있는 추세이다.

부가서비스는 항공권의 기본요금 외에 승객이 선택할 수 있는 추가서비스에 대해 별도의 요금을 부과하는 것으로 위탁 수하물, 좌석 선택, 기내식, 기내에서 필요한 서비스 등 다양한 서비스를 제공한다. 앞으로도 AI 기반으로 부가서비스가 더 정교하게 설계되어 서비스 될 것이다.

표 11-3 ▌ 부가서비스 유료화

부가서비스	내용
위탁 수하물	위탁 수하물 개수와 무게에 따라 요금 부과
좌석 선택	창가·통로·비상구 등 선호 좌석 선택 시 추가 비용
기내식 업그레이드	기본 제공 외 프리미엄 식사 선택 시 유료
우선 탑승/탑승 수속	빠른 수속·탑승 서비스
기타	기내 Wi-Fi, 엔터테인먼트, 초과 수하물, 반려동물 운송, 여행 보험, 공항 라운지 이용 등

3) AI 기반 동적 운임(Dynamic Pricing) 시스템 강화

최근 항공사들은 수익을 극대화하고 시장 경쟁력을 확보하기 위해 AI 기반의 동적 운임 시스템(Dynamic Pricing)을 적극적으로 도입하여 운영하고 있다. 이는 항공사가 기존의 정해진 요금을 부과하는 방식에서 벗어나 실시간 수요와 공급을 예측하고, 고객의 예약 상태, 외부의 변동 요인 등을 분석하여 항공권 가격을 유동적으로 조정하는 시스템이다.

가격을 자동으로 결정하는 지능형 요금 조정 시스템에서 실시간 동적 운임에 반영되는 주요 요소는 좌석 잔여 수, 탑승률, 예약 시점, 요일 및 시간대, 성수기 비수기 시즌, 경쟁 항공사의 운임, 특정 이벤트나 날씨 등 외부 변수, 고객의 검색의 검색이나 구매 이력 등을 종합적으로 분석하여 실시간으로 운임에 반영하여 재조정한다.

이러한 AI 기반 동적 운임 시스템의 등장으로 항공사는 수익을 극대화하고 고객의 만족도는 높아지며, 경쟁사와의 요금체계를 분석하여 조정하고 있다.

주요 일반항공사는 자체체 AI 기반 RM(Revenue Management) 시스템을 개발하여 실시간으로 요금을 조정하고 있으며 대한항공도 적극적으로 활용하고 있다.

대한항공, 아시아나항공, 제주항공 등도 내부 데이터 분석팀과 외부 솔루션을 활용해 동적 운임 시스템은 점차 고도화 중이다.

4) 구독형 요금제·마일리지 요금 혼합

미국의 제트블루와 독일의 루프트한자 항공사는 정기 구독형 요금제를 시범 도입하고 있고, 현금과 마일리지를 혼합한 결제도 확대되고 있다. 이렇게 고객들에게 편리한 관점에서 형성되는 요금제는 기존 고객의 충성도를 높이고, 유휴 좌석을 효율적으로 판매할 수 있는 장점이 있다.

(1) 구독형 요금제(Subscription Fare)

구독형 요금제는 일정 금액을 정기적으로 납부하면, 항공편을 횟수 제한 없이 이용하거나, 특정 노선에 대해 할인해주고 예약에 우선권을 주거나 수하물 혜택 등을 제공하는 방식이다. 이는 정기 출장을 다니는 고객이나 자주 여행하는 이용자에게 매력적이며, 항공사 입장에서는 예측 가능한 고정 수익을 확보할 수 있다는 장점이 있다. 미국의 제트불르아, 스페인의 Volotea, 멕시코의 VivaAerobus 등이 이 서비스를 운용하고 있다.

(2) 현금과 마일리지의 혼합 결제

기존에는 적립된 마일리지가 많이 있어도 항공권 구입할 때는 현금으로 구매하거나 마일리지로만 결제할 수 있었다. 그런데 적립된 마일리지가 부족할 때 현금과 적립된 마일리지를 이용해서 항공권을 구입할 수 있게 한 서비스이다. 이러한 서비스는 고객에게는 커다란 장점으로 재이용 고객이 많아질 수 있다. 대한항공이 마일리지와 현금을 복합으로 결제하는 기능을 도입하였고 일부항공사에서도 도입을 하거나 검토 중이다.

5) 팬데믹 이후 유연 요금제 확대

코로나19 팬데믹은 항공산업 전반에 불확실성을 높여주면서 항공수익과 직결되는 여객 운송에 타격을 받았다. 전세계로 코로나19가 확산되면서 예약을 취소하는 여행객이 급증하면서 환불을 요구하거나 일정을 변경할 때 기존의 제도에 불만이 폭증했다. 이런 상황에 직면하던 항공사는 고객의 상황에 유연하게 대응할 수 있는 요금제(flexible fare)를 확대하여 고객의 신뢰를 회복하고, 고객의 충성도를 높일 수 있도록 유연한 요금제를 채택한 것이다.

- 변경 수수료 면제 : 일정 변경 수수료를 한시적으로 또는 상시로 면제
- 환불 조건 완화 : 특수상황이나 할인요금에도 환불 가능
- 탑승 유효기간 연장 : 미사용 항공권이나 바우처 등 유효기간 확대
- 요금제 다층화 : 고객이 환불가능여부를 선택하는 요금제 선택

03 인터넷시대의 환경변화

현대 사회에서 인터넷의 등장은 정보를 생산하는 과정에서부터 유통하고, 방식과 소비하는 방식이 변화하면서 국가의 산업 구조, 기업의 운영 전략, 소비자 행동 등까지 사회 전반에 인식의 대 변화가 일어났다.

인터넷의 발전은 사회 전반에 걸쳐 정보 비대칭을 해소하고, 시장의 투명성을 크게 강화하는 데 결정적인 역할을 했으며 인터넷의 발전이 모바일 기술과 이어지면서 소비자의 행동에 근본적인 변화를 일으켰다. 과거에는 오프라인 매장이나 여행사, 대리점 등 중개자를 통해 상품과 서비스를 구매하는 것이 일반적이었으나, 오늘날 소비자는 직접 온라인 플랫폼을 통해 필요한 정보를 검색하고, 가격을 비교하고, 제품이나 서비스를 구매하는 방식으로 이동하였다. 대면하지 않고 중개자가 필요없이 직접 구매하는 방식이 확산된 것이다.

또한 전통적인 산업 구조의 틀에서 벗어나 플랫폼을 중심으로 한 경제가 형성되기 시작했다. 각 산업의 기술과 데이터가 네트워크를 중심으로 다양한 산업들이 융합되

고 연결되기 시작한 것이다. 네트워크 중심의 변화는 기업의 경쟁 방식을 크게 변화시켰다. 모든 소비자의 행동이 데이터화되어 기업은 이 데이터를 기반으로 다양한 마케팅과 차별화된 서비스를 제공할 수 있게 되었다.

최근에는 대부분의 산업이 이러한 데이터를 성장동력의 기반으로 삼고 있다.

항공분야도 과거에는 운항 스케줄, 요금, 마케팅 전략 등이 관리자 중심의 경험과 직관에 의존했다면, 이제는 실시간으로 데이터 분석을 통해 AI 알고리즘을 활용한 과학적 경영이 일반화되고 있다.

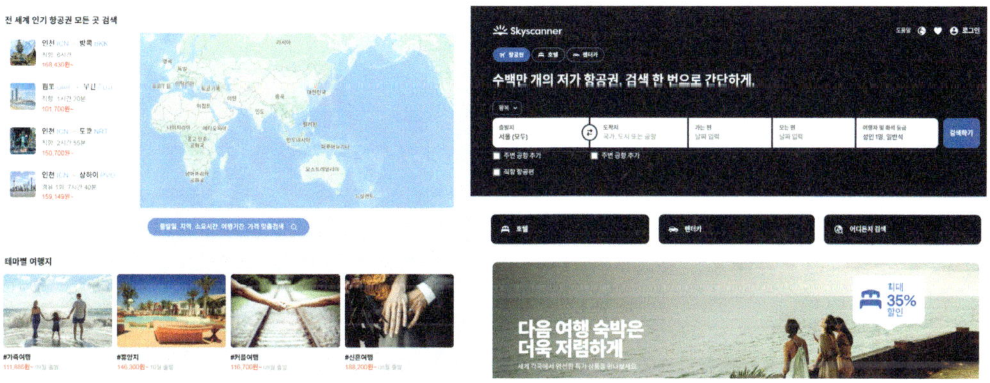

그림 11.2 ▌ 네이버, 스카이스캐너 항공권 검색 사이트

1) 다양한 정보 접근성과 투명성 강화

과거에는 기업이나 기관이 정보를 독점하고 소비자는 제한된 정보만 접근할 수 있었는데 인터넷 시대에는 손쉽게 정보에 접근하여 다양한 분야의 정보를 접근할 수 있는 환경이 마련되었다. 소비자는 제품의 가격 비교, 품질 평가, 사용자 후기, 실시간 리뷰 등이 온라인 플랫폼에 공개되면서 소비자들은 합리적인 판단과 선택을 할 수 있게 되었고, 기업은 더 이상 정보를 숨기거나 왜곡할 수 없어 투명하게 정보를 제공할 수 있는 환경이 만들어져 소비자가 중심이 되는 구조로 전환되고 있다.

이는 소비자의 협상력이 강화된 것으로 기업 간에는 공정한 경쟁을 할 수 있는 구도가 형성되었고, 불공정한 관행이 점차로 축소되는 긍정적인 효과를 만들어냈다.

항공산업도 과거에는 여행사나 항공사만 알고 있던 요금 정보를 인터넷 시대에는 가격 비교 사이트인 스카이스캐너, 구글 플라이트, 카약, 네이버 항공권을 통해 노선별, 시간대별, 항공사별 가격을 실시간으로 비교할 수 있게 되었다. 좌석 조건이나 수하물 규정, 환불 정책 등도 상세하게 공개되어 가격 외의 서비스 조건까지 투명하게 비교할 수 있는 구조로 발전하였다. 항공사의 예약사이트에서 직접 예약이 가능하며, 플랫폼 업체에서 판매하는 저렴한 항공권을 구입할 수 있게 되었다. SNS, 블로그, 유튜브, 인스타그램 등을 통해 실시간으로 개인의 경험을 공유하여 기업에 대한 사회적 감시 기능을 가능해져 투명하고 윤리적인 운영을 촉진하는 역할도 하고 있다.

그림 11.3 ▌ 프랑스 파리 여행 팁 유튜브 숏

2) 소비자 행동의 변화

인터넷과 모바일 기술의 발전은 소비자가 전통적인 오프라인 중심의 소비에서 벗어나 인터넷을 통한 비대면 구매와 중개자가 필요없이 직접 구매하는 패턴의 소비가 일상화 되었다. 이러한 소비의 형태가 바뀜으로 기업도 판매방식을 인터넷을 통한 소비가 확대되는 방향으로 전환하게 되었다.

이러한 변화는 소비자에게 시간과 장소에 구애받지 않고 스스로 소비할 수 있는 상품을 선택할 수 있는 편리성으로 인터넷 구매는 가파르게 증가하고, 기업은 인터넷을 통한 서비스를 강화하고 있다.

항공사의 경우에도 예전에는 소비자가 항공권을 구매하려면 여행사나 항공사를 통한 예약이 일반적이었으나 지금은 소비자가 직접 항공사 홈페이지나 온라인 여행사(OTA), 플랫폼 업체를 통해 비대면으로 항공권 구입한다. 구입할 때도 스스로 원하는 요금제를 선택한 후 원하는 좌석과 부가서비스를 선택하고 결제한 후 체크인 서비스까지 직접 처리하는 것이 보편화 되고 있다. 항공사는 먼저 중간 수수료 부담이 감소하고, 고객 데이터를 직접 확보할 수 있어 시장을 세분화하여 맞춤형 서비스를 진행할 수 있게 되었다.

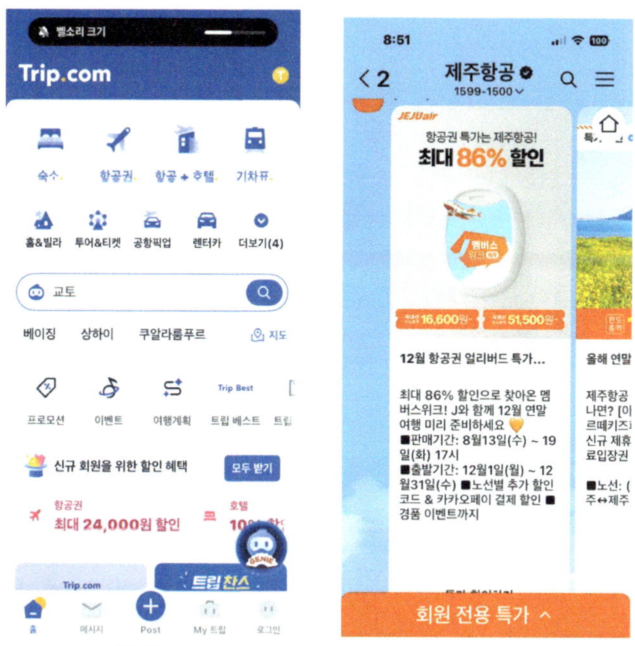

그림 11.4 ▎트립닷컴 앱, 제주항공 할인 마케팅

공항에서도 체크인 과정이 온라인으로 전환하고 있고, 무인 수하물 위탁, 키오스크, AI 챗봇 상담 등의 자동화서비스가 일상화되고 있다.

3) 산업 간 경계의 붕괴 및 플랫폼화

인터넷과 디지털 기술의 발전은 전통 산업의 경계를 허물며 플랫폼 중심의 산업으로 바뀌고 있다. 과거에는 항공사, 여행사, 호텔 등 각 산업이 독립적으로 기능과 역할이 뚜렷했지만 인터넷 시대에는 위와 같은 기능과 역할을 연결한 네이버, 카카오, 트립닷컴, 구글 등의 사업자가 탄생하여 산업을 재편하고 있다.

이제는 소비자가 원하는 상품들을 결합하여 통합서비스를 하는 플랫폼 업체를 선호하게 되다보니 전통 산업에 속했던 기업들도 직접 플랫폼을 구축하거나, 기존 플랫폼에 입점하는 방식으로 전환하고 있다. 갈수록 산업 간의 경계는 약화되고, 다양한 산업이 융합하여 결합되는 구조로 변화하고 있는 것이다.

항공산업에서도 항공사는 자사 홈페이지뿐만 아니라 OTA(온라인 여행사), 검색 포털 등 다양한 플랫폼 채널에서 예약 서비스를 제공하며, 관련된 상품 등과 결합된 플랫폼 마케팅 전략도 확대하고 있다.

4) 데이터 기반 경쟁 심화

인터넷 시대에는 모든 소비자의 행동과 패턴이 디지털 데이터로 축적되기 때문에 기업은 이 데이터가 전략적 자산이 되어 차별화된 마케팅을 펼쳐 수익을 극대화 할 수 있게 되었다. 고객 행동 데이터와 구매 이력, 클릭 패턴 등을 활용하여 고객만의 맞춤형 마케팅이 가능해지고, 항공사의 AI 기반 수익관리(RM) 시스템이나 동적 운임(Dynamic Pricing) 도입하여 수요를 예측하는 등 이제 기업은 데이터 기반의 경쟁이 수익을 좌우하는 구조로 전환된 것이다.

- AI 기반 수익관리(RM) 시스템 : 수요 예측의 정교화하여 유연하게 조정
- 동적 운임 시스템(Dynamic Pricing) : 데이터를 실시간 분석해 가격의 최적화
- 개인화 마케팅 및 맞춤 서비스 제공 : 고객정보를 활용하여 맞춤형 서비스 진행
- 예방 정비 시스템 : 운항 및 정비 최적화
- 경쟁사 분석과 시장 대응 : 탄력 운항 및 프로모션 전략 구상

5) 마케팅 및 커뮤니케이션 방식 변화

기업의 마케팅 방식과 고객과의 커뮤니케이션 방식의 변화도 가져왔다. 과거에는 텔레비전, 신문, 라디오 등 일방향인 대중매체 중심의 마케팅이었지만 인터넷 시대에는 양방향 소통과 참여 채널인 SNS, 블로그, 유튜브, 인스타그램 등이 디지털 마케팅의 중심이 되었다.

- 오프라인에서 온라인 중심으로 채널의 변화 : 항공사가 SNS에서 실시간 문의 대응, 공지, 이벤트 홍보를 진행
- 정보 전달 방식에서 감성·경험 공유 중심의 콘텐츠가 이동 : 항공사 유튜브 브이로그, 승무원 일상 콘텐츠, 탑승 후기 콘텐츠 등
- 단방향인 대중매체 중심에서 쌍방향·참여형으로 전환 : SNS 해시태그 이벤트, 포토 공모전, 댓글 참여형 콘텐츠 등
- 대중전체를 위한 타겟 마케팅에서 개인 맞춤형으로 이동 : 항공권 검색 후 리타겟팅 광고, 특정 노선 관심 고객에게 특가 알림 제공

04 코로나 이후의 변화

코로나19 팬데믹(2020~2022)은 전 세계에 걸쳐 사회, 경제, 산업, 생활방식 전반에 커다란 변화를 가져왔다. 이른바 포스트코로나 시대에는 새로운 일상과 구조적 변화가 나타나며 사회 시스템 전반이 재편되고 있다.

1) 비대면(Untact) 문화의 일상화

사회적 거리두기 경험은 곧 비대면 접촉에 익숙해졌고, 이는 모든 분야에서 온라

인 중심의 서비스로 확산되면서 생활 전반에 깊이 침투하게 되었다. 산업 전반에도 구조적인 변화를 가져오게 되면서 기업들도 디지털로 전환하거나 온라인 플랫폼을 확대하게 되었다.

(1) 소비 방식의 변화

소비자가 매장을 방문하기보다는 앱이나 웹을 통해 상품을 선택하고 결제하는 방식에 익숙해져 온라인 쇼핑, 배달 앱, 무인 매장, 드라이브 스루 등 비접촉 구매 형태가 일상화되었다.

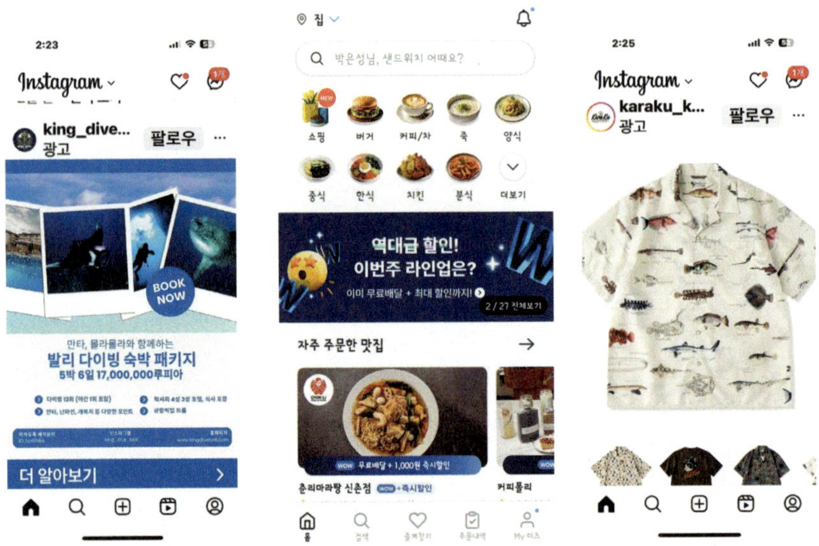

그림 11.5 ▌ 여행, 음식배달, 쇼핑 플랫폼

(2) 근무 및 교육의 변화

기업에서는 재택근무, 온라인 회의, 화상면접, 원격교육 등이 활성화 되었고, 교육부분은 온라인 강의와 평가가 주를 이루게 되면서 시간과 공간의 제약이 줄어들었다.

(3) 공공·서비스 영역의 디지털화

병원 진료 예약, 은행 업무, 공공기관 민원처리 등도 온라인 시스템으로 전환이 되었고, 무인 발권기, 키오스크, 챗봇 상담 등 디지털 시스템의 발전으로 자동화 서비스가 확대되었다.

(4) 여행 및 항공 서비스의 변화

항공업계는 모바일 체크인, 전자탑승권, 무인 수하물 위탁, AI 기반 상담 시스템 등을 적극 도입하여 예약부터 탑승까지 대부분의 과정을 처리할 수 있게 되었다.

(5) 고객의 편의성과 효율성 증가

소비자는 시간과 장소의 제약 없이 원하는 서비스를 이용할 수 있어 편리함과 효율성이 증가하였다.

(5) 기업의 디지털 전환 가속화

기업은 대부분의 업무를 디지털화해서 온라인으로 업무를 볼 수 있도록 하였고, 온라인 마케팅을 확대하기 위해 플랫폼 구축, 앱 개발, AI·데이터 기술 등을 개발하고 있다

(6) 사회 전반의 구조 변화

사회전반의 시스템인 유통, 금융, 의료, 교육, 항공 등 모든 분야가 오프라인 중심에서 디지털 기반으로의 구조 전환이 빠르게 진행되고 있다.

2) 소비자 행동의 변화

팬데믹은 전 세계 소비자들의 삶과 가치관에 큰 영향을 주었고, 위생을 철저히 관리하고, 사회전반에 안전성과 유연성, 실용성, 디지털 시스템을 중요한 소비 주제로

받아들이게 되었다. 따라서 소비자는 유연한 예약과 환불 조건, 실속 있는 소비, 비대면 쇼핑, 가족중심의 여행, 건강 중심의 라이프스타일이 등 새로운 소비문화로 전환되었다.

(1) 안전·위생 중심 소비로의 이동

코로나19의 위험을 경험한 소비자들은 가격이나 브랜드에 앞서 안전과 위생을 우선시하며, 제품 선택, 이동 수단, 식당, 숙박시설 등 사회전반에 영향을 미치며, 기업들은 비접촉 서비스를 강화하며 위생 기준에 주력하게 되었다.

예: 비대면 체크인, 비대면 기내식, 기내 소독 프로세스 강화

(2) 디지털 기반 소비 일상화

소비자들은 직접 매장을 방문하지 않고 인터넷 시스템을 통해 온라인 쇼핑, 모바일 주문, 앱 기반 예약 등이 일상화되었다.

예: 항공권, 호텔, 렌터카 등 여행 전 과정이 모바일 가능

(3) 유연성과 선택권 중시

코로나로 인해 갑작스러운 일정 취소, 국경 폐쇄 등으로 변경하거나 환불의 문제로 고객의 불만이 높아지면서 기업들도 이에 맞춰 유연 요금제와 부분 환불, 예약 유예 제도 등을 도입하였다.

예: 항공권의 수수료 없는 일정 변경, 오픈 티켓제 확대

(4) 소규모·개별화된 소비 선호

사회적 거리두기는 사람들이 많이 모이는 곳을 피하고 개인 공간을 중시하여 단체관광보다는 소규모 가족여행, 프라이빗 숙소, 비즈니스석을 선호하게 되었다.

예: 항공사에서 일등석·비즈니스석 수요가 증가하고, 프라이빗 기내 공간 강조

(5) 가치 소비·윤리적 소비 확대

환경, 사회, 지속가능성에 대한 관심이 높아지면서, 소비자들은 가격과 성능뿐 아니라 브랜드의 가치, 사회적 책임, 친환경 경영 여부 등을 고려하는 가치 소비 성향을 보이게 되었다.

예: 탄소 배출량 표시 항공권, 친환경 포장재, ESG 기반 브랜드 이미지 선호

3) 디지털 전환 가속화

코로나19 팬데믹은 사회 전반에 디지털 도구와 인프라 도입이 필수가 되었으며, 기업과 기관은 비대면이 가능한 디지털 전환을 신속하게 추진하게 되었다. 따라서 모든 산업 분야에서 디지털 기반 시스템 도입이 일상화되었고, 경쟁력 확보하기 위한 핵심 조건이 되었다. 기업들은 AI, 빅데이터, 클라우드, IoT, 자동화 시스템 등을 기반으로 고객 서비스, 마케팅, 예약 시스템 등으로 전환하였다.

(1) 업무 방식의 디지털화

재택근무, 화상회의, 협업 플랫폼 도입 등으로 업무의 시간과 장소 제약이 줄어들고, 클라우드 기반의 비즈니스 환경이 확산되었다.

(2) 고객 서비스의 디지털 전환

항공사, 은행, 병원 등 다양한 서비스 업종에서 오프라인 상담, 대면 응대 대신 챗봇, AI 상담, 모바일 앱 서비스, 챗봇 예약 서비스 등 비대면 고객 대응 시스템이 보편화되었다.

(3) 데이터 기반 운영 확대

AI를 활용한 빅데이터 기반의 시스템으로 고객 데이터, 구매 행동, 예측 알고리즘 등을 활용해 마케팅, 수요 예측, 인력배치 등이 최적화가 되었다. 빅데이터 분석을

통한 수요 기반 탄력 운항 및 동적 운임을 설정하여 운영하고 있다.

(4) 무인화·자동화의 일상화

모바일 체크인, 전자 탑승권, 무인 수하물 위탁 시스템, 키오스크, 무인점포, 로봇 배달, 자동화 물류센터 등 인적 접촉 최소화를 위한 기술이 빠르게 확산되었다.

(5) 산업 전반의 디지털 생태계 재편

항공·유통·교육·의료 등 모든 분야가 디지털 중심 구조로 이동하며, 기존 오프라인 기반 기업들은 플랫폼 기업과의 경쟁에 직면하게 되었다. 또한 ESG 경영과 연계한 디지털 친환경 기술을 적극 지원하고 있다.

4) 산업 구조와 노동환경의 변화

코로나19 팬데믹은 기존의 산업 운영 방식과 노동환경에 큰 충격을 주었으며, 이후 포스트코로나 시대에는 이러한 흐름이 구조적으로 정착되었다. 단순한 복귀가 아닌, 지속가능성과 유연성 중심의 새로운 산업 구조와 노동 패러다임이 형성된 것이다. 많은 기업들이 전통적인 오프라인 중심 산업에서 디지털 기반 비즈니스 모델로 전환되었고, 일부 산업은 생존을 위하여 구조조정을 추진하고 있다.

(1) 산업 구조의 변화: 디지털·비대면 중심으로 재편

기업들은 비대면·온라인 중심의 산업 구조로 재편하며 유통, 금융, 의료, 교육, 항공 등 거의 모든 산업에서 디지털 플랫폼, 자동화, AI 기반 시스템을 도입하고 있다. 항공사들은 오프라인 발권·예약 창구를 축소하고, 모바일·앱 기반의 셀프서비스 체계로 전환하였다.

(2) 노동환경의 변화: 유연·분산형 근무체계 확대

팬데믹을 계기로 재택근무, 원격근무, 유연근무제가 본격 도입되면서, 고정된 시간과 공간에서 일하던 전통적 근무 방식은 유연성과 자율성 중심으로 변화하였다. 이러한 변화는 특히 IT, 콘텐츠, 항공, 물류, 교육, 전문직 분야를 중심으로 빠르게 확산되었다.

(3) 일자리 구성의 재편

디지털화와 자동화의 확산으로 인력구조가 재조정되어 단순하거나 반복된 업무는 자동화로 대체하고, 디지털 기술, 데이터 분석, 고객 경험 설계와 같은 고부가가치 업무의 수요가 증가하였다.

(4) 기업 운영의 유연화와 탄력성 중시

기업은 탄력적인 조직 운영을 통해 분산형 인력 운용 체계를 유지하고 있으며, 위기 대응 시스템을 강화하기 위해 외주화나 계약직을 프로젝트 단위로 인력을 배치하고 있다.

5) 여행·항공산업의 재편

항공산업은 국제선 운항 중단, 국경 봉쇄, 격리 조치 등으로 항공 수요는 급감했고, 여행업은 사실상 마비될 정도로 코로나의 영향을 가장 크게 받은 산업 중 하나였다. 이후 근본적인 구조 재편과 전략 변화를 통해 초장거리 직항 노선을 확대하고, 수익성 다각화를 하기 위한 수단으로 화물 운항의 비중을 확대하고, 혼합형 운항도 도입하고 있다. 탄력적으로 운항 체계를 유지하여 고객 맞춤형 요금제인 브랜디드 페어나 유연 요금제를 실시하며 새로운 도약을 준비하고 있다.

(1) 초장거리·직항 노선 확대

코로나 이후 환승을 기피하고 직항 중심의 안전한 이동 수요가 증가하면서, 항공사들은 중간 경유 없는 초장거리 직항 노선을 확대하고 있다. 싱가포르-뉴욕, 시드니-런던, 인천-이스탄불 등이 운항되고 있다.

(2) 화물 운송 중심 구조 강화

팬데믹 기간에 여객 운송 수요가 급감하자 항공사들은 여객기를 화물기로 전환하거나 화물 전용기를 확대하여 돌파구를 마련했다. 대한항공과 루프트한자는 화물 수익으로 적자를 탈피하고 흑자 운영이 가능해졌다.

(3) 유연한 운항 전략 확대

항공사들은 정기노선 중심의 고정 운항에서 벗어나, 계절형 노선, 전세기 운항, 단기 이벤트성 노선, 신규시장 시범 노선 등 보다 탄력적인 운항 체계(Flexible Operation)로 전환하였다.

(4) 디지털 전환 및 비대면 서비스 강화

항공사와 공항은 모바일 체크인, 전자탑승권, 무인 수하물 위탁, AI 챗봇, 디지털 여권, 백신 패스 등의 디지털 기반 비대면 서비스를 적극 도입하였다.

(5) 소비자 중심의 요금제 개편

소비자들이 요구에 유연한 예약과 변경, 환불 조건을 검토하여 브랜디드 페어, 유연 요금제, 마일리지와 현금을 혼합한 결제 등 다양한 요금체계를 도입하였다.

(6) 소규모, 개인화, 웰니스 중심 여행 트렌드 확산

단체 여행보다 소규모 자유여행을, 호텔보다 프라이빗 숙소를, 관광지보다 건강이나 휴식을 위한 여행을 선호하는 고객의 취향을 기반으로 노선을 기획한 항공상품을 선호하였다.

05 항공사 규제완화

항공사 규제완화(Deregulation)란, 정부가 항공산업에 대해 시행하던 노선 배정, 운임 결정, 신규 진입 제한 등 각종 규제를 완화하거나 철폐하여, 시장 경쟁을 촉진하고 항공사의 자율성과 효율성을 높이기 위한 정책이다. 이 정책은 1978년 미국에서 처음 본격적으로 도입되었으며, 이후 세계 각국으로 확산되었다.

규제완화로 인한 정책의 변화는 노선자율화로 수요 기반의 효율적인 노선 운영이 가능해졌고, 운임자율화로 항공권 가격을 정부가 아닌 항공사가 자체적으로 책정하게 되어 항공사는 다양한 요금체계를 통해 다른 항공사와 경쟁을 하게 되었다.

또한 신규 항공사의 시장 진입을 허용함으로 다양한 저비용항공사(LCC) 등이 등장했고, 서비스 및 마케팅 자율화가 확대되면서 항공사들은 자사만의 경영전략을 자유롭게 설계할 수 있게 되었다.

이러한 규제완화는 운임 인하, 서비스 개선, 소비자 선택권 확대, 항공 이용의 대중화 등 긍정적인 효과를 가져왔지만 항공사간의 과당 경쟁, 수익성 악화, 중소 항공사의 몰락, 안전비용 축소 우려 등 새로운 문제점이 발생하였다.

하지만 항공사 규제완화는 항공산업의 경쟁 구도를 근본적으로 변화시킨 전환점이며, 오늘날의 다양한 항공사 모델, 유연한 운임 체계, 노선 경쟁 등은 항공사의 다각화된 경영전략과 소비자의 선택권을 확대시키는 계기가 되었다.

1) 규제완화의 주요 변화

(1) 노선 자율화

노선 자율화는 항공사가 노선을 개설하거나 변경, 운항 횟수를 결정할 때 정부의 통제없이 자율적으로 결정할 수 있는 제도이다. 과거에는 정부가 항공사 간 경쟁을 제한하고 시장 안정성을 위하여 노선을 배분하고 운항 시간도 관리하다보니 신규 항공사의 진입이 어렵고, 수요에 비해 공급이 따라가지 못하는 문제가 발생했다. 그러나 규제완화 이후에는 항공사가 시장 수요, 수익성, 경영 전략에 따라 자유롭게 노선을 결정하고 운영할 수 있게 되었다.

노선 자율화로 항공사 간 노선 경쟁이 활성화되어 경쟁이 본격화되면서 운임이 내려가고 서비스가 개선되었다. 항공사마다 수요를 예측하여 노선을 탄력적으로 추가하거나 철수할 수 있게 되었다. 저비용항공사(LCC)의 진입으로 지역 노선과 시장이 확대되어 경영이 악화된 지방공항이나 중소도시 노선을 추가하여 운항하였고, 운항 스케줄을 탄력적으로 조정하여 효율적으로 자원을 운용할 수 있게 되었다.

(2) 운임 자율화

운임 자율화는 항공권 운임을 항공사가 자율적으로 책정할 수 있도록 허용한 제도로 정부가 항공사의 요금을 결정하여 승인하던 방식에서 벗어나, 시장경쟁으로 자유롭게 운임을 결정할 수 있게 되었다.

과거에는 동일 노선의 항공사 간 요금이 차이가 적었는데 운임 자율화가 도입되면서 항공사는 수익관리 시스템을 도입하여 동일 항공편에서도 승객별 요금이 달라지는 구조로 설계를 하였다. 좌석 등급과 할인 운임, 특가 항공권, 얼리버드 요금 등 다양한 요금제가 등장하여 소비자의 선택권이 넓어지면서 항공운송이 대중화되기 시작했다.

(3) 신규 항공사 진입 허용

과거에는 정부가 항공사의 면허 발급과 노선 운영을 엄격히 통제하였고, 시장의 안정성과 공공성을 유지한다는 명목으로 소수의 국적 항공사에만 허가를 내 주었다. 그러나 규제완화 이후에는 면허 발급 기준이 완화되고, 일정 요건을 갖춘 기업이라면 누구든지 항공운송사업에 진입할 수 있도록 허용하였다.

이러한 조치로 저렴한 운임체계와 단순한 서비스로 운영비를 절감할 수 있는 저비용항공사(LCC)의 진입이 가능해졌다. 이들은 소비자의 선택권을 확대하고, 시장경쟁을 촉진시켰으며 지역 간 경제활성화에도 기여하면서 항공시장은 다양화되고 세분화되기 시작했다.

우리나라에서도 2005년 제주항공을 시작으로 진에어, 티웨이항공, 에어부산, 에어서울, 이스타항공, 에어로케이 등 다양한 저비용항공사가 등장하게 되면서 항공산업의 경쟁 구도가 크게 변하였다.

(4) 서비스 및 마케팅 자유화

과거에는 항공 서비스가 공공성 중심으로 획일화되어, 모든 항공사가 유사한 방식의 서비스를 제공했고, 가격 경쟁 외에 차별화 전략을 펼치기 어려웠다. 그러나 규제완화 이후, 항공사들은 시장과 소비자의 니즈에 따라 창의적인 마케팅 전략과 서비스 모델을 자유롭게 도입할 수 있게 되었다.

먼저 항공사마다 기내 서비스를 차별화하여 고유의 경쟁력을 갖추기 시작했다. 프리미엄 고객을 위한 라운지, 전용 체크인, 기내식, 엔터테인먼트, 좌석 간격, 수하물 규정 등을 차별화하여 브랜드 고유의 경쟁력을 갖추기 시작했다. 또한 항공권의 판매촉진을 위해 프로모션, 브랜드 캠페인, SNS 마케팅 등을 자체적으로 기획하고, 동일 좌석 클래스 내에서도 가격을 세분화하였고, 마일리지나 멤버십 프로그램 운영하여 고객 충성도를 높였다.

이런 전략은 항공사 간 서비스 경쟁을 활성화시켰고, 소비자 선택권을 확대함과 동시에 브랜드 이미지를 높일 수 있었다. 하지만 과도한 서비스 축소나 유료화로 인해 일부 소비자의 불만이 증폭되고 과열경쟁이 발생하기도 하였다.

2) 대표적 규제완화 사례

항공 규제완화(Deregulation)는 항공산업의 구조와 경쟁 구도를 변화시킨 중요한 전환점이라 미국, 유럽, 한국에서의 대표적인 규제완화 흐름을 살펴보았다.

(1) 항공 규제완화법

미국의 항공 규제완화법(Airline Deregulation Act)은 1978년 10월 제정된 법률로, 세계 항공산업 역사상 최초로 대규모 규제완화가 시행된 결정적 사건이다. 이 법은 당시 미국 연방정부가 직접 관할하던 항공산업의 노선 배정, 운임 결정, 신규 항공사 진입 등 전반에 대한 규제를 철폐하고, 시장 중심의 경쟁 체제를 도입하는 것을 주요 내용으로 한다.

이러한 법이 제정된 배경에는 높은 항공운임으로 인한 소비자 불만이 팽배해져 있고, 항공사 자체의 혁신과 경쟁력이 부족하여 서비스의 질이 저하되었으며 신생항공사의 진입이 제한되어 시장은 더욱 경직되고 비효율화 되어갔다. 이에 경제학자들과 정치권은 문제 해결을 위해 자유시장 원리에 기반한 항공 산업 구조 개편을 요구하여 제정된 것이다.

세계 최초의 본격적인 항공 규제완화 사례로 이후 유럽, 아시아 등 전 세계 항공산업 구조개편의 선례가 되었으며 항공이 대중교통 수단으로 변화하는 계기를 제공했다. 항공사가 노선과 운임을 자율화하고 신규 항공사가 진입하면서 항공사 간 가격과 서비스 경쟁을 촉진하여 소비자 중심의 시장을 형성하는 데 기여했다.

(2) 단일 유럽 하늘 정책

단일 유럽 하늘 정책(Single European Sky, SES)은 유럽연합(EU)이 추진한 항공 분야 규제완화 및 통합 정책으로, 국경 간 항공운항의 비효율성을 해소하고, 유럽을 하나의 통합된 항공시장으로 만들기 위한 제도이다.

과거 유럽은 국가별로 항공 규제가 다르고, 영공과 항로가 분리되어 운영하면서 항공기 운항 지연, 고비용 구조, 중복 운항 등이 발생했다. 이것이 유럽 통합과 경제 성장의 발목을 잡는 요인이 되어 EU는 항공 산업에도 단일 시장 원칙을 적용하고자 항공 규제완화 및 영공 통합 정책을 추진하게 되었다.

이 정책은 1980년대 후반부터 점진적으로 추진되었으며, 1992년을 기점으로 유럽 항공 시장에 근본적인 구조 변화와 경쟁 체제 도입을 가져왔다.

주요 정책으로는 항공사 국적 제한을 폐지하여 EU 역내 국가라면 어느 항공사든 자유롭게 EU 전역에서 노선을 개설하고 운영할 수 있도록 허용하고, 노선 및 운임을 자유화하여 항공사가 자율적으로 노선을 설정하고 운임을 결정할 수 있도록 하였다. 1997년부터 EU 내 항공사에 대해 완전한 자유경쟁체제 도입하여 시장을 완전히 개방하였고 통합 영공 관리 시스템을 구축하여 국가별로 나뉘어 있던 항공 교통 관제 시스템을 단일 체계로 통합하는 계획을 수립하였다.

이런 결과로 EU 내에서 항공사는 자국 외 다른 국가에서도 자유롭게 운항 가능이 가능해져 유럽내 항공이 대중교통으로 자리매김 하였다. 라이언에어, 이지젯 등 저비용항공사(LCC)가 급성장하였고, 소비자는 다양한 요금제와 서비스 모델로 다양한 선택을 할 수 있게 되었다.

(3) 항공자유화 및 LCC 정책 도입

대한민국은 2000년대에 들어서며 항공산업의 경쟁력 제고와 이용 대중화를 목표로 항공자유화 정책과 저비용항공사(LCC) 정책을 본격적으로 도입하였다. 이는 세계적인 항공 규제완화 흐름과 국내 항공 수요 증가, 지방공항 활성화의 필요성 등에 대응하기 위한 구조적 개혁이었다.

항공산업의 독과점 구조를 해소하고 노선과 운임을 자율화하여 증가하는 항공수요를 해결하고, 지방항공 활성화와 세계적으로 규제를 완화하는 정책에 따른 조치였다. 지방공항을 거점으로 한 저비용항공사(LCC)를 도입하였고, 항공 대중화를 실현하고 지역 기반 항공 서비스를 확대하였다. 하지만 중복 노선 및 공급 과잉으로 일부 항공사의 부실화가 진행되기도 하였다.

12

CHAPTER

디지털 혁신과 기술혁신

CHAPTER 12

디지털 혁신과 기술혁신

01 항공사의 디지털 혁신 시스템

항공사의 디지털 혁신(Digital Transformation) 시스템 도입은 운영의 효율성을 높이고, 고객 서비스를 차별화하여 수익성을 개선하고 지속가능한 경영을 실현하기 위함이다. 인터넷의 발달로 시장환경이 급변하였고, 정보통신 기술들이 하루가 다르게 가속화되면서 디지털 혁신은 항공사의 경쟁력을 확보하고 미래에 생존하기 위해 반드시 필요한 조건이 되었다. 항공산업은 복잡한 운항 관리와 대규모 인력의 인적자원 관리, 실시간으로 확인해야 할 예약발권의 비율, 전세계로 이어진 노선망 등의 특성 때문에 지능적인 관리가 필요한 분야이다. 정보통신기술이 급속도로 발전하면서 이러한 업무를 지원하는 자동화 서비스, AI 기반 데이터 서비스, 빅데이터를 활용한 마케팅 전략, 고객의 편의를 위한 플랫폼화 등 다양하고 유익한 프로그램들이 개발되었다.

이렇게 다양한 기능이 가능하게 된 디지털 혁신은 항공사의 운영 효율성과 비용 절감에 크게 기여하여 수익성을 증대시키고 있다. AI 기반의 수요 예측 시스템과 자동화된 스케줄 관리, 항공기 정비 예측 시스템(Predictive Maintenance)은 불필요한 운항 손실과 정비 비용을 줄여주며, 인력과 자원의 배분을 최적화할 수 있게 만들었다. 또한 수익관리 시스템(RM: Revenue Management)은 항공권 가격을 실시간으로 조정하여 시장 수요와 경쟁에 유리한 운임을 동적 가격 책정(Dynamic Pricing)으로 최대의 수익을 확보할 수 있는 기틀이 마련되었다.

고객의 편리성이 증가된 것은 오로지 디지털 혁신 때문에 가능한 일이다. 모바일 앱, 셀프 체크인 키오스크, 전자 탑승권, 생체 인식 탑승 시스템 등은 이용자의 대기시간을 줄여주고 편의성을 늘여 간편하고 빠른 서비스를 제공함으로써 이용자의 만족도를 높이고 있다.

경영진은 빅데이터와 대시보드 시스템을 통해 실시간으로 운항 현황, 수익 흐름, 고객 반응 등을 파악할 수 있어 보다 정확한 전략 수립과 실행이 가능하다. 이와 더불어 사회적으로 문제가 되고 있는 탄소 배출과 연료 효율 분석, ESG 리포팅 자동화 등은 항공사의 지속가능성 및 ESG 경영 실현에도 도움이 된다.

디지털 혁신의 일원으로 델타항공은 AI 기반 예측 정비 시스템을 도입하여 정비지연을 25% 감소시켰고, 싱가포르항공은 디지털 로열티 프로그램 및 IFE 시스템 업그레이드를 실시하여 고급서비스를 지향하고 있다. 대한항공은 자체 앱을 통한 전자탑승권, 디지털 수하물 추적 시스템을 운영 중이다.

디지털 혁신으로 인해 개선된 효과로는 다음과 같다.

- 고객 편의성 향상 : 비대면·모바일 기반 서비스 확대
- 운영 효율화 및 비용 절감 : 정비, 운항, 인력 관리
- 데이터 기반 의사결정 : 수요 예측 분석, 마케팅 활용
- 수익 최적화 : 운임 다양화, 부가서비스 판매 강화
- 지속가능한 경영 : 탄소 배출 감축 등 친환경 운항 지원

1) 디지털 혁신 시스템의 종류

(1) 수익관리 시스템

수익관리 시스템(RMS, Revenue Management System)은 AI와 빅데이터 기반으로 수요예측, 승객 예약 패턴 분석 등을 통해 동적 가격 책정(Dynamic Pricing)을 실현하여 항공사가 제한된 좌석 자원을 최적의 가격에, 최적의 시점에, 최적의 고객에게 판매하

여 전체 수익을 극대화하기 위한 시스템이다. 이 시스템은 항공권의 특성인 소멸되어 버리는 재고의 제한, 유효 기간 한정, 수요 변동성 등을 고려하여 과학적이고 체계적인 방식으로 운임과 좌석 관리를 수행한다.

표 12-1 ▎수익관리 시스템의 주요기능

주요기능	내용
수요 예측 (Demand Forecasting)	• 과거 예약 데이터, 계절성, 요일, 이벤트 등을 바탕으로 노선별 수요를 정밀 예측
운임 최적화 (Fare Optimization)	• 동일한 항공편의 좌석을 가격대별로 분리하여 판매 • 수요 많은 시기에는 높은 가격, 수요가 적은 시기에는 낮은 가격으로 탄력적 조정
재고 배분 (Inventory Control)	• 전체 좌석 수를 다양한 운임 클래스에 효율적으로 배정 • 저가 운임 판매를 조기 마감하거나, 고가 운임에 잔여 좌석 확보
세그먼트 타기팅 (Customer Segmentation)	• 비즈니스·레저 고객 등 구매 성향이 다른 고객층에 따라 가격 및 조건 차별화
동적 가격 책정 (Dynamic Pricing)	• AI와 알고리즘 기반으로 실시간 수요·경쟁사 운임 등을 반영하여 가격 자동 조정

(2) 예약 및 발권 시스템(GDS/CRS)

예약 및 발권 시스템은 항공사가 고객에게 항공권을 판매하고, 항공편 예약 정보를 실시간으로 연동하는 핵심 정보 시스템이다. 이 시스템은 CRS(Computer Reservation System)와 GDS(Global Distribution System)로 구분되며, 항공사뿐 아니라 여행사, OTA(온라인 여행사), 고객이 항공권을 효율적으로 검색하여 예약과 발권을 할 수 있도록 연결해준다.

예약 및 발권 시스템을 이용하는 고객들이 증가하자 항공사들은 고객 간 직접 판매 채널을 확보함과 동시에 모바일에서의 예약과 발권을 확대하고, 항공사의 앱이나 웹사이트를 통한 B2C 판매를 강화하고 있다.

• CRS(Computer Reservation System) : 항공사 자체 시스템

각 항공사가 운용하는 내부 예약 관리 시스템으로 자사의 항공편 예약, 좌석 배정, 발권, 체크인 등 운영 중심의 예약 기능을 수행한다.

주요 기능으로는 항공편 스케줄 및 좌석 상황 관리, 항공권 요금 설정 및 적용, 승객 예약(PNR) 생성 및 변경, 발권(ET, e-Ticket) 및 마일리지 처리이다.

• GDS(Global Distribution System) : 글로벌 유통 네트워크

여러 항공사, 호텔, 렌터카, 기차 등을 연결하는 다국적 예약 네트워크로 CRS와 연동되어 전 세계 여행사와 OTA가 실시간으로 항공권 정보를 확인하고 판매할 수 있게 한다. GDS는 항공사와 여행사, 소비자 간 연결 허브 역할을 하며, 다수 항공사의 좌석과 요금, 운항 정보를 비교하여 예약과 발권을 가능하게 한다.

예: 아마데우스(Amadeus), 세이버(Sabre), 트래블포트(Travelport)(3)

• NDC(New Distribution Capability)

기존 GDS 중심 유통의 한계를 보완하기 위해 IATA가 개발한 표준 시스템, 항공사가 직접 맞춤형 상품 패키지(수하물, 좌석, 기내식 등)를 유통할 수 있는 방식이다.

(3) 고객관계관리(CRM) 시스템

고객관계관리 시스템(CRM: Customer Relationship Management)은 항공사가 고객과의 지속적인 관계를 관리하고, 고객 데이터를 분석하여 맞춤형 서비스와 마케팅 전략을 실행함으로써 고객의 충성도와 수익성을 높이는 통합 정보 시스템이다. 고객 데이터를 분석하여 개인 맞춤형 서비스 및 마케팅에 제공한다.

표 12-2 ▎수익관리 시스템의 주요기능

주요기능	내용
고객 정보 통합 관리	• 고객 행동 데이터 통합 관리 • 고객 등급, 성향 분석, 구매 히스토리 기반 프로파일링
고객 세분화(Segmentation)	• 고객군별로 분류하여 타겟 마케팅
맞춤형 마케팅 자동화	• 고객 데이터로 개인화된 혜택 제공
로열티 프로그램 관리	• 마일리지 적립 및 사용 내역 분석 • 고객 등급 조정, 멤버십 혜택 자동 제공
VOC·고객 피드백 연계	• 고객불만을 분석을 통해 서비스 품질 개선

(4) 모바일 & 자동화 시스템

비대면·비접촉 기반의 디지털 환경을 강화하고, 항공 이용객이 손안에 가지고 있는 스마트폰으로 예약부터 탑승, 수하물 수령까지의 전 여정을 편리하게 만들기 위해 도입한 디지털 인프라다. 이 시스템은 공항의 혼잡을 줄이고 인건비를 절감하며, 고객에게는 빠르고 효율적인 서비스 경험을 제공한다.

표 12-3 ▎모바일 & 자동화 시스템의 주요기능

주요기능	내용
모바일 앱 & 웹 서비스	• 예약과 관련된 정보를 실시간 안내지 확인 등
셀프 체크인 키오스크 (Self Check-in Kiosk)	• 공항 키오스크에서 스스로 체크인 및 좌석 지정 가능
자동 수하물 위탁기 (Self Bag Drop)	• 승객이 직접 수하물 라벨 부착 및 위탁
바이오 인증 기반 탑승 시스템 (생체정보 탑승)	• 얼굴인식, 지문 인식 등을 통한 자동 게이트 탑승 시스템
챗봇·AI 고객응대 시스템	• 항공사 앱이나 웹에서 24시간 자동 응답

(5) 운항 관리 시스템

운항 관리 시스템(FMS: Flight Management System)은 항공기의 운항을 자동으로 계획하고, 속도, 연료, 기상정보 등을 제어하고 관리하는 시스템이다. 비행 계획을 최적화하고 실시간 운항을 모니터링하여 최적의 안정된 시스템을 유지하도록 하며 기상상황이나 비상상황시 대처할 수 있도록 관리한다.

연료나 비용을 절감하기 위해 연료 소모를 최소화하는 경로를 확보하고 지상과 연계해 운항 계획을 수립하기도 한다.

표 12-4 ▎운항 관리 시스템의 주요 기능

주요기능	내용
비행 계획 최적화 (Flight Planning)	• 최적의 비행 경로와 연료 소비량을 자동 계산
자동 항로 추적 (Lateral & Vertical Navigation)	• 항로 유지 및 고도·방향·속도 유지 자동화
연료 효율성 극대화	• 최적 연료 소모량 계산
ETAS(Estimated Time of Arrival) 계산	• 도착 예상 시간 예측 및 자동 조정
비상 상황 대응	• 자동으로 재경로 설정 기능

(6) 디지털 훈련 및 시뮬레이션 시스템

항공사가 조종사, 승무원, 정비사 등 전문적인 항공 종사자의 직무역량 향상과 안전을 획보하기 위해 사용하는 가상 기빈의 교육 시스템이다.

첨단 ICT 기술인 가상현실(VR), 증강현실(AR), 3D 시뮬레이터, AI 기반 교육 플랫폼 등을 활용해 실제 운항 상황과 유사한 환경을 구현하여 실무 능력을 향상시키고, 비상상황에서 위기를 슬기롭게 대처할 수 있도록 훈련한다.

표 12-5 ❙ 디지털 훈련 및 시뮬레이션 시스템의 주요 기능

주요기능	내용
풀 플라이트 시뮬레이터 (FFS: Full Flight Simulator)	조항공기 조종석과 동일한 환경으로 시뮬레이션 조종사 자격유지 및 재교육 필수 과정
VR/AR 기반 시뮬레이션	객실 내 비상 탈출 절차, 화재 진압, 도어 개폐 훈련 등
CBT(Computer-Based Training)	온라인 기반의 이론 교육
비상 상황 시뮬레이션 (Emergency Drill System)	위기 대응 시나리오 학습
정비 훈련 시뮬레이터	정비 오차를 줄이고 숙련도 향상

(7) 사이버 보안 및 데이터 통합 플랫폼

항공사와 공항에서 운영하는 모든 IT 시스템과 데이터를 안전하게 보호하고, 분산된 데이터들을 통합하여 사이버 공격으로부터 위협을 방지하기 위한 정보 보안 기반의 통합 디지털 인프라이다.

표 12-6 ❙ 사이버 보안 및 데이터 통합 플랫폼

주요기능	내용
사이버 보안 시스템	외부 공격 차단 및 이상행위 감지
항공 전용 보안 솔루션	항공기 통신(ACARS, SATCOM), 공항 네트워크, 항공사 서버 보호
암호화 및 인증 시스템	중요정보를 암호화하여 다중 인증으로 보호
사이버 공격 대응 체계 구축 (SOC, CSIRT)	신속한 사고 대응 체계 운영
데이터 통합 플랫폼	분산된 시스템 간 데이터 통합
플랫폼 또는 통합 데이터 허브	AI·빅데이터 분석 기반 의사결정 지원 가능

항공시스템에 대한 해킹이라든지 고객 데이터 유출, 디도스 공격 등에 대한 위협을 방지하고, 모든 분야에서 발생되는 데이터를 통합하여 실시간 분석하여 관련 업무에 활용한다. 따라서 강력한 사이버 보안 체계와 데이터 통합 플랫폼 구축이 필요하다.

2) 스마트공항 및 자동화서비스

스마트공항과 자동화서비스는 4차 산업혁명으로 인공지능(AI), 사물인터넷(IoT), 빅데이터, 생체인식 등 첨단 ICT 기술을 공항 운용에 적용한 것이다. 운항 효율성을 높이고, 여객의 편의성과 안전성을 극대화하기 위해 승객의 탑승 절차와 공항 운영을 비대면 서비스와 무인화 서비스로 효율적으로 처리한다. 이러한 서비스는 코로나19 팬데믹을 겪으면서 비대면과 비접촉 서비스에 대한 요구가 높아지면서 더욱 확대되었다.

이제 공항은 단순한 항공운송의 거점으로서의 역할에서 벗어나, 첨단 기술과 접목하면서 자동화되었고, 다양한 시설들이 입주하여 고객 중심의 플랫폼인 복합문화공간으로 변화하고 있다. 공항 내에서 진행하던 절차들은 간소화되고, 사전에 인터넷이나 모바일로 체크인까지 할 수 있어 공항의 대기시간은 더욱더 단축될 것이다.

▲ 키오스트

▲ 자동수하물기기

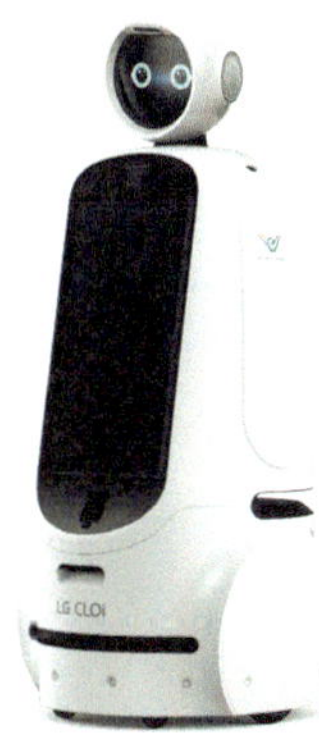

▲ 에어스타 로봇

그림 12.1 ▌ 공항의 자동화기기

(1) 자동화 탑승 수속 시스템

셀프 체크인 키오스크(Self Check-in)는 이용객이 스스로 키오스크에서 여권 인식, 좌석 선택, 탑승권 발권을 할 수 있는 시스템이다.

자동 수하물 위탁(Self Bag Drop)은 셀프 체크인을 한 후 수하물 라벨을 출력하여 자동 수하물 시스템에 직접 투입할 수 있어 간편하다. 하지만 수하물 무게의 한도가 넘거나 크기가 맞지 않으면 체크인 창구에 위탁해야 한다.

(2) 생체인식 기반 서비스

사전에 등록된 얼굴, 자문, 음성, 홍채 등 고유 생체 정보를 인식해 신원 확인 및 탑승 절차를 자동화하여 여권이나 탑승권이 없어도 원스톱으로 입장할 수 있는 첨단 시스템이다. 여권이나 탑승권이 없어도 생체정보로 탑승이 가능(e-Gate, Smart Entry Service)한 첨단 시스템이다.

(3) 모바일 기빈 통힙 서비스

모바일에 공항 앱을 설치하면 탑승권 발급에서부터, 게이트 안내, 공항 내 길찾기, 실시간 항공편 정보 등을 제공받는다.

(4) AI 챗봇 및 로봇 안내 서비스

항공편이나 수하물 관련 정보, 공항 편의시설 정보를 실시간 안내한다. 인천공항에는 에어스타라는 로봇은 외국인에게 언어를 번역해주고, 탑승권을 인식해 안내를 한다. 공항안내, 간단한 소통, 사진촬영을 하여 전송하는 등 다양한 서비스를 한다.

(5) 스마트 보안검색 시스템

3D CT 스캐너나 AI 자동식별로 판독하여 위험물을 신속하게 탐지하여 탑승객의 흐름을 최적화 한다. 사전에 승객 데이터를 분석하고 선별하여 정밀검사를 한다.

(6) 지능형 주차·이동 시스템

실시간 주차장의 점유율을 체크해 빈자리를 알려주고 차량번호를 인식해 요금을 자동정산하여 간편하게 이용할 수 있고, 실시간으로 공항내 교통상황을 체크해준다. 무인셔틀이나 자율주행카트가 공항에서 이동을 편리하게 해주고 수하물을 탑승구까지 자동으로 운반해주기도 한다. 실시간으로 공항내 전 구간을 네트워크로 연결해 정보를 안내한다.

(7) IoT 기반 에너지·시설 관리

IoT 센서가 공항 전역의 시설인 조명, 냉난방, 전력, 수도, 기계설비, 에스컬레이터 등에 시설물을 자동제이하는 시스템이다. 에너지 소비를 최적화하고 승객에게 쾌적함을 유지하게 해 준다.

02 항공기 신기술 및 친환경 경영

항공기 신기술 및 친환경 경영은 기후 변화와 에너지 위기에 대응하기 위해, 항공사가 친환경적이고 에너지 효율을 높일 수 있는 기술을 도입하고, 지속가능한 경영체계를 구축하는 전략이다. 탄소중립을 목표로 설정하고 운항을 효율화하기 위한 차세대 항공기를 도입하거나 최적항로를 운영하고, SAF(Sustainable Aviation Fuel)인 바이오나 합성연료의 사용비율을 확대하여 탄소배출을 줄이기 위해 노력하고 있다. 도한 지상에서는 전기나 수소로 운항하는 지상조업차량을 도입하고 공항터미널의 전력을 재생에너지로 전환하고 있다.

전 세계 항공업계는 국제민간항공기구(ICAO), 국제항공운송협회(IATA)의 탄소중립 목표(Net-Zero Carbon by 2050)에 맞춰 항공기 기술 고도화와 친환경 운항을 동시에 추진하고 있다.

1) 항공기 신기술 도입

(1) 신세대 항공기 도입(연료 효율 개선)

Boeing 787, A321neo 등은 기존 항공기보다 연료 효율 20~30% 향상된 차세대 기종을 도입하고, Airbus A350은 복합소재(CFRP) 사용으로 만들어 기체를 경량화한 항공기를 도입한다.

그림 12.2 ▎ Boeing 787

(2) 전기 및 하이브리드 항공기 개발

Eviation Alice는 완전 전기 항공기로 약 95%가 복합소재로 만들었지만 현재 개발이 멈춰진 상태이고, Airbus - ZEROe는 수소기반 항공기를 탄소중립 실현을 위한 항공기 프로젝트이며 상용화로 개발하고 있다.

그림 12.3 ▎ Eviation Alice 전기 항공기

(3) SAF(Sustainable Aviation Fuel)

기존 화석 기반 제트연료를 대체할 수 있는 친환경 항공 연료로 폐식용유나 동물성지방, 목재나 농업 폐기물, 바이오연료, 에탄올 재생에너지 등을 이용하여 탄소배출 최대 80%를 줄일 수 있도록 하는 기술로 2050년 항공 탄소중립(Net Zero)을 목표로 한다.

(4) 디지털 운항 최적화 기술

항공사가 AI 기반 빅데이터를 활용하여 비행경로, 속도 위성항법, 기상 정보 등을 실시간으로 분석해 최적화하는 시스템이다. 이러한 기술로 연료비를 절감하고, 탄소배출량을 예측하여 조정이 가능하고, 비행기가 정시에 도착할 수 있도록 지상운항통제센터(OCC)와 차세대 운항관리(FMS)가 연동되는 기술이다.

(5) 기체 구조 개선 및 공기역학 설계 혁신

항공기를 제작할 때 복합소재인 탄소섬유, 티타늄 같은 소재를 사용하여 무게를 경량화하고, 항공기 구조를 모듈형이나 단순화로 개선하여 제조비용을 절감한다. 공기역학을 계산하여 윙렛(Winglet) 구조를 개선하면 항력이 감소하여 연료가 감소된다. 이는 차세대 친환경 항공기와 장거리·고효율 운항을 위하여 필요한 항공기 개선 방향이다.

자료 : 항공위키

그림 12.4 ▌ 윙렛구조

2) 항공사의 친환경 경영 전략

(1) 탄소 배출 감축 및 배출권 거래 참여

항공사가 기후변화 대응과 국제 환경 규제 준수를 위해 온실가스 배출을 줄이고, 탄소 배출권(Carbon Credit)을 거래하는 전략이다. 국제민간항공기구(ICAO)의 탄소배출 제도인 CORSIA에 따라 남은 배출량에 대해서는 연간 운항량에 따라 탄소 배출권을 구매하거나 감축 목표를 설정해야 한다.

(2) 지상 운영의 친환경화

항공사의 공항 내 지상조업과 지원시설을 전기나 수소차량으로 대체하여 운영 과정에서 발생하는 탄소배출이나 소음, 오염물질을 최소화하는 것이다. 항공기의 보조 동력장치를 사용을 최소화하고 공항내에서는 태양에너지나 풍력에너지 등 재생에너지와 친환경 기술을 활용해 지속가능한 공항 운영을 실현하는 전략이다.

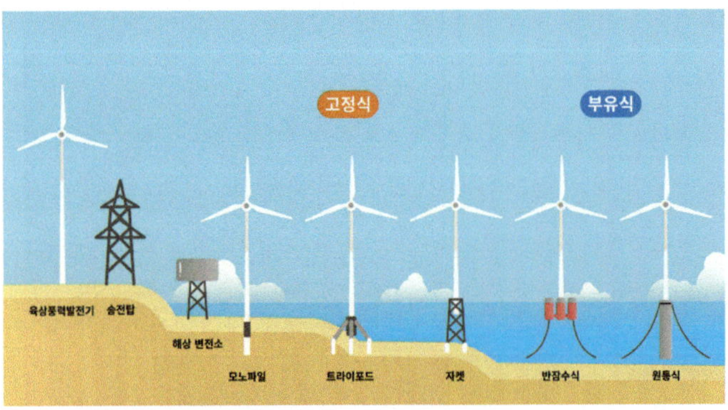

자료 : 신재생에너지센터

그림 12.5 ▎ 풍력 재생에너지

(3) 종이 없는 디지털 서비스 확대

항공사나 공항에서 사용되는 종이로 만든 문서들을 인터넷이나 모바일 서비스로 대체해 종이사용량과 폐기물을 줄이고 디지털화를 통해 업무를 효율화한다. 모바일 탑승권, 전자 수하물 태그, 전자영수증, 예약확인 등을 디지털 문서로 전환하고 운항이나 조업, 내부업무에도 디지털 전자문서로 대체한다.

그림 12.6 ❙ 모바일 탑승권, 전자수하물태그

(4) 승객 참여 유도 프로그램

항공사가 승객이 자발적으로 친환경 활동에 참여해 브랜드 친밀도를 높이고 환경보호와 사회적 가치를 창출하기 위한 프로그램이다. 항공권 예약시 일정금액을 기부하거나 일회용품 사용 중지, 전자문서 대체, 마일리지 기부, 봉사프로그램 참여 등 고객의 경험을 통해 환경을 보호하고 서비스 품질 향상시켜 고객 충성도를 높이기 위함이다.

03 미래의 항공산업의 변화

미래의 항공산업은 기술 혁신, 친환경 경영, 고객 경험 중심의 서비스, 산업구조 재편을 중심으로 급격한 변화를 맞이하고 있다. 특히 기후 위기, 디지털 전환, 글로벌화의 가속은 항공산업을 보다 지속가능하고, 지능화된 이동 산업으로 진화시키고 있다.

1) 기술 중심의 초고도화

차세대 항공기 기술인 탄소복합재 경량기체, 전기·수소 추진 기술, 블렌디드 윙 바디(BWB) 등 고효율 구조 설계가 확대된다. AI 기반의 운항 시스템으로 자동비행, 기상 예측, 연료 최적화 등 지능형 운항 관리 시스템 도입이 가속화된다.

도심항공모빌리티(UAM)인 수직이착륙이 가능한 eVTOL 기반 도심 항공교통 등장하여 단거리나 개인 맞춤형 이동 수단이 보편화 될 수 있다.

2) 친환경 항공산업의 전환

탄소중립 목표(Net-Zero by 2050)에 따라 SAF(지속가능항공연료)인 전기를 이용한 기술이나 하이브리드 항공기 기술이 상용화되고, 공항과 항공사의 지속가능한 보고체계(ESG)가 강화된다. 배출권 거래제(CORSIA) 등 국제적 규제 강화에 따라 항공사의 환경 투자가 증가된다.

3) 여객 중심의 초개인화 서비스

항공을 이용하는 고객들은 디지털 여정(Digital Journey)으로 예약, 탑승, 여행지 예약, 호텔, 렌트카 등 모든 과정이 비대면으로 통합된 비대면 자동화 서비스로 대체가 될 것이다. 예약할 때는 데이터 기반 개인 맞춤 서비스로 AI를 활용한 좌석 추천, 기내식 옵션, 탑승 안내, 여행 경로 설계 등도 안내를 해 준다. 가상현실(VR), 메타버스와의 접목으로 가상으로 기내를 체험하거나 공항 쇼핑도 할 수 있는 항공 서비스도 확장된다.

4) 산업구조의 유연화와 협업화

저비용항공사(LCC)는 일반항공사(FSC)의 프리미엄 서비스 영역을 확대하고 있으며, 일반항공사(FSC)도 수익다각화를 위해 LCC의 부가서비스 유료화 정책을 점점 확대하고 있다. 이미 항공사의 경계가 사라지고 하이브리드 운항전략이 확대되고 있다. 또한 인터넷의 발달로 마케팅의 비중도 기존의 전통적인 기업 간의 협력이 약화되고 플랫폼 업체들의 비중이 높아지고 있다.

또한 디지털 기반 수익모델 다변화하여 마일리지 플랫폼, 부가서비스 구독, 커머스 등과 연계된 프로그램들을 개발 중이다.

5) 위기 대응 기반의 탄력 경영 체계

코로나19 팬데믹, 기후재난, 지정학 리스크 등 외부 충격에 유연하게 대응할 수 있도록 노선을 재구성하여 안정적인 운항체계를 구축하고, 화물 운송과 여객 운송을 융합하거나 병행하여 수익을 다각화한다. 또한 실시간 수요 예측 기반의 운영으로 탄력적인 운임과 노선을 구축하여 효율적인 경영을 추구한다.

CHAPTER 13

성공한 항공사 경영방식 사례

CHAPTER 13

성공한 항공사 경영방식 사례

01 싱가포르항공

싱가포르항공(Singapore Airlines, SIA)은 아시아를 대표하는 세계적 항공사로, 1947년 말레이항공으로 출발하여 1972년 분리하여 독립하였다. 전세계 130개 도시 이상을 운항하며 세계 최고의 공항 중 하나인 창이국제공항을 거점으로 두고 있다. 스카이트렉스에서 선정하는 세계 항공사 순위에서 12회나 1위를 달성하기도 하였다.

고급 서비스를 지향하여 브랜드 이미지를 강화하고, 허브공항의 중심으로 장거리 노선들을 효율성 있게 구성하고 있다. 끊임없는 혁신으로 수익관리를 철저히 하고 부가수익을 창출하기 위한 방법들을 고안해 낸다. 최첨단의 기술들을 도입하고 AI와 모바일 기반의 디지털 항공사로의 전환을 재빠르게 시도하고 있다. 국가기반산업이기도 한 항공사는 정부협력을 기반으로 자본을 확충하고, 탄탄한 조직운영으로 항공업계의 모범 사례로 평가받고 있다. 싱가포르항공이 성공적으로 경영하고 있는 방식은 타 항공사에서 비슷한 운영방식을 채택하고 있다.

- 서비스 전략 : 프리미엄 기내 서비스, 브랜드 이미지 강화
- 운영 전략 : 창이공항 허브 중심, 장거리 고효율 노선 구성
- 수익 전략 : 고도화된 수익관리, 마일리지 기반 부가수익 창출
- 기술 혁신 : AI·모바일 기반 디지털 항공사 전환
- 인사 정책 : 교육 중심 인재 육성, 노사 협력 구조

- 위기 대응 : 정부 협력 기반 자본 확충, 유연한 사업 전환

표 13.1 싱가포르 항공 경영방식 5대 전략

경영방식	내용
프리미엄 서비스 전략 (Premium Differentiation)	• 서비스 철학 : 서비스가 곧 경쟁력 모토로 승무원 교육·이미지 엄격 관리 • 브랜드 아이콘 : 'Singapore Girl' 이미지 유지 (전통 + 현대의 조화) • 기내 서비스 : 스위트룸, Book the Cook, 최고급 와인 & 엔터테인먼트 • 마일리지 프로그램 : KrisFlyer는 스타얼라이언스 및 호텔·쇼핑 제휴 다양
비용 효율화 전략 (Cost Efficiency without LCC)	• 신형 기체 운용 : 연비 좋은 A350, B787 등 집중 도입 • 단일 기종 집중 : 기종 단순화로 정비·운항 효율성 확보 • 비용 통제 문화 : 내부 비용 통제 엄격 • 인건비 구조 최적화 : 일부 직군은 현지 채용으로 유연성 확보
혁신 주도 전략 (Technology & Innovation)	• AI 기반 예약·고객 응대 : 예측수요, 수요 기반 요금 조정, 챗봇 도입 • 기내 엔터테인먼트 혁신 : KrisWorld 시스템 지속 업그레이드 • 모바일·앱 전략 강화 : 전체 여정 디지털화 • 스마트 정비 시스템 : IoT·센서 기반 예지 정비 (Predictive Maintenance)
다각화된 사업 포트폴리오	• Scoot(스쿠트) : 중·장거리 LCC 브랜드(비용 효율적 시장 확보) • SIA Cargo : 항공 화물 전문 자회사 • SIA Engineering : 정비 부문 전문 자회사 • 리테일/호텔 연계 : KrisShop, 호텔·렌터카 제휴 통한 비항공 수익 확대
지속가능경영 & ESG 강화	• SAF(지속가능항공유) 투자 : 지속가능 항공유(SAF) 시험 도입 + 민관 협력 확대 • 탄소상쇄 프로그램 : 승객 자발적 기부 기반 탄소중립 옵션 제공 • ESG 보고서 발간 : 매년 지속가능경영 성과 투명 공개 • 친환경 기체 중심 : 연비 좋은 최신 항공기 운용률 아시아 최고 수준

02 에미레이트항공

에미레이트항공(Emirates Airlines)은 아랍에미리트(UAE) 두바이 국제공항을 거점으로 하는 세계적인 항공사로, 1985년 설립하였으며 세계 최대 A380 운항사, 초호화 서비스, 중동 허브 전략을 구사하고 있다. 세계 항공시장의 프리미엄 항공 모델을 성공시킨 대표 주자이다.

글로벌 장거리 네트워크, 초대형 항공기 전략, 고급 서비스, 정부와의 전략적 연계를 통해 급성장한 성공적인 국영항공사 모델이다. 특히 아시아-유럽-아프리카-미주를 연결하는 트래픽 허브 전략과 초호화 이미지 구축, 효율적인 기재 운용은 에미레이트를 세계 항공업계의 강자로 만들었다.

- 허브 공항 전략 : 두바이 중심 초대형 환승 허브 구축
- 항공기 전략 : A380·B777 중심 단일 대형기 기단 운영
- 서비스 전략 : 최고급 기내 서비스, 엔터테인먼트 강화
- 수익/운영 : 수직계열화 통한 비용통제, 독립적 수익경영
- 정부 관계 : 국영이지만 상업적 자율성 유지
- 브랜드 전략 : 스포츠·연예계 연계한 글로벌 광고 마케팅

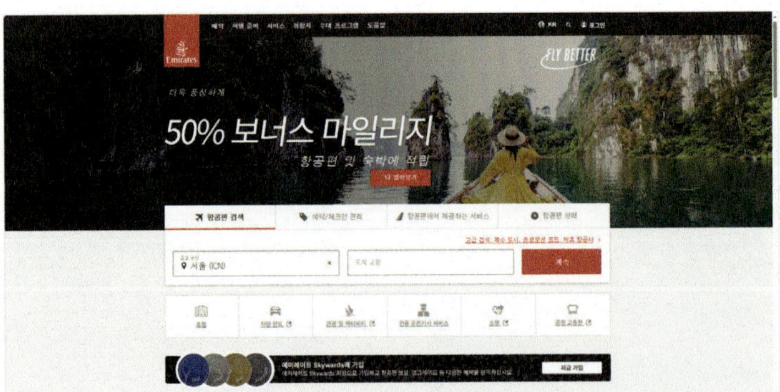

표 13.2 에미레이트항공 경영방식 5대 전략

경영방식	내용
중동 허브 전략 (Hub-and-Spoke with Global Reach)	• 두바이 중심 허브화 : 두바이 국제공항을 전 세계 환승 허브로 집중 육성 • 장거리 노선 집중 : 단거리보다 10시간 이상 장거리 직항 위주 • 24시간 공항 운영 : 야간 이착륙 가능, 낮밤 없는 환승 구조
대형기 중심 운영 전략 (효율적 스케일 확보)	• A380, B777 중심 단순 기종 운용 : 기종 통일로 정비·운영 효율성 확보 • 대형기 집중 운항 : 좌석당 단가 절감, 고수익 프리미엄 좌석 배치 용이 • 고밀도·고품질 병행 : 비즈니스·퍼스트 클래스 확대, 일반석 고효율 배치
비동맹 독립 경영 (Non-Alliance Independence)	• 글로벌 동맹체 미가입 : Star Alliance, OneWorld, SkyTeam 비가입 • 자율적 파트너십 체결 : Qantas, Korean Air 등 자체 협력 모델 운영 • 강력한 자체 브랜드 파워 : 동맹 없이도 브랜드 자체만으로 고객 확보 가능
국가 지원 기반 재무 안정성 (Government-Backed Model)	• UAE 정부 소유·운영 : 국영기업 Dubai Investment Corp. 산하 • 두바이 관광·무역·물류 산업과 연계 : 에미레이트 항공은 두바이 경제 성장의 엔진 역할 • 인프라 투자 연계 :항공사와 공항(두바이 국제공항)이 전략적 공동 성장 구조
고급 브랜드·서비스 전략 (Premium Positioning)	• A380 퍼스트 클래스 스위트룸 : 샤워실, 전용 라운지 등 초호화 기내 시설 • IFE 시스템 'ice' : 세계 최고 기내 엔터테인먼트(수백 개 채널) • 기내식·와인·승무원 서비스 : 승객 경험 중심 최고급 브랜드 포지셔닝 • 글로벌 마케팅 전략 : FIFA, F1, 테니스 등 스포츠 마케팅 적극적

03 ANA 항공

ANA(전일본공수, All Nippon Airways)는 일본을 대표하는 항공사로, 1952년 설립하였으며 하네다공항, 나리타공항, 간사이공항을 허브공항으로 두고 있으며, 아나항공(FSC)과 피치항공(LCC)을 함께 운영하고 있다. 고객 중심 서비스, 안전 우선 경영, 탄탄한 조직문화, 국제화 전략을 바탕으로 안정성과 혁신성을 동시에 추구하는 전통적인 강자다.

특히 일본 특유의 정확성과 세심한 서비스, 내부 시스템의 정교함, 자회사 및 제휴사와의 연계 운영을 통해 효율적이고 지속 가능한 경영모델을 구축하고 있다.

- 핵심 가치 : 안전 중심, 신뢰 경영, 고객 세심 서비스
- 운영 전략 : 듀얼 허브(하네다·나리타), 효율적 국내외 연결
- 제휴 전략 : 스타얼라이언스 멤버, 글로벌 공동운항 확대
- 기재 전략 : 고연비 항공기(B787) 중심, 친환경 기술 선도
- 디지털화 : 모바일 기반 스마트공항 시스템, AI 챗봇
- 위기 대응 : 화물 확장, LCC 확대, ESG 경영 강화

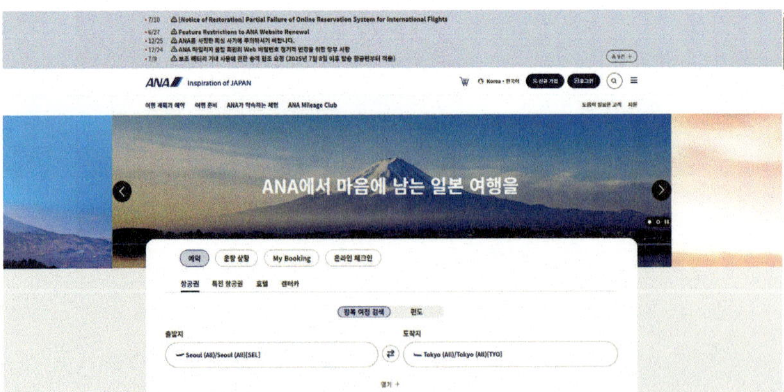

표 13.3 ANA 항공 경영방식 5대 전략

경영방식	내용
복수 브랜드 전략 (Dual-Brand Strategy)	• ANA : 전통적인 풀서비스 캐리어(FSC), 국제선·비즈니스 수요 중심 • Peach Aviation 자회사형 저비용항공사(LCC), 국내선과 아시아 단거리 특화 • 전략 효과 - 가격 민감 고객과 고급 고객 이원화 대응 - LCC 경쟁 심화 속 시장 점유율 유지 - 코로나 이후 회복기에도 탄력적 대응 가능
정시성 기반 신뢰 전략 (Punctuality & Safety First)	• 정시운항률 세계 최고 수준 : 90% 이상 유지 (Skytrax 수상 다수) • 안전운항 문화 : 정비 매뉴얼 엄격 관리, 반복 훈련, 규정 준수 철저 • 고객신뢰 전략 : 불만 응대 속도, 환불/연락 체계 매우 투명하게 운영
기술·디지털 혁신 전략 (Tech-Driven Transformation)	• AI/빅데이터 정비 시스템 : Predictive Maintenance, 수요 예측, 수하물 추적 자동화 • ANA Avatar Vision : 원격 로봇/아바타로 비접촉 커뮤니케이션 서비스 개발 • 모바일 앱 강화 : 체크인, 탑승권, 고객 대응 모두 앱 통합 운영
지속가능경영(ESG) & 친환경 기조 강화	• 2050 넷제로 선언 : 탄소중립 목표 설정, 단계별 실천 로드맵 구축 • SAF(지속가능 항공유) 확대 : 일본 내 SAF 생산 협업, 국제선 적용 확대 • 탄소 상쇄 서비스 제공 : 탑승객이 자발적으로 탄소감축 프로그램 참여 가능 • 기내 친환경 개선 : 일회용품 저감, 전자탑승권 도입, 경량 기내 장비 사용
일본 특유의 조직문화 & 품질관리 시스템	• 카이젠(改善) 철학 : 현장 주도 개선 활동 지속 • 현장 중심 의사결정 : 파일럿·승무원·정비사 의견 반영하는 현장 피드백 문화 • 고객 감동 포인트 강화 : 일본 전통 예절에 기반한 '배려의 서비스' 강화

04 에어프랑스 항공

에어프랑스(Air France)는 프랑스를 대표하는 국적 항공사로, 1933년 설립하였으며 프랑스 샤를 드골 국제공항을 허브공항으로 두고 있다. 유럽 내 신뢰도가 높으며 유럽내 2위 규모의 항공사로 스카이트렉스가 선정한 유럽 최우수 항공사로 여러번 평가되었다. 현재는 네덜란드의 KLM과 합병한 에어프랑스-KLM 그룹의 핵심 계열사로 운영되고 있다.

에어프랑스는 유럽 항공사 중에서도 전통적 풀서비스(FSC) 모델, 고급 기내 서비스, 유럽 중심 네트워크 전략, 디지털 전환과 지속가능 경영을 균형 있게 추진하며 경쟁력을 강화하고 있다.

'프렌치 프리미엄'이라는 브랜드 정체성과 KLM과의 통합 시너지를 통해, 전통·서비스·디지털·지속가능성을 균형 있게 갖춘 유럽형 항공사 경영 모델의 대표적 사례라고 할 수 있다.

- 그룹 전략 : KLM과의 통합 운영, 규모의 경제 확보
- 허브 전략 : 파리 샤를드골공항 중심 글로벌 환승망
- 브랜드 전략 : 프랑스 감성의 프리미엄 이미지, 고급 기내 서비스
- 시장 대응 : Transavia를 통한 저비용 시장 공략
- 디지털화 : 모바일·AI 기반 고객 서비스 자동화
- 친환경 전략 : SAF 도입, 신기재 운영, ESG 경영 강화
- 노사 정책 : 강한 노동조합과의 조율을 통한 유연한 조직 운영

표 13.4 에어프랑스 경영방식 핵심 5대 전략

경영방식	내용
Air France-KLM 통합 전략 (합병 기반 시너지 운영)	• 2004년 KLM과 합병 : 파리(CDG) + 암스테르담(AMS) 듀얼 허브 체제 구축 • 네트워크 최적화 : 유럽, 미주, 유럽, 아프리카 등 노선 분산 배치 • 공동 구매/정비/IT 통합 : 비용 절감과 경영 효율성 향상 • 브랜드는 독립 : Air France, KLM 각각 브랜드 유지
프리미엄 브랜드 & 프랑스식 고급 전략	• 프랑스 감성 강조 : 미식(기내식), 디자인, 서비스에서 프렌치 스타일 강조 • 퍼스트 클래스 'La Première': 소수 고급 고객층 타깃 • 패션·예술 제휴 : 유명 디자이너와 협업한 유니폼, 기내 장식 등
글로벌 네트워크 & SkyTeam 동맹 전략	• SkyTeam 창립 멤버 : 대한항공, 델타항공, 아에로멕시코 등과 공동 운영 • 코드셰어·조인트벤처 운영 : 대서양 노선 조인트벤처(델타·KLM 등)로 미국-유럽 연결 : 효율싱 강화 • 아프리카 강세 유지 : 전 식민지 영향으로 아프리카 다수 도시 취항
디지털화·운영 효율화 전략	• 디지털 예약·탑승 통합 : 앱, 웹 기반 체크인·탑승·환승 정보 통합 제공 • 기내 와이파이 확대 : 전 항공기 Wi-Fi 탑재 확대 중 • 항공기 현대화 : A220, A350, B787 등 경량화·연비 우수 기체 집중 도입 • 저비용 자회사 운영 : Transavia 통해 유럽 딘거리·휴양지 노선 저비용 공략
ESG 및 지속가능 경영 전략	• 2050 탄소중립(Net Zero) : 탄소배출 저감 목표 설정 및 SAF 확대 도입 • 지속가능항공유(SAF) : 프랑스 정부·업체와 협력해 SAF 상용화 추진 • 탄소 상쇄 프로그램 : 승객 참여형 환경기부 및 친환경 캠페인 • 플라스틱·기내 폐기물 감축 : 종이컵, 재활용 포장지 도입 등 점진적 전환

참고문헌

- 고창헌, 한혜숙(2014). 항공사 서비스마케팅믹스(7Ps) 요소와 소비자 만족, 충성도간의 관계연구. 관광경영연구.18.1-20.
- 국내항공기 등록현황(2020)
- 국제선 지역별 화물 수송실적(2019)
- 국토교통부(2021). 항공사업법
- 국토교통부(2024). 항공통계 작성 매뉴얼
- 국토교통부(2024). 년도별 항공시장 동향분석
- 김기웅, 김진이, 최재호(2010). 항공사의 전략적 제휴 성과 분석 및 향후 발전 방향
- 김맹선(1998). 국제민간항공조약 및 부속서. 동화기술.1986.
- 김백재,유광의,최연철(2013). 국EU-ETS 비용에 따른 항공사의 수익 구조 및 네트워크 운영의 변화에 관한 연구
- 김영주(2006). 항공서비스 이용 승객의 불만요인에 관한 연구
- 김재석, 이용일(2014). 항공화물운송의 이해. 새로미.
- 김재석, 한수연(2016). 항공운송의 이해. 새로미.
- 김재원 (2022). 항공사 경영론. 새로미.
- 김홍철(2011). 신관광마케팅. 도서출판 두남.
- 노전표(2007). 디지털마케팅. 북코리아.
- 대한항공(1998). 선진 항공정책만이 국제항공의 활로를 연다.
- 대한항공(2024). 항공교통이용자 피해구제 안내
- 대한항공(2025). 국제여객운송약관
- 대한항공(2025). 2025년 1분기 실적
- 대한항공(2025). 분기별 재무제표
- 문화체육부(2021). 콘텐츠 산업조사
- 백영신(2012). 저비용항공사의 서비스품질과 지각된 가격.고객만족 및 행동의도 간의 구조관계연구. 동아대박사논문.
- 브레인코칭상담연구소(2021). 인공지능 시대 창의인성 융합형 인재양성 및 취업 역량 향상을 위한 두뇌 계발 프로젝트
- 아시아나항공(2010). 아시아나항공 지속가능성 보고서.

- 양성진(2022). 세상을 바꾼 K-LCC, 학현사
- 오성규(2010). 한반도 주변국가의 항공법 비교연구.한국항공대석사논문.
- 유문기(2008). 항공운송론. 새로미.
- 유문기, 정훈, 김주승(2009). 항공보안실무. 새로미.
- 이광현(1991). 항공운송산업의 구조와 전략. 박영사.
- 이용일(2008). 관광항공업무론. 새로미.
- 채서일(2007). Marketing. 비앤엠북스.
- 하나은행 하나금융경영연구소. 국내 항공시장의 기류 변화, 소비자에 미치는 영향은?
- 한국교통연구원(2019). 항공교통정보분석사업
- 한국교통연구원(2020). 항공공항정책
- 한국교통연구원(2021). 포스트코로나 시대 항공 네트워크 변화와 대응전략
- 한국교통연구원(2022). 2022 2050 지속가능 교통정책 지원사업
- 한국교통연구원(2023). 항공산업의 재정적 지원을 위한 기초연구
- 한국교통연구원(2023). 스마트 공항 관제 체계 구축 방안
- 한국교통연구원(2025). 월간항공소비자리포트
- 한국수출입은행 해외경제연구소. 항공운송산업 동향 및 2019년 전망
- 한국항공진흥협회(2009). 저비용항공사 시장진입에 따른 영향평가 및 발전방안 수립.
- 한국항공진흥협회 기술정보실(2015). IATA 항공수요예측
- 한수연(2015). 항공사 객실승무원이 지각한 직무환경과 감정노동이 잔류의도 대비 이직의도에 미치는 영향-FSC와 LCC 간 비교를 중심으로-.세종대박사학위논문.
- 한화증권(2012). 항공산업 보고서.
- 항공교통본부(2019). 2019년 항공여객·화물 수요 전망
- https://ko.wikipedia.org/wiki
- https://namu.wiki
- https://www.airport.kr/ap_ko/1037/subview.do
- https://www.airportal.go.kr/main.do
- https://www.koreanair.com/?hl=ko
- https://ko.delta.com
- https://airtravelinfo.kr/wiki
- https://www.airtransport.or.kr/home/kor/main.do
- https://www.aerospace.or.kr/document/main/main.php
- https://www.qatarairways.com/ko-kr/homepage.html
- https://www.emirates.com/kr/korean
- https://wwws.airfrance.co.kr

저자약력

전약표

현) 수원과학대학교 항공관광과 교수
전) 아시아나항공 지점장
전) 수원과학대 국제협력처장

• 주요경력
Canada, Concordia University Aviation MBA
경기대학교 대학원 관광경영학 석사
경주대학교 대학원 관광학 박사
관광통역사(영어 부문)
현) 한국 메타버스학회 부회장
현) 한국게이밍관광전문인협회 부회장
현) 한국마이스융합리더스포럼 산학협력 이사
현) 국제관광인포럼 이사
현) 서울특별시 관광 상품 평가위원
전) 경기도 축제평가위원
전) 화성시 공무원 국외출장 심사위원
전) Star Alliance 한국지역 마케팅 Chair
전) BAR(항공사 대표자 협의회) 사무총장

• 저서
〈항공운송 실무론〉, 〈항공운송론〉, 〈항공관광실무영어〉, 〈항공실무영어〉, 〈3개국어(영·중·한) 항공실무〉, 〈Tourism English〉 등

• 논문
국내 저가항공사의 서비스 경쟁력이 경영성과에 미치는 영향 연구, 항공사 전략적 제휴의 형성 요인별 성과 연구, 스토리텔링을 통한 문화유산관광 활성화 방안 외 다수

디지털 혁신 시대의

항공사 경영론

발행일 | 2025년 9월 1일 발행

발행인 | 모흥숙
발행처 | 도서출판 새로미

저 자 | 전약표

주 소 | 서울 용산구 한강대로 104 라길 3
전 화 | 02) 523-5903~4
팩 스 | 02) 775-3246

E-mail | seromi@seromi.kr
Homepage | www.seromi.kr

ISBN | 978-89-6476-850-1 93320
정 가 | 23,000원